ŒUVRES CHOISIES

DE

Francisco de Quevedo

L'AN M DCCC LXXXII

Outre le tirage ordinaire sur papier vergé teinté, il a été imprimé 105 exemplaires de haut luxe, numérotés ainsi qu'il suit :

    15 exemplaires sur Japon, numérotés 1 à 5.   15
    30 exemplaires sur Chine, numérotés 16 à 45. . . .   30
    40 exemplaires sur Whatmann, numérotés 46 à 85. .   40
    20 exemplaires sur Hollande, numérotés 86 à 105. . .   20

                       Total. 105

DON FRANCISCO DE QUEVEDO
d'après la terre cuite conservée dans la Bibliothèque nationale de Madrid.

BIBLIOTHÈQUE ILLUSTRÉE
DES CHEFS-D'ŒUVRE DE L'ESPRIT HUMAIN

ŒUVRES CHOISIES
DE
Francisco de Quevedo

HISTOIRE
DE
Pablo de Ségovie

(EL GRAN TACAÑO)

Traduite de l'Espagnol et annotée

PAR

A. GERMOND DE LAVIGNE
De l'Académie espagnole

ILLUSTRÉE DE NOMBREUX DESSINS PAR D. VIERGE

PARIS
LÉON BONHOURE, ÉDITEUR
5, RUE DE FLEURUS, 5

M DCCC LXXXII

AVERTISSEMENT DE L'ÉDITEUR

Ce volume allait bientôt paraître, lorfqu'une grave maladie eſt venue brufquement frapper l'ingénieux artiſte qui en avait entrepris l'illuſtration.

Efpagnol et admirateur paſſionné de fon illuſtre compatriote, nul ne convenait autant que M. Daniel Vierge pour interpréter l'œuvre à la fois ſi originale et ſi piquante de Quevedo.

Nous regrettons de n'avoir pu continuer juſqu'à la fin les jolis croquis qui abondent au commencement du livre. Nous nous fommes fait un fcrupule de confier à une autre main le foin de terminer les derniers chapitres.

On voudra bien certainement accepter cette lacune comme un témoignage de fympathie pour l'artiſte, et comme le refpect d'une œuvre qui reſtera le plus glorieux monument de fon talent.

L. B.

ÉTUDE PRÉLIMINAIRE [1]

QUEVEDO ET SES ŒUVRES

Ces hiſtoires de joyeux garçons, fripons, gourmands, inſolents et poltrons, qu'on a nommées « les picareſques », tiennent une place importante dans la vieille littérature eſpagnole. Nous en connaiſſons une partie par les imitations de Leſage; nous avons une idée plus ou moins exacte de quelques autres qui ont fourni leur part à ce charmant livre, *Gil Blas,* où l'auteur de *Turcaret* s'amuſa à peindre la ſociété de ſon temps et les originaux de ſon pays, en les coſtumant à la manière eſpagnole.

Les picareſques datent tous de la grande époque littéraire de l'Eſpagne. Il ſemble que chacun de ces écrivains, dont les noms nous ſont arrivés illuſtres, ſe ſoit fait une gloire d'enrôler un enfant dans cette bande joyeuſe.

Le premier, en 1835, fut *Lazarille de Tormes,* qui eut pour auteur Don Diego Hurtado de Mendoza, l'hiſtorien de la guerre de Grenade; puis vinrent, en 1599, le *Guzman d'Alfarache,* de Mateo Aleman; en 1604 ou 1605, en même temps que le *Don Quichotte,* le *Buſcon,* que j'ai

[1] La préface de la première édition (1843, in-8°, Charles Warrée, éditeur) a paru ſous forme de lettre adreſſée à Charles Nodier. La deuxième édition fait partie de la collection Jeannet. La préſente étude eſt inédite.

eu le tort, dans la préface d'une précédente édition, de faire naître fix ans plus tôt; en 1608, *la Picara Juftina,* de Lopez de Ubeda; puis *Don Querubin de la Ronda,* du même auteur; en 1618, *el Efcudero Marcos de Obregon,* de Vicente Efpinel, qui fut un épifode du *Gil Blas;* en 1634, la *Garduna de Sevilla,* de Solorzano, l'un des plus féconds des *noveliftas* de ce temps; en 1641, le *Diablo cojuelo,* de Velez de Guevara; en 1646, *Eftevanillo Gonzalès;* et, parmi les *Nouvelles* de Cervantès, un charmant épifode, refté inachevé, *Rinconete y Cortadillo.*

C'eft d'un roman qui vient le troifième dans cet ordre chronologique, et qui eft le premier affurément par l'importance et par l'originalité, que j'ai entrepris de donner une traduction fidèle. Quevedo l'avait intitulé : *Hiftoria del bufcon llamado don Pablos* (Hiftoire du maraudeur nommé don Pablos) (1); les éditeurs de la quatrième édition, faite après la mort de Quevedo, en 1648, l'appelèrent le *Gran Tacaño* (le Grand Vaurien); le titre de *Pablo de Ségovie,* que j'ai donné à ma traduction, eft plus euphonique, et place notre héros plus nettement avec fes femblables, avec Gil Blas de Santillane, Guzman d'Alfarache et Cherubin de la Ronda.

Don Aureliano Fernandez Guerra, réfumant le jugement de l'hiftoire fur l'illuftre auteur du *Bufcon,* nous a dit, dans le « Difcours préliminaire » de l'édition du Rivadaneira, quelles furent les œuvres, quelles furent la vie et les fouffrances de celui que Lope de Vega proclama « le miracle de la nature, l'ornement du fiècle », et que Cervantès appelait « le fils d'Apollon ».

Quevedo poffeda toutes les connaiffances humaines, la philofophie, la morale, la phyfique et la médecine, le droit et les fciences facrées; il avait étudié tous les hifto-

(1) *Bufcon* fignifie littéralement l'homme qui cherche fa vie de tous côtés, d'une manière furtout malhonnête. *Tacaño* fignifie fourbe, mauvais drôle. M. Fernandez Guerra s'eft refufé, avec raifon, à confacrer ce dernier titre auquel l'auteur n'a jamais fongé.

riens, les poètes anciens et modernes; il lifait toutes les langues favantes; il parlait la plupart des langues vivantes; rien ne lui était inconnu. Une mémoire immenfe; un talent qui ne fut jamais en défaut; une imagination toujours en éveil, toujours ardente, ont fait de cet homme, fi remarquable, un fage politique, un philofophe profond, un orateur éloquent; le plus fpirituel, le plus abondant et le plus populaire des écrivains de cette grande époque. A quinze ans, il était couronné en théologie; à vingt-trois ans, on le déclarait le premier des poètes; il n'avait que vingt-quatre ans lorfque Jufte Lipfe l'appelait le grand honneur de l'Efpagne (*magnum decus Hifpanorum*).

L'œuvre de Quevedo comprend : des difcours politiques et hiftoriques; *la Politique de Dieu et le gouvernement du Chrift*; *l'Hiftoire de Romulus*; la *Vie de Marcus Brutus*, et des fragments.

Des difcours fatiriques et moraux, parmi lefquels les *Vifions*; les *Écuries de Pluton*; le *Monde en dedans*; la *Maifon des fous d'amour*; *l'Heure de tous ou la Fortune raifonnable*; et dix autres.

Des difcours joyeux : *Invectives contre les fots*; *Ce qui fe dit à la cour*, etc.; parmi ces difcours, les éditeurs ont placé *l'Hiftoire du Bufcon*.

Des difcours afcétiques et philofophiques : la *Vie de faint Paul, apôtre*; la *Vie de faint Thomas de Villeneuve*; *le Berceau et la Tombe*; *la Vertu militante*; *la Conftance et la patience de Job*, etc.

Des difcours critiques littéraires : le *Conte des contes*; *l'Art de parler correctement le latin*; des études fur Morovelli, Perinola, etc.

Enfin une foule de poéfies et de poèmes, que les éditeurs ont claffés en neuf parties, placées chacune fous le nom de l'une des neuf Mufes; des fonnets, des odes, des difcours, des romances, des récits, des intermèdes, des chants burlefques et des poéfies facrées; tous les genres, en un mot. Nous comptons vingt mille vers dans l'œuvre poétique de Quevedo.

C'est surtout par la *Vie de Marcus Brutus* que Quevedo a le plus contribué, en même temps que le faisait Cervantès, à assurer la correction du magnifique idiome littéraire de l'Espagne. On y rencontre de grandes doctrines, de grandes idées; une magnifique exposition de ce que doit être, dans une république, le rôle de celui qui gouverne au nom de la nation; on y trouve d'inimitables portraits du conquérant, du tyran, du conspirateur, du grand citoyen. Quevedo, conservant constamment sous les yeux cette grande œuvre, y consacra cinquante et un ans d'une existence qu'il passa alternativement, et à plusieurs reprises, dans les honneurs de la cour, dans les amertumes de l'exil, et dans les souffrances de la prison. La *Vie de Marcus Brutus*, qui fut la base de la réputation littéraire de l'écrivain, est le type de ses diverses œuvres sérieuses et politiques, avec *Romulus*, la *Vie de saint Paul*, la *Vertu militante* et *le Berceau et la Tombe*, chef-d'œuvre de grâce, de beau langage et de sentiment.

Mais il faut reconnaître que celles qui ont été la plus complète expression de cet esprit fertile, alerte et étrangement fécond, ce furent ses œuvres badines et satiriques. Il a traité le genre comique et facétieux, la satire, la plaisanterie burlesque, avec une verve, une fougue, une originalité dont aucun écrivain n'avait eu l'idée avant lui, et dont nul après lui n'a su approcher avec autant d'habileté, autant de connaissance des ressources du langage. Pendant vingt-cinq ou trente ans, et avant d'entrer dans le domaine de la presse, ses contes, ses critiques semées d'allusions mordantes, de portraits où tous se voyaient dépeints, où toutes les tristesses, toute la corruption du temps, étaient mises à découvert, couraient de main en main, en copies manuscrites, donnant à l'auteur, dans toutes les provinces d'Espagne, une réputation que ne lui auraient pas acquise ses écrits de haut savoir et de généreuſe philoſophie. C'eſt là le ſort commun : les œuvres de longue méditation, de ſcience profonde, obtiennent le reſpectueux ſuffrage du petit nombre, des ſavants, des moraliſtes, des écrivains juges du bien dire et des penſées élevées, et c'eſt par les œuvres légères, dont la verve fait tous les frais, que l'on obtient accès dans tous les entendements, que l'on émeut les maſſes, et que l'on conquiert la popularité.

Il y a là pour l'homme de cœur, pour le moraliſte, le plus ſûr moyen de prendre corps à corps le vice, la démoraliſation, et d'aſſeoir le règne de la morale.

Les *Viſions*, que toute l'Eſpagne a lues, récitées, commentées, renferment, a dit Capmany, toutes les fineſſes, les alluſions piquantes, les métamorphoſes heureuſes, les images les plus vives; des mots qui ont été proverbialement conſacrés, qui ont pris place dans le langage familier et parmi les idiotiſmes naturels de l'idiome eſpagnol. Dans aucun de ſes écrits il n'a fait preuve de plus de maeſtria, de plus de variété dans la locution, de plus de pratique du caractère de la langue, de plus de hardieſſe dans les deſcriptions, de plus d'invention dans les portraits.

Les *Écuries de Pluton* (*las Zahurdas*) doivent être conſidérées comme un des éclats les plus brillants du génie fantaiſiſte de Quevedo. Il ſe propoſe d'examiner pourquoi l'homme préfère le vice à la vertu; pourquoi, repouſſant le bien dont il eſt ſûr, il accepte à la place l'erreur et la douleur. L'auteur, décrivant l'étroit ſentier du mal, le chemin large et fréquenté du bien, emprunte à ſa palette les couleurs les plus vives, et diſpoſe avec talent, ſur les divers plans de ſon tableau, des groupes animés, de beaux édifices, des lointains enchanteurs. Il flagelle le monde, qui prend tout à rebours, les faits et les penſées; qui appelle ſots ceux qui ne ſavent pas être turbulents ou médiſants; ſages ceux qui vivent de mauvaiſes actions et de ſcandales; vaillants ceux qui troublent le repos des autres; lâches ceux qui, vivant fagement, évitent de donner lieu à ce qu'il leur foit manqué de refpect. Il déclare étrange que l'on confie aux arbitres les plus incertains ce que nous avons de plus précieux, et « que l'on mette l'honneur à la merci des femmes, la fanté à la difpofition des médecins, la fortune aux mains des gens d'affaires ».

Vifitant les régions infernales, il eft témoin des tourments des condamnés, et dépeint le cruel martyre et les poignantes déceptions de ceux qui, dans le monde, ayant eu le favoir, l'art d'écrire et le talent de la parole, n'ont fu avoir ni bon fens, ni fageffe, ni bonne doctrine. Sans pitié, il voue aux châtiments les plus rigoureux ceux qui ont confacré leur talent à écrire des œuvres pernicieufes; ceux qui ont forgé des traités pour confacrer des erreurs; ceux qui ont enchaîné et paralyfé les progrès de la fcience et de l'inftruction populaire. Et ici, l'écrivain entreprend une revue des auteurs et des œuvres, à la façon du charmant inventaire que fit le curé d'Argamafilla dans la bibliothèque de Don Quichotte, revue où dominent le favoir, la juftefle des aperçus, la fûreté de l'analyfe, et la vigueur de la fatire.

L'Heure de tous et la Fortune raifonnable (*la Hora de todos y la Fortuna con fefo*) eft affurément l'œuvre la plus philofophique, la plus profondément ingénieufe de toute cette férie.

Les Dieux de l'Olympe, fatigués de l'éternité, vieillis, blafés fur tout, dédaignés des humains, réclament des diftractions, demandent un fpectacle; ils veulent effayer de fe mêler encore une fois des affaires du monde. La Fortune fe charge de les rendre juges des actions et des mérites des hommes.

Combien d'écrivains fe font efcrimés avec cette charmante idée des Dieux traveftis en habit de ville, s'effayant aux mœurs et au langage des générations modernes. Je ne recherche pas fi quelque auteur s'en eft emparé avant Quevedo ; mais nul aſſurément ne l'a fait avec cette verve, cette originalité, cette hardieſſe dans l'expreſſion, cette extravagance dans les images.

Jupiter décide qu'à un moment donné tous les hommes ſe trouveront ſubitement, et pendant une heure, comme chacun le mérite. Cela ſe paſſe le 20 juin 163., à quatre heures du ſoir. La Fortune, ſur l'ordre du père de l'Olympe, ſe précipite comme un ouragan, elle bouleverſe tout.

A cette heure, ceux qui étaient dédaignés et pauvres deviennent vaniteux et endiablés ; ceux qui regorgeaient d'honneurs et de richeſſes, et qui étaient deſpotes et arrogants, ſe voient pauvres et abattus ; ils deviennent humbles et pieux. Les hommes de bien ſe changent en vauriens, les vauriens en hommes de bien.

L'heure s'achève, le décret ſouverain ne permet pas que l'épreuve ſe prolonge. La Fortune retourne vers le monde ; elle pouſſe ſa roue et ſa boule dans leurs voies anciennes. Toutes choſes reprennent leur place et leur précédente allure, et l'écrivain fournit la morale de ce tableau magnifique des vertus, des fautes, des travers et des crimes de notre monde agité. *La Hora de todos* eſt un écrit eſſentiellement politique.

Je ne ſaurais faire l'hiſtorique de l'œuvre poétique de Quevedo, ni analyſer ces nombreuſes pièces ſi variées, inſpirées toutes par un eſprit charmant, et dans leſquelles le mérite poétique adoucit les vivacités de la ſatire.

Un grand nombre des ſonnets, des madrigaux du maître, vivent encore dans la mémoire des lettrés d'aujourd'hui. Ce ſont des pièces claſſiques, qui appartiennent à l'hiſtoire, qui ſe rattachent à des incidents de cette époque ſouvent agitée, et qui occupent dans l'enſeignement des univerſités une place conſacrée.

C'eſt Quevedo qui écrivit le ſonnet, reſté célèbre, qui fut gravé ſur le piédeſtal de la ſtatue de Philippe III, érigée au milieu des jardins de la Cafa del Campo, à Madrid :

> *O cuanta mageſtad, o cuanto numen*
> *En el tercer Filipo invicto y ſanto*
> *Preſume el bronce, que le imita! O cuanto*
> *Eſtos ſemblantes en ſu luz preſumen!*
>
> *Los ſiglos reverencian, no conſumen*
> *Bulto, que igual admiracion y eſpanto*
> *Mereció, amigo y enemigo, entanto*
> *Que de ſu vida dilato el volumen.*
>
> *Oſó imitar artifice toſcano*
> *Al que à Dios imitó de tal manera,*
> *Que es por rey y por ſanto ſoberano.*
>
> *El bronce por ſu imagen verdadera*
> *Se introduce en reliquia, y este llano*
> *En mageſtad auguſta reverbera.*

Quel éclat, quelle majeſté
Dans ce bronze, qui repréſente
Le ſaint et glorieux Philippe !
Cette figure reſplendit !

Les ſiècles l'ont reſpecté ;
Ils ne l'ont jamais altéré.
De l'ami et de l'ennemi
Il reçut un culte ſemblable,
Tant que dura ſon exiſtence.

Un habile artiſte toſcan
Eut le talent de reproduire
Celui qui repréſentait Dieu
Comme ſaint et comme monarque.

Le bronze qui rend ſon image
Eſt pour nous comme une relique,
Et cette auguſte majeſté
Rayonne ſur cette campagne.

C'eſt à Quevedo également que fut demandée l'inſcription de la ſtatue de Charles-Quint au palais d'Aranjuez :

> *Las ſelvas hizó navegar, y el viento*
> *Al canamo en ſus velas reſpetaba.*
> . . . .
>
> *Dilató ſu victoria el vencimiento*
> *Por las riberas que el Danubio lava :*
> *Cayó Africa ardiente, gimio eſclava*
> *La falſa religion en fin ſangriento.*

De lui auſſi reſte, en première ligne, dans le ſouvenir de tous ceux qui profeſſent le culte des lettres eſpagnoles, cette belle invocation à Rome enſevelie dans ſes ruines :

> *Buſcas en Roma á Roma, o peregrino,*
> *Y en Roma miſma á Roma no la hallas :*
> *Cadaver ſon las que oſtentó murallas;*
> *Y tumba de ſi propio el Aventino,*
>
> *Yace donde reinaba el Palatino;*
> *Y limadas del tiempo las medallas,*
> *Mas ſe mueſtran deſtrozo á las batallas*
> *De las edades, que blaſon latino.*
>
> *Solo el Tibre quedó, cuya corriente*
> *Si ciudad la regó, ya ſepultura*
> *La llora con funeſto ſon doliente.*
>
> *O Roma! en tu grandeza, en tu hermoſura*
> *Huyó lo que era firme; y ſolamente*
> *Lo fugitivo permanece y dura.*

Tu cherches Rome dans Rome, voyageur, et tu ne trouveras plus Rome dans Rome elle-même.

Les murailles dont elle ſe faiſait gloire ne font plus qu'un cadavre.

L'Aventin eſt devenu ſa propre tombe.

Le Palatin eſt tombé là où il régnait.

Les médailles romaines, rongées par le temps, montrent ce que font les combats des âges, et ne difent plus l'hiftoire du peuple latin.

Seul, le Tibre a furvécu. Son cours arrofait une ville; il baigne une fépulture, et la pleure avec un gémiffement de douleur.

O Rome! de ta beauté, de ta grandeur, tout ce qui était durable a difparu. Il n'exifte, il ne demeure que ce qui eft fugitif.

Les fatires ne font ni moins nombreufes ni moins vives dans l'œuvre de Quevedo. La plus célèbre eft affurément celle qu'il écrivit fur la defcente d'Orphée aux enfers. *Celles*, dois-je dire, car il a donné deux pièces fur ce même fujet, qu'il a fans doute affectionné plus particulièrement, une romance et des redondillas. Celles-ci font la quinteffence de la romance. Je traduis une partie de la première pièce, et les quatre ftrophes de la feconde.

Orfeo por fu mujer,
Cuentan que bajó, al infierno;
Y por fu mujer no pudó
Bajar a otra parte Orfeo.

Dicen, que bajó cantando,
Y por fin duda lo tengo,
Puez en tanto que iba viudo,
Cantaria de contento.

Montañas, rifcos, y piedras
Su armonia iban figuiendo;
Y fi cantara muy mal
Le fucediera lo mefmo.

Cefo el penar en llegando
Y en efenchando fu intanto;
Que pena no deja á nadie
Quien es cafado tan necio.

Al fin pude con la voz
Perfuadir los fordos Reinos;
Aunque el darle a fu mujer,
Fué más caftigo, que premio.

ÉTUDE PRÉLIMINAIRE. xiij

Diéronfela laftimados,
Pero con ley fe la dieron,
Que la lleve, y no la mire,
Ambos muy duros preceptos.

Iba el delante guiando,
Al fubir; porque es muy cierto,
Que al bajar, fon las mujeres,
Las que nos conducen ciegos.

Volvió la cabeza el trifte,
Si fué adrede, fué bien hecho :
Si acafo, pues la perdió,
Acerto efta vez por yerro.

Efta conseja nos dice,
Que fi en algun cafamiento
Se acierta, ha de fer errando;
Como errarfe por aciertos.

Dichofo es cualquier cafado,
Que una vez queda foltero;
Mas de una mujer dos veces,
Es ya de la dicha extremo.

On raconte qu'Orphée defcendit aux enfers pour chercher fa femme. Pour fa femme, Orphée ne pouvait defcendre ailleurs.
On dit qu'il chantait en defcendant; je n'en doute nullement. Il chantait de contentement, puifqu'il était veuf.
. . . .
Il put enfin, par fes chants, perfuader les fombres royaumes. Mais lui rendre fa femme, ce fut plutôt un châtiment qu'une récompenfe.
On la lui rendit à contre-cœur, mais avec la condition de l'emmener et de ne pas la regarder. Deux lois rigoureufes.
. . . .
Le malheureux tourna la tête. S'il le fit exprès, il fit bien; s'il le fit involontairement, ce fut une erreur opportune.

Al infierno el Tracio Orfeo
Su mujer bajó à bufcar,
Que no pudo à peor lugar
Llevarle tan mal defeo.

Canto; y al mayor tormento
Puso suspension y espanto,
Mas que lo dulce del canto
La novedad del intento.

El Dios adusto ofendido
Con un extraño rigor
La pena que hallo mayor
Fué volverle á ser marido.

Y aunque su mujer le dió
Por pena de su pecado,
Por premio de lo cantado
Perderla le facilitó.

Orphée aux enfers, un matin,
S'en va redemander sa femme.
Non, jamais, entre feu et flamme
Ne poussa plus triste dessein.

Il chante; aux accords de sa lyre,
Tout l'enfer s'arrête, étonné,
Non pas d'un talent si vanté,
Mais d'un tel accès de délire.

Pluton, justement offensé,
Blâmant cette faute nouvelle,
Ne voit pas peine plus cruelle
Que remarier l'insensé.

Mais alors qu'il la lui rendait
En châtiment de cette offense,
Pour récompenser sa vaillance
Il lui dit comme il la perdrait.

Ces deux poésies soulevèrent contre Quevedo les colères du beau sexe, qui arma contre lui des défenseurs; mais il était brave, il maniait l'épée comme l'auteur de la *Grandeur des armes,* dont il fait le portrait au chapitre XIV du *Buscon.* Il s'en tira sain et sauf. Il n'en fut pas de même des suites de ses poésies politiques, et du sonnet suivant, infpiré par l'indolence de Philippe IV, qui laiffait démembrer fon royaume fans en prendre fouci.

> *Los Inglefes, feñor, y los Perfianos*
> *Han conquiftado à Ormuz; las Filipinas*
> *De Holandefes padecen graves ruinas;*
> *Lima efta con las armas en las manos;*
>
> *El Brafil en pader de Lufitanos,*
> *Temerofas las iflas fus vecinas,*
> *Y Bartolina y treinta Bartolinas*
> *Seran del Turco en fiendo del Romano.*
>
> *La Ligua junta y todo el Oriente*
> *Muiftro emperis pretenden fe trabuque;*
> *El dano es pronto y el remedio tarde.*
>
> *Refponde el rey, deftierren luego a Puente,*
> *Llamen al conde de Olivarès duque,*
> *Cafe à fu hija y vámonos al Pardo.*

Les Anglais, Sire, et les Perfes ont pris Ormuz; les Hollandais ont ravagé les Philippines; Lima eft debout, les armes à la main.
Le Bréfil eft au pouvoir du Portugal, qui menace les îles fes voifines; Naples et trente autres villes feront au Turc ou au Romain.
La ligue de tous et tout l'Orient prétendent bouleverfer notre empire; le danger eft proche et le remède ne vient pas!
Et le roi répond : « Qu'on exile Puente; qu'Olivarès foit nommé duc; qu'il marie fa fille, et allons-nous-en au Pardo. »

Ce fonnet, qui eut une fâcheufe influence fur la deftinée du poète, me conduit à la partie biographique de cette étude. Mais ce ne font pas les incidents ordinaires de la vie de l'homme que nous avons à rechercher ici, c'eft le côté anecdotique, qui nous aidera le mieux à en retracer le caractère, et à recueillir les manifeftations de ce merveilleux génie.

Don Francifco Quevedo Villegas, né à Madrid en 1580, fils d'un fecrétaire de la reine Anne d'Autriche, fut orphelin de bonne heure, et envoyé par fon tuteur à l'Univerfité d'Alcala. J'ai rappelé combien fes fuccès furent rapides, combien était grande l'étendue de fes connaiffances, à l'âge où le plus grand nombre fuivaient en tâtonnant les premiers degrés de l'enfeignement.

La célébrité qu'il acquit, alors même qu'il fuivait encore les cours de l'Univerfité, lui fit des amitiés nombreufes. Il vint à la cour; il y trouva des protecteurs puiffants; il trouvait ouvertes devant lui toutes les avenues d'une brillante carrière; mais il était dans fa nature active, impatiente, de préférer la vie agitée et indépendante. Il eût été homme de guerre; une infirmité grave le condamnait à une exiftence à peu près fédentaire; mais la fougue de fon efprit ardent le lançait néanmoins dans la vie de lutte et d'aventures.

Les gentilshommes de ce temps mettaient facilement l'épée à la main, et Quevedo, maître dans la fcience de l'efcrime, comme il était maître en toutes fciences, ne fe fit faute de querelles et d'actes de vaillantife. Ses biographes racontent qu'étant encore étudiant, il avait enlevé la maîtreffe d'un de fes camarades. Celui-ci le provoque; Quevedo fait bonne contenance; on le traite de lâche; il dégaine et bleffe grièvement fon adverfaire. Plus tard, à Madrid, paffant de nuit dans la calle Mayor, il eft rencontré par un certain capitaine Rodriguez, champion, fans doute, de quelqu'une des offenfes lancées par fa plume fatirique. La provocation était facile; on ne fe bat plus aujourd'hui pour fi peu. Le capitaine fe place au haut du pavé, et veut obliger Quevedo à en defcendre. On met tout auffitôt l'épée à la main; le capitaine bleffe le poète au front; celui-ci, d'un coup de pointe, traverfe le bras droit de Rodriguez.

Une troifième rencontre eut pour Quevedo des conféquences graves. Il affiftait, en 1611, en l'églife San-Martin, aux ténèbres du jeudi faint. Auprès de lui, fur les dalles, devant le chœur, était agenouillée une femme d'apparence très distinguée, d'une tenue parfaite, qu'il ne connaissait nullement. Un cavalier s'approche d'elle, et, sans doute à la suite d'une discussion née ailleurs, l'interpelle et la frappe. Quevedo s'élance, saisit l'agresseur par le bras, l'emmène hors du temple. Aveuglés tous deux par la colère, ils dégainent, se battent avec fureur; l'agresseur tombe mortellement blessé. La famille s'agita pour obtenir vengeance; Quevedo passa en Italie, et se rendit à Naples, auprès du duc d'Osuna, qui lui avait offert la charge de secrétaire de la vice-royauté. Il s'y fit remarquer par son activité, son intelligence et son excessive probité, et le roi lui donna l'habit de l'ordre de Saint-Jacques avec une pension de 500 ducats.

Le duc d'Osuna ayant été disgracié, Quevedo rentra en Espagne, se retira dans sa petite seigneurie de la Tour de Juan Abad, dans la Manche, où il vécut plusieurs années dans la retraite et le travail. Ses œuvres les plus importantes datent de cette époque. C'est vers ce temps, aussi, qu'il se maria, obéissant aux affectueuses instances de ses amis, et particulièrement de la duchesse de Lerma, à qui il avait adressé la lettre « sur les conditions du mariage », que j'ai introduite dans le chapitre XIX de l'histoire de Pablo de Ségovie. Sa femme, doña Esperanza de Aragon, appartenait à la plus haute noblesse d'Aragon et de Catalogne. Il vécut avec elle huit mois dans un bonheur parfait, et la perdit subitement pendant un voyage qu'il avait fait à Madrid.

Breton de los Herreros, qui, de notre temps, a fait figurer Quevedo dans une charmante comédie intitulée *Quien es ella*, lui fait dire à l'occasion de doña Esperanza :

> *Ella al fin era una sola*
> *Y se llamaba Esperanza!*
> *Muerta la Esperanza mia*
> *Donde plebeya ni hidalga,*
> *Donde hallar otra que valga*
> *Lo que mi esposa valia?*

> Elle était pour moi feule au monde;
> Elle fe nommait Efpérance,
> Et j'ai perdu mon Efpérance!
> Où trouverai-je dans le monde
> Femme noble ou plébéienne,
> Qui vaille ce qu'était la mienne?

Quevedo rentra à Madrid. Le tout-puiffant comte duc d'Olivarès lui ouvrit fa maifon, et fit faire auprès de lui des démarches afin de fe l'attacher. Le roi le nomma fon fecrétaire pour les affaires étrangères. Il avait alors cinquante-deux ans.

Son féjour à la cour, et les attentions nombreufes dont il était l'objet ne modérèrent nullement fes penchants fatiriques. Qu'il fût d'ailleurs auteur ou non des poéfies politiques et des critiques qui circulaient, on lui en attribua la majeure partie, et tout particulièrement celle-ci, que le roi trouva un jour, à table, fous fa ferviette :

> *Catolica, facra real majeftad*
> *Que dios en la tierra os hizo deidad*
> *Un anciano pobre fencillo y honrado*
> *Humilde os invoca y os habla poftrado.*
> . . . .
> *Et cuanto Dios cria fin lo que fe inventa,*
> *Demas que ella vale fe paga la renta.*
> *A cien reyes juntos nunca ha tributado*
> *Efpaña las fumas qui á vueftro reinado.*
> *Ya el pueblo doliente llega á recelar*
> *No le echen gabela fobre el refpirar.*
> *Los ricos repiten por mayores modos :*
> « *Ya todo fe acaba, pues hurtemos todos.* »

> Sainte et royale majefté chrétienne,
> A qui Dieu donna fon pouvoir fur terre,
> Un pauvre vieillard, foumis et honnête,
> A vos pieds, courbé, vous fait fa requête.
> . . . .
> L'impôt frappe tout ce que Dieu créa,
> Sans parler de tout ce que l'on invente,

> La rente ſe paie plus qu'elle ne vaut.
> L'Eſpagne, à cent rois, n'a jamais donné
> Autant qu'elle apporte à votre royaume.
> Le peuple, affligé, inquiet, ſe demande
> S'il ne paiera pas pour l'air qu'il reſpire.
> Les riches auſſi, et ſur tous les tons,
> Diſent : C'eſt la fin ; car tous nous volons.

Ceci ſe paſſait en décembre 1639. Quevedo avait ſoixante ans. A onze heures du ſoir, des recors pénètrent dans l'appartement qu'il occupait chez ſon ami le duc de Medinaceli, et, ſans lui permettre de prendre aucun vêtement, même un manteau, on le jette dans une voiture. On le conduit à la porte de Tolède, où l'attendait une litière avec une eſcorte d'alguazils. Et auſſi rapidement que le permettaient les voyages de ce temps, par un froid rigoureux, on le conduit à Léon, à quatre-vingts lieues de Madrid, et on l'enferme dans le monaſtère royal de San-Marcos.

Placé d'abord dans une chambre à peu près convenable, et ſuffiſamment cloſe contre le mauvais temps, il fut enſuite deſcendu, par ordre du comte-duc, dans un cachot, au-deſſous du niveau de la rivière.

« Ma priſon, écrivait-il à un ami, eſt une pièce ſouterraine, humide autant qu'une ſource ; obſcure comme une nuit conſtante ; froide au point qu'on ſe croirait toujours en janvier. Sans comparaiſon, elle reſſemble plus à un ſépulcre qu'à une priſon.

« Elle peut avoir vingt-quatre pieds de long et dix-neuf de large. Les murs et la voûte ſont de tous côtés rongés par l'humidité. Tout cela eſt ſi noir, que cela reſſemble plus à une caverne de voleurs qu'à une priſon pour un honnête homme.

« J'ai pour écrire, au milieu de la pièce, une table aſſez grande pour porter une trentaine de volumes. Mon lit, qui eſt à droite, n'eſt ni trop ſomptueux ni trop indécent. Mes chaînes, il n'y a pas beaucoup de temps que j'en avais deux paires ; mais un bon religieux de cette maison est intervenu pour m'en faire enlever une paire. Celle qui me reste pèse huit à neuf livres ; celle qu'on m'a retirée pesait bien davantage, de sorte que je marche maintenant comme si je n'en avais pas.

« Dieu aide avec une affectueuse attention l'homme persécuté. S'il envoie la neige, il donne aussi la laine, et celle-ci réchauffe ce que l'autre a glacé.

« C'est là la vie à laquelle m'a condamné celui qui est devenu mon ennemi parce que je ne voulais pas être son serviteur. »

Dans le même temps, poussé à un acte de faiblesse par le désespoir et par la souffrance, il écrivait au duc d'Olivarès : « Je suis aveugle de l'œil gauche, je suis perclus, et mon corps se couvre de plaies. Ceci n'est pas la vie, c'est la préparation à la mort! Et si je vis, c'est un oubli de votre part, sans doute, car il ne me manque pour être mort que la sépulture. Il n'est pas de notre époque de se faire justice par la faim et par la nudité. Je ne demande pas la liberté, je demande à changer de pays et de prison... »

Les voyageurs qui vont visiter à Léon le bel édifice de San-Marcos, ses vieilles constructions primitives du xiie siècle, ses riches restaurations de la Renaissance, sont toujours conduits vers le cachot où Quevedo resta enfermé près de quatre ans.

Il y a ainsi en Espagne, pour l'écrivain, deux pèlerinages obligés : Argamazilla, où fut la prison de Cervantès; San-Marcos de Léon, où fut le cachot de Quevedo.

Abattu tout d'abord par ce traitement cruel, il appela ensuite à lui le souvenir de sa jeune énergie, les consolations de l'étude; et, comme il avait laissé à la Tour de Juan Abad ses travaux commencés, il écrivit, dans cette nuit constante, la *Vie de Romulus, le Berceau et la Tombe*, l'*Introduction à la Vie dévote, La constance et la patience de Job*. Ceci était d'un douloureux à-propos.

Il fe retrouva poète à certains moments. On marquerait aifément, parmi la collection des neuf Mufes, les pièces empreintes de mélancolie et de réfignation qu'il écrivit fous cette voûte, où il entendait couler et clapoter au chevet de fon lit les eaux du Bernezga. Les ftrophes que je vais encore citer font affurément de cette époque douloureufe.

Todo efte mundo es prifiones,
Todo es cárcel y penar :
Los dineros eftan prefos
En la bolfa donde eftán.

La cuba es cárcel del vino,
La trox es cárcel del pan;
La cáfcara, de las frutas;
Y la efpina, del rofal.

Las cercas y las murallas.
Cárcel fon de la ciudad,
El cuerpo es cárcel del alma,
Y de la tierra la mar.

Del mar es cárcel la orilla,
Y en el orden que hay eftan,
Es un cielo, de otro cielo,
Una cárcel de criftal.

Tout dans notre monde eft prifon.
Tout eft prifon; tout nous eft peine.
Notre argent fe trouve en prifon
Dans la bourfe qui le renferme.

La cuve eft la prifon du vin;
La prifon du pain c'eft la huche;
La corbeille enferme les fruits;
L'épine eft prifon pour la rofe.

Les remparts, les tours, la muraille,
Sont la prifon de la cité;
Le corps eft la prifon de l'âme;
La mer emprifonne la terre.

> La mer a pour prifon la rive,
> Et tout en haut, le firmament,
> Pour le ciel qui nous environne,
> Eft une prifon de criftal.

Enfin le favori tomba. Les amis de Quevedo intercédèrent; le roi lui fit grâce. On le tranfporta à Madrid; il y recueillit le peu qu'il poffédait, et, plûtot mort que vif, fe fit emmener à la Tour de Juan Abad, « ne pouvant parler fans fatigue, ayant horreur de l'obfcurité. » A peu près fans fouffle, abîmé de douleurs, fans nulle force, ne pouvant même tenir une plume, il fe hâta de dicter de fon lit la fin du *Marcus Brutus*. Puis, un jour, il fe fit porter, à cinq lieues de la Torre, à Villanueva de los Infantes, où il fit fon teftament, et il y mourut, à foixante-cinq ans, le 8 feptembre 1645.

Quevedo était de taille moyenne. Il portait une abondante chevelure noire, un peu crépue; fa tête était bien conformée, le front haut et large, avec quelques cicatrices de bleffures qui donnaient la preuve de fon courage. Il avait le nez grand et gros, de fortes mouftaches, avec l'impériale; les yeux étaient très vifs, mais tellement faibles, qu'il portait continuellement des lunettes. Son corps était ramaffé, les épaules tombantes et fortes; bien conformé de la taille, mais boiteux, et infirme des deux pieds, qui étaient entièrement tournés en dedans.

Ce furent là la vie et les fouffrances de ce grand génie parmi les génies littéraires et artiftiques qui firent la gloire du règne de Philippe IV.

Revenant maintenant et tout fpécialement à l'œuvre qui occupe le préfent volume, il m'importe de l'étudier attentivement, et de rechercher à quelle époque de la vie du grand écrivain elle fe rapporte. Ce problème ne me femble avoir occupé aucun des commentateurs et des biographes de Quevedo, et cependant je le crois facile à réfoudre.

D'où vient que, profond penseur, philosophe austère, écrivain sublime et pur, comme il l'a été dans toutes ses œuvres morales ou politiques, il ait pu, en même temps, devenir, dans ses œuvres burlesques, et dans celle-ci particulièrement, obscur, inculte, et quelquefois de mauvais goût.

On peut en trouver la raison dans l'âge auquel, selon le calcul que je ferai plus loin, il y a lieu de croire que Quevedo fit son livre. Ce n'est encore, en effet, qu'une philosophie qui s'essaye; on reconnaît en plusieurs endroits la touche d'un jeune homme, de l'enfantillage; puis une certaine timidité dans l'emploi d'expressions peu licites qui, plus tard, dans les *Visions* par exemple, c'est-à-dire à un âge plus avancé de l'auteur, arrivent en abondance et quelquefois avec une étrange désinvolture.

Cependant, quoique l'œuvre d'un jeune homme, le *Buscon* dénote déjà une grande finesse d'observation; c'est le jeu d'un homme de talent qui prélude à des études sérieuses par une œuvre d'imagination et d'esprit. Il est, comme *Guzman d'Alfarache* et ses frères, mais à meilleur titre qu'eux tous, une critique amusante de tous les abus, de tous les défauts, de tous les ridicules de ce temps. Dans sa course vagabonde à travers l'Espagne, de Ségovie à Alcala, d'Alcala à Madrid, à Tolède, à Séville, Pablo l'aventurier rencontre sur son chemin une foule d'originaux dont il nous dit l'histoire, les vertus, les vices, avec une verve des plus enjouées, avec une foule de mots piquants, de comparaisons plaisantes dignes de notre Rabelais, et que nous retrouvons dans Scarron. Ici c'est un poète, seigneur de huit cent mille strophes; plus loin, un avare, prototype de misère; un maître d'école dont le docteur Canizarès de *Guzman d'Alfarache* n'est qu'une mauvaise copie; là c'est un *hidalgo* gonflé de vanité, noble comme le roi, mais pauvre comme un gueux; un vieux soldat parlant des guerres de Flandre aux gens qui viennent de Chine, et de la Chine à ceux qui arrivent de Flandre; un ermite licencieux et fripon; plus loin, dix fpadaffins, tous plus ridicules les uns que les autres, mal vêtus, mal coiffés, marchant le nez au vent, la rapière relevée, les mouftaches menaçantes. Puis des chevaliers d'induftrie, des mendiants, des filous, des pages, des vieilles femmes, meffagères d'amour, des nonnes, un bourreau, de beaux cavaliers, de belles dames, et des hiftrions dignes de ces premières troupes qui jouaient *le Mafque*, *les Olives* et *le Rufian*, dont Lope de Rueda fut l'auteur. Tout cela peut s'appeler à bon droit la *Comédie efpagnole*, la comédie aux cent actes divers; c'eft une galerie des portraits les plus vrais; c'eft le chef-d'œuvre du ftyle facétieux; c'eft un feu roulant d'idées extravagantes, de mots burlefques, de traits inattendus; c'eft, furtout, une hiftoire intime des mœurs de nos voifins aux xvie et xviie fiècles.

Notre héros, Pablo, le *Bufcon*, le grand vaurien, paffe au milieu de tout cela, effayant de tous les métiers, fe moquant de tout, mendiant un jour, femant l'or le lendemain, malheureux prefque toujours, mais malheureux en plaifantant, en riant et en faifant rire.

> . . . *Jam trepidas frigore, jamque cales.*
> *Jura doces, fuprema petis, medicamina curas,*
>   *Dulcibus et nugis feria mixta doces.*
> *Dum carpifque alios, alios virtutibus auges,*
>   *Canfulis ipfe omnes, confulis ipfe tibi...*
> *Et modo divitiis plenus, modo paupere cultu,*
>   *Triftibus et miferis dulce folamen ades.*
> *Sic fpeciem humanæ vitæ, fic prefero folus,*
>   *Profpera complectens, afpera cuncta forens...*
> . . . .
>   *Me lege difertum, tuque difertus eris* (1).

(1) VICENTE ESPINEL. Épigramme à Guzman d'Alfarache.

Tout en donnant du champ à fa plume et du jeu à fon imagination, Quevedo fuit fon héros pas à pas, et le conduit ainfi jufqu'à la preuve de cette vérité morale et philofophique : que l'homme de baffe extraction, nourri de mauvais exemples, et trop faible, trop infouciant pour s'amender d'une manière férieufe, ne peut jamais atteindre un but heureux; qu'il doit néceffairement voir échapper tout ce qu'il défire, tout ce qu'il efpère, et que, « pour améliorer fon fort, il ne fuffit pas de changer de lieu, il faut auffi changer de conduite et de principes ».

Je n'ai trouvé chez aucun biographe des documents certains fur l'époque précife à laquelle le *Bufcon* fut écrit; mais je crois pouvoir me fervir, pour remplir cette lacune, de deux faits hiftoriques auxquels il eft fait allufion dans les chapitres VI et VIII.

Antonio Perez, premier fecrétaire d'État du roi Philippe II, gravement compromis, dès 1578, dans un procès intenté par l'Inquifition à Efcovedo, fecrétaire de don Juan d'Autriche, fut arrêté, mis à la torture, et retenu pendant plufieurs années dans les cachots du faint office. Il parvint à s'échapper, en 1590, fe réfugia en Aragon et plus tard en France, pendant qu'on le condamnait comme contumax et qu'on l'exécutait en effigie.

L'Inquifition le pourfuivit même au delà des Pyrénées; quelques féides tentèrent de l'affaffiner, foit à Paris, foit à Londres; puis enfin, Henri IV l'ayant pris ouvertement fous fa protection, les perfécutions ceffèrent, et il mourut de mort naturelle en 1611, à Paris.

Le héros du roman de Quevedo était à Alcala au moment où l'Inquifition, craignant quelque tentative d'Antonio Perez ou de fes amis, le faifait pourfuivre jufqu'à la cour de France, et recherchait partout fes prétendus émiffaires.

Ce fait a, dans l'hiftoire de Pablo, fi peu d'importance,

que fi le nom d'Antonio Perez s'y trouve cité, ce ne peut être que pour caufe d'*actualité*. Quevedo a parlé d'Antonio Perez parce qu'il était à la mode; et s'il eût fait fon livre alors que l'ancien miniftre de Philippe II n'exiftait plus, il n'en eût pas dit un mot. Ce fut donc avant 1611.

Le fecond point eft plus précis. Sur le chemin d'Alcala à Ségovie, au chapitre VIII, Pablo rencontre un profeffeur de haute efcrime, qui lui dit vouloir adreffer au roi un mémoire dans lequel il indique un moyen de réduire Oftende. Le fiège avait été mis devant cette place en 1601, la ville fut prife en feptembre 1604, et c'eft évidemment alors que les efprits étaient le plus occupés de cette opération, qu'un moyen de réduire Oftende pouvait être propofé opportunément. Ce ferait donc entre 1602 et 1604 que le *Bufcon* fut écrit. Cervantès publia, en 1605, la première partie du *Don Quichotte*. Quevedo avait alors vingt-deux ou vingt-trois ans.

Il règne, en effet, fur toute l'œuvre de Quevedo une teinte réellement juvénile. Les détails du féjour de Pablo à Alcala font de nature à prouver que l'auteur n'avait pas quitté depuis longtemps les bancs de l'Univerfité. Pablo eft étudiant, moqueur, bruyant, malicieux avec tant de naturel, qu'un étudiant feul peut raconter de la forte. En amour, il montre tant de timidité, tant d'héfitation, qu'on eft obligé de reconnaître chez l'écrivain autre chofe que la délicateffe d'un homme du monde : c'eft toute l'inexpérience de l'adolefcent. Quevedo a prouvé bien des fois, dans fes diverfes œuvres burlefques, que fon parti était pris quant à la délicateffe, et qu'il ne craignait pas l'obfcénité. Ici ce n'eft pas de même : il eft ce que font les jeunes gens, un peu ordurier, mais nullement licencieux. Il ne fait pas ce que c'eft qu'une bonne fortune; il n'en était pas encore peut-être à l'enlèvement et au duel que j'ai racontés. Pablo n'a pas de bonnes fortunes, et Quevedo trouve plus facile de nous laiffer croire que son héros a toujours été malheureux, que de nous confier des détails d'amours qu'il sait à peine par lui-même. En un mot, notre écrivain est inexpérimenté; ce ne fut que plus tard, et quand les années l'eurent rendu moins scrupuleux, qu'il lâcha la bride à sa verve dévergondée.

Quevedo fait preuve d'un talent d'observation, d'une finesse d'aperçus bien rares à cet âge; mais on remarquera que les originaux des portraits qu'il peint avec tant d'habileté sont de ceux qu'un écolier rencontre à tout moment, dont il entend parler sans cesse. Il fait les portraits qu'on peut faire à son âge avec son génie; mais il ne touche pas aux rangs plus élevés de la société espagnole; ce qui prouve, non pas qu'il est hors d'état de la décrire, mais qu'il est trop jeune encore pour y avoir été introduit.

La date du *Buscon* est donc bien antérieure à la date que Navarrette indique, c'est-à-dire celle de 1626, que porte l'édition de Saragosse. Les copies manuscrites du roman ont couru le monde bien avant que l'auteur songeât à l'impression. On sait combien les éditions imprimées ont été nombreuses; elles s'élèvent à plus de quarante.

C'est en 1641 que fut publiée à Paris, par le sieur de la Geneste, une première traduction des œuvres burlesques de Quevedo, comprenant six *Visions*, *l'Aventurier Buscon* et les *Lettres du chevalier de l'Épargne*. Peu d'années après, en 1647 et en 1653, parurent à Rouen de nouvelles éditions de l'œuvre de la Geneste. En même temps, un anonyme faisait imprimer à Lyon (1644), puis à Paris (1653), deux traductions dont je ne connais l'existence que par le savant biographe Nicolas Antonio. Plus tard enfin, à Bruxelles, en 1718, un Parisien nommé Raclots publia une nouvelle traduction du *Buscon* et des *Visions* de Quevedo, traduction qui n'est, à bien prendre, qu'une copie de celle de la Geneste, tout au plus assez modifiée pour n'être pas traitée de plagiat.

Malgré l'extrême faibleſſe de ces diverſes verſions, qui ne pouvaient, en aucune manière, donner aux lecteurs, nos compatriotes, une idée de toute la verve comique et de l'extrême originalité de Quevedo, les œuvres burleſques du célèbre écrivain obtinrent un grand ſuccès; le *Buſcon* ſurtout devint le livre à la mode, et certaine Société de la Malice, dont les curieux ſtatuts exiſtent au Cabinet des eſtampes de la Bibliothèque nationale, et qui fut fondée, le 1er janvier 1734, par « très aimable et très digne dame madame Agrippine de la Bonté même », décida, d'un commun accord, que le *Buſcon* figurerait en troiſième ligne parmi les livres fondamentaux de ſa bibliothèque; c'eſt-à-dire après *l'Eſpiègle* et *Richard ſans Peur*, avant *Guzman d'Alfarache* et *Gil Blas*.

Pourquoi Leſage, qui a puiſé à pleines mains dans la collection des picareſques, traduiſant les uns, imitant les autres, demandant à tous des éléments pour ſon *Gil Blas*, a-t-il laiſſé ſurvivre les mauvaiſes éditions de la Geneſte et de Raclots, et n'a-t-il pas traduit le *Buſcon?* Une telle entrepriſe eût dû le tenter, et c'eût été, au profit des lecteurs du xviiie ſiècle, donner un nouvel éclat à ce roman ſi maltraité par ſes traducteurs.

Leſage ſe contenta d'emprunter beaucoup à Quevedo. Ce qu'il aurait dû faire fut tenté par un anonyme qui publia à la Haye, en 1776, une traduction, la dernière que je connaiſſe. Elle comprend le *Buſcon*, les *Lettres du chevalier de l'Épargne*, et cette lettre *ſur les conditions du mariage,* dont on trouvera une partie dans le chapitre xix de ce volume.

Cette traduction de la Haye eſt la meilleure de toutes celles que j'ai vues. Si elle n'eſt pas encore auſſi rigoureuſement exacte que l'exige l'œuvre de Quevedo, elle en approche du moins par une grande clarté et une connaiſſance complète de la langue et des mœurs eſpagnoles.

Le traducteur de la Haye s'eſt ſervi, pour ſon travail,

d'une des éditions originales modernes; c'eſt ce que ſemble indiquer le titre qu'il a pris. Il a dédaigné le titre de *Buſcon* de la Geneſte et de Raclots; et, traduiſant littéralement le titre nouveau, il a nommé ſon livre : *le Fin Matois, hiſtoire du* GRAN TACAÑO, *ou du Grand Taquin, autrement dit* BUSCON. Enfin il a pris pour épigraphe éternelle: *Caſtigat ridendo mores:* aucune ne convient davantage aux œuvres joyeuſes de Quevedo.

Si, dans ma première traduction, publiée en 1843, j'ai cédé à certaines héſitations qui me ſemblaient alors à peu près légitimes, ſi j'ai expurgé, en quelques endroits, le texte original et tenté d'en éviter les étranges hardieſſes, ce fut une faute que je ne ſaurais commettre aujourd'hui. La nouvelle édition que je donne de cette traduction eſt rigoureuſement fidèle; je livre hardiment à mes lecteurs l'œuvre véritable de Quevedo.

J'avais auſſi fait alors une conceſſion à certaines exigences. Le *Buſcon* n'a pas été terminé. C'eſt le défaut cruel de preſque tous les chefs-d'œuvre eſpagnols : Rojas n'a pas achevé la *Céleſtine;* Mateo Aleman n'aurait pas continué *Guzman d'Alfarache* ſi Lujan de Sayavedra ne l'y avait provoqué; Cervantès n'aurait pas terminé *Don Quichotte* ſans Avellaneda. La Geneſte a obéi à la tendance de tous les traducteurs en ajoutant deux chapitres à ſon *Aventurier.* J'avais accueilli ces chapitres dans ma première édition, uniquement pour qu'il y eût une fin aux aventures de Pablo; je fais aujourd'hui juſtice de cet arrangement, qui ne ſaurait ajouter aucun intérêt à ce volume, et qui lui donnerait le caractère d'une rapſodie.

Cependant j'ai apporté une modification à l'œuvre originale, et je me plais à croire qu'elle ne me ſera pas reprochée.

J'ai cité, plus haut, la célèbre fantaiſie philoſophique et morale de *la Hora de todos*, très poſtérieure au *Buſcon,* et que Quevedo écrivit pendant ſon premier ſéjour à la

Tour de Juan Abad. Le prologue et l'épilogue de cette œuvre charmante font un cadre fait à propos pour recevoir un roman d'aventures, et les aventures de Pablo peuvent s'y placer aifément, comme celles qui ont furgi au moment où, fur l'ordre de Jupiter, la Fortune dérangea le mécanifme de notre globe. J'ai donc pris à notre auteur ces deux fragments, que j'ai placés au début et à la fin de fon roman.

On n'a pas traduit *la Hora de todos;* je crois donc avoir fait une curieufe trouvaille ; il m'a femblé même, à l'exceffive difficulté de cette traduction d'un texte étrangement original, que cela pourrait être accepté, l'indulgence du lecteur aidant, comme œuvre d'archéologie littéraire.

L'hiftoire de Pablo de Ségovie eft l'un des innombrables et véridiques épifodes du grand tableau de la vie humaine.

A. GERMOND DE LAVIGNE,
De l'Académie efpagnole.

Paris, avril 1882.

PRÉFACE

DE LA PREMIÈRE ÉDITION

Lettre de Charles Nodier au Traducteur.

Paris, janvier 1843.

Mon cher Ami,

J'AI lu avec beaucoup d'intérêt et beaucoup de reconnaissance la Lettre que vous m'avez fait l'honneur de m'adresser, à l'occasion de votre nouvelle traduction de *Quevedo*. C'est un grand plaisir pour moi que de voir de jeunes talents s'essayer, par de fortes études, à lutter contre les difficultés d'une langue admirable, et s'approprier, de droit de conquête, ce qu'il y a de plus original dans ses tours, de plus caractéristique dans son esprit, de plus naïf dans son génie. J'avais éprouvé ce bonheur à la lecture de votre *Célestine*, et je dois déclarer ici que je suis de ceux qui n'ont pas répugné aux hardiesses un peu cyniques d'une version consciencieusement littérale. Le respect des mœurs a été la règle principale de ma vie littéraire, et je crois avoir manifesté cette religieuse pudeur de la parole dans le très petit nombre de mes faibles écrits dont quelques personnes peuvent se souvenir encore; mais je sais que tous les genres de livres ne sont pas faits pour tous les genres de lecteurs, et qu'un traducteur, par exemple, manquerait essentiellement aux devoirs d'exactitude et de fidélité qu'un ministère exigeant lui impose, en atténuant sous les nuances fardées d'une phraséologie prude ou coquette les couleurs crues, hardies et souvent grossières de son texte. Ainsi, la *Célestine* n'est certainement pas destinée à faire jamais partie de la *Bibliothèque des Collèges* ou du *Théâtre des jeunes personnes;* mais cet ouvrage est un des monuments les plus importants de la littérature moderne, et il n'est pas permis de l'altérer. Les scrupules d'un langage timidement épuré sont aux licences ingénues du moyen âge ce qu'est le badigeonnage aux vieux édifices. L'abbé de Marsy n'est parvenu qu'au ridicule en corrigeant Rabelais.

Vous étiez plus à votre aife avec *Quevedo,* efprit lefte et audacieux, mais exercé par une éducation élevée aux bienféances d'un fiècle plus avancé en civilifation, comme on dit aujourd'hui. *Quevedo* n'a pas moins de dévergondage dans les idées et dans les mœurs que l'auteur ou les auteurs de la *Célefine;* mais il eft un peu plus méticuleux dans l'expreffion, parce que l'époque où il écrit, et qu'il a parfaitement appréciée, commence à fe foumettre au refpect des convenances. L'effronterie de fon franc-parler ne va jamais jufqu'à l'obfcénité, ou n'y touche qu'avec réferve : il a donc contribué de fes propres efforts à rendre votre traduction moins *ofeufe*, et, par conféquent, moins difficile ; mais quels autres obftacles n'a-t-il pas oppofés à votre courage dans la lutte périlleufe que vous tentiez contre lui ! *Quevedo,* que l'Efpagne rapproche trop de Cervantès, et que nous faifons defcendre trop près de Scarron, eft un écrivain tout à fait à part. C'eft un homme du monde d'un génie *excentrique*, dédaigneux, narquois, qui paraît merveilleufement organifé pour l'obfervation, mais qu'un inftinct particulier à fon caractère, et probablement développé par fes habitudes, porte à n'envifager les perfonnes et les chofes que fous le point de vue grotefque. Son ftyle, c'eft lui-même, partout évaporé, vagabond, entreprenant ; fouvent éblouiffant de brillantes lueurs, de vives étincelles, de traits inattendus qui fe traduifent fous la plume ivre en folles hyperboles et en burlefques fantaifies, faillies fougueufes et défordonnées comme la verve qui s'allume ; plus fouvent encore, traînant, fatigué, prefque lâche, vivant de redites au lieu d'infpirations, ne s'échauffant qu'aux dépens des fouvenirs d'une gaieté qui s'ufe, et pâliffant peu à peu comme la verve qui s'éteint.

Voilà ce qu'il fallait fentir ; voilà, chofe bien autrement dangereufe à effayer, ce qu'il fallait faire fentir au lecteur français, pour lui donner une idée complètement fatisfaifante des œuvres facétieufes de *Quevedo.* (Il eft bien entendu entre nous que je ne parle pas des autres.)

Pour réuffir dans une pareille entreprife, il fallait autre chofe qu'une étude approfondie de cette belle langue efpagnole qui nous eft fi chère à tous deux. Il falloit fe laiffer entraîner à l'effor quelquefois extravagant de *Quevedo,* et favoir voler de fes ailes. Mon amitié vous a longtemps fuivi d'un œil inquiet dans ce voyage aventureux ; vous en êtes heureufement revenu avec tout le fuccès que vous pouviez en attendre, et je fuis heureux d'être le premier à conftater votre triomphe.

CHARLES NODIER,
De l'Académie française.

HISTOIRE
DE
PABLO DE SÉGOVIE
(EL GRAN TACAÑO)

PROLOGUE

JUPITER, devenu de fiel, criait à s'égofiller : il injuriait la terre; quant au ciel, cela ne prenait plus. Il fit un jour donner ordre aux dieux de venir en toute hâte au confeil.

En tête accourut Mars, le Don Quichotte des déités, avec fes armes, morion en tête, les infignes de garde champêtre et l'afpect fanfaron. A fon côté Bacchus, le glouton de céans, coiffé de pampres, le regard aviné, la bouche en preffoir barbouillée de marc, la parole bue, la démarche entortillée, et tout le cerveau en puiffance de jus de raifin [1]. Plus loin, les jambes dépareillées, clopait Saturne [2], le dieu croquemitaine et pétrivore, qui ne fit qu'une bouchée de fes enfants; puis Neptune, le Dieu humide, trempé comme une foupe, avec fa mâchoire de vieille pour fceptre, — c'eft en langue vulgaire un trident, — couvert d'algues et de varechs, fentant le vendredi et vigile, transformant en boue, avec fes cafcades, les cendres de fon collègue Pluton, le dieu donné à tous les diables. Pluton était fardé de fuie et de réfine, parfumé de foufre, de falpêtre, et fes vêtements étaient tellement fombres, que tout l'éclat de fon voifin ne pouvait y faire un peu de jour [3]. Ce voifin c'était le Soleil, avec fon vifage de cuivre jaune et fa barbe d'oripeau; la planète vermeille, l'aftre errant, l'ami des barbiers et des guitariftes, le fertiffeur et l'enfileur de jours, d'années et de fiècles.

Quand Vénus accourut, les cercles et les colures s'écartèrent pour faire place à la roue de fon vertugadin; fes jupons inondèrent les cinq zones. Preffée par les cris de Jupiter, elle ne s'était fardé que la moitié du vifage, et le chignon qui lui encafquait la tête était à peine ajufté. Après elle venait la Lune, avec fon vifage en côte de melon, l'aftre en monnaie rognée, la lumière au détail, la rôdeufe de nuit, la haine des lanternes; puis, tumultueufement, le dieu Pan, à la tête de deux troupeaux de faunes et de fatyres à peaux de chèvres et à jambes de bœufs. Le ciel était bouillonnant de Mânes, de Lémures, de Lares, de Pénates, et d'une foule de petites divinités.

Les dieux prirent place fur des fièges, les déeffes

[1] Voir les notes à la fin du volume.

s'accroupirent; tous portèrent leurs regards vers Jupiter avec une respectueuse attention.

Mars se leva avec un bruit de poêles et de casseroles et un air bravache : « Par ta figue, dit-il, ô grand Coefre, qui foules aux pieds le firmament, ouvre cette bouche et jase; on croirait que tu roupilles. »

Jupiter, dont ce langage trop familier agaçait les oreilles, maniait convulsivement sa foudre, qui jetait des étincelles; or, on était en été : le monde rôtissait; il eût bien mieux valu que le maître des dieux se donnât de l'air avec un éventail. Faisant la grosse voix :

« Rengainez, dit-il à Mars. Qu'on appelle Mercure! »

En moins que rien, celui-ci, avec sa baguette d'escamoteur, son bonnet en champignon garni d'ailes de pigeon, se plaça en voltigeant devant le maître.

« Dieu-flèche, lui dit Jupin, descends vers le monde, et amène ici la Fortune, la gardienne de ces nabots. »

Le brouillon de l'Olympe, chauffant deux ailerons en guise d'éperons, disparut si rapidement, sans être vu ni entendu, que partir et revenir ce fut tout un.

Il rentra comme un conducteur d'aveugle, guidant la Fortune qui, d'une main, tenait un bâton pour tâter son chemin, et de l'autre menait en laisse un petit chien. Elle avait pour chaussure une boule, sur laquelle elle se tenait de la pointe des pieds; cette boule servait de moyeu à une roue ornée de rubans, de tresses, de cordes, de cordons, qui, à chaque tour, se nouaient et se dénouaient. Derrière la Fortune venait, en manière de suivante, l'Occasion, une vraie Galicienne, visage gothique, tête sans chignon, crâne chauve comme un miroir; au sommet du front une mèche unique de laquelle on aurait pu faire une moustache. Cette mèche glissait à la main comme une anguille; elle s'agitait et s'éparpillait au fouffle des paroles : on voyait qu'elle avait pour rôle de contrarier et de déranger les arrangements de la Fortune.

En voyant celle-ci, les dieux firent mine de mauvaife humeur, quelques-uns même de dégoût, lorfque d'une voix lente et tremblotante elle dit : « Mes yeux font à l'ombre, ma vue eft à l'aveuglette, je ne puis donc favoir qui vous êtes, vous ici préfents; foyez ce qu'il vous plaira, je m'adreffe à vous tous et à toi furtout, Jupin, qui accompagnes les grondements de tes nuages des quintes de ton afthme. Dis-moi quelle fantaifie te prend de me faire appeler, lorfqu'il y a tant de fiècles que tu m'oublies? Tu ne te fouviens plus fans doute, ni toi ni cette cohue de petits dieux qui t'entoure, que je me fuis jouée de toi et d'eux comme des humains? »

Le tout-puiffant Jupiter fe hâta de répondre :

« Écoute-moi, ivrogneffe, lui dit-il ; tes folies, tes caprices et tes méchancetés font au comble. Tu as laiffé croire à la gent mortelle, parce que nous ne te tenons pas fous la main, qu'il n'y a plus de dieux, que le ciel eft vide, que je fuis un fétiche à peu près mort. Ils prétendent, en bas, que tu accordes aux délits ce qui eft dû aux mérites; que tu donnes au péché les récompenfes de la vertu; que tu élèves fur les tribunaux ceux que tu devrais hiffer à la potence; que tu donnes les dignités à ceux dont tu devrais couper les oreilles; que tu appauvris ceux que tu devrais enrichir. »

La Fortune, fuffoquée et pâle de colère :

« J'ai mon bon fens; je fais ce que je fais, répondit-elle ; dans toutes mes actions mon pied ne perd pas la boule. Toi qui m'appelles inconfidérée et ivrogneffe, fouviens-toi que tu as fait le bec d'oie pour tenir converfation avec Léda; que tu t'es répandu en petite monnaie pour Danaé; que tu as beuglé comme un veau pour Europe — *inde toro pater* — que tu as fait cent mille autres folies, cent mille autres sottises; que de tous ceux et celles qui t'entourent, il n'en est pas un qui n'ait fait le geai, la pie, le corbeau, ou quelque autre sot oiseau pour quelque caprice. On ne dira pas cela de moi. S'il y a en bas des gens méritants mis à l'écart, des gens vertueux sans récompense, toute la faute n'en est pas à moi; à beaucoup j'offre ce dont ils sont dignes; s'ils refusent, qu'y puis-je faire? Les uns ne se donnent pas la peine d'allonger la main pour prendre ce que je leur destine; les autres me l'arrachent sans que je le leur offre. Ceux qui me font violence sont plus nombreux que ceux que j'enrichis; plus nombreux ceux qui me volent ce que je leur refuse, que ceux qui conservent ce qu'ils ont reçu de moi; ils le laissent perdre et disent que je le leur ai repris. Beaucoup m'accusent du mal échu à d'autres, lorsqu'il aurait été pire pour eux. Il n'y a pas d'heureux sans l'envie de beaucoup, il n'y a pas de malheureux sans le mépris de tous. Voyez cette suivante, qui m'a servie de toute éternité : je n'ai jamais fait un pas sans elle; son nom est l'Occasion; écoutez-la, apprenez d'elle à avoir le sens commun. »

Profitant de ce qu'on lui lâchait le claquet, l'Occasion, pour ne pas se perdre elle-même, se mit à dire tout aussitôt :

« Je suis femme, je m'offre à tous; beaucoup me rencontrent, peu jouissent de moi. Je suis Samson femelle, ma force est dans mes cheveux. Qui sait s'accrocher à ma mèche fait se défendre des cabrioles de ma maîtresse. Je l'arrange, je l'éparpille, et parce que les hommes ne savent pas la saisir et en profiter, ils m'accusent. La sottise a mis en usage parmi les hommes une foule de formules infernales : « Qui l'aurait dit? je n'y penſais pas ; je n'ai pas ſongé à cela ; je ne ſavais pas ; c'eſt bon ; qu'importe? cela ſe fera demain ; nous avons le temps ; l'occaſion reviendra ; laiſſe-moi ; je m'entends ; je ne ſuis pas un imbécile ; je me paſſerai cela ; rions de tout ; n'en croyons rien ; cela me viendra à temps ; cela ne manquera pas ; Dieu y pourvoira ; il y a plus de jours que d'andouilles ; lorſqu'une porte ſe ferme, une autre s'ouvre ; peu importe ; c'eſt mon avis ; ce n'eſt pas poſſible ; ne me dites rien ; je ſuis à bout ; laiſſons aller le monde ; qu'on diſe ce qu'on voudra ; tout vient à point ; nous verrons ; ſans doute ; peut-être ; et le « comme vous voudrez » des entêtés. » Toutes ces niaiſeries rendent les hommes préſomptueux, pareſſeux, inſoucians ; c'eſt là la gelée ſur laquelle je gliſſe, et qui fait dévier la roue de ma maîtreſſe. Si les imbéciles me laiſſent paſſer, où eſt ma faute d'avoir paſſé? S'ils mettent des embarras ou des foſſés devant la roue de ma maîtreſſe, qu'ont-ils à ſe plaindre ? Ils ſavent bien que c'eſt une roue, qu'elle monte, qu'elle deſcend ; qu'elle deſcend pour monter et qu'elle monte pour deſcendre ; pourquoi s'y laiſſent-ils entortiller ? Le ſoleil s'eſt arrêté, la roue de la Fortune jamais. Celui-là qui eſt le plus ſûr d'y avoir enfoncé un clou, n'a fait autre choſe que d'y ajouter un poids nouveau et d'en ralentir un peu le tourbillon ; mais ſon mouvement n'en entraîne pas moins les félicités et les miſères, comme celui du Temps entraîne la vie du monde, et le monde lui-même, peu à peu. Voilà la vérité, Jupiter ; répondra qui voudra. »

La Fortune avait repris haleine, et, tout en ſe dandinant, tout en grimaçant comme une fouine : « L'Occaſion, dit-elle, vous a prouvé l'injuſtice de l'accuſation que vous portez contre moi. Néanmoins, je veux bien chercher à vous être agréable, à toi, Maître suprême, et à tous ces autres qui t'accompagnent, les serviteurs de l'ambroisie et du nectar ; bien que je sois encore votre maîtresse, comme je l'ai été, comme je le serai toujours, comme je le suis de la plus sale canaille du monde. Et j'espère bien voir bientôt votre divinité, morte de faim faute de victimes, et de froid faute d'un copeau sur l'autel aux sacrifices, ne servant plus qu'à amplifier des poèmes, à inspirer quelques couplets, quelques rimes amoureuses, devenue le point de mire des brocards et des quolibets.

— Puisses-tu voir manquer tout ce que tu désires, dit Phœbus, puisque tu te joues si insolemment de notre pouvoir. Si j'en avais la permission, moi qui suis le Soleil, je te ferais frire, rôtir et rendre l'âme à force de canicules.

— Va-t'en dessécher les bourbiers, répondit la Fortune, va-t'en faire mûrir les concombres ; va fournir les médecins de fièvres tierces ; va façonner les ongles de ceux qui s'épouillent à tes rayons. Je t'ai vu garder les vaches, et pourchasser une fillette qui ne t'en a pas moins mis à l'ombre, tout Soleil que tu es. Souviens-toi que tu es le père d'un brûlé ; couds-toi la bouche et laisse parler ceux qui s'y entendent.

— Fortune, prononça Jupiter avec sévérité, toi et cette drôlesse qui te sert, vous avez dit beaucoup de bonnes choses. En conséquence, et pour la satisfaction des humains, je décrète, d'une façon inviolable, qu'à un jour fixe, et pendant une heure déterminée, les hommes se trouveront tout à coup chacun avec ce qu'il mérite. J'ai dit, choisis l'heure et le jour.

— Pourquoi différer ce qui doit être ? reprit la Fortune ; va pour aujourd'hui ; quelle heure est-il ?

— Nous fommes aujourd'hui au 20 juin, dit le Soleil, prince des horlogers ; il eſt trois heures trois quarts et quatorze minutes du ſoir.

— Eh bien donc, repartit la Fortune, à quatre heures nous verrons ce qui ſe paſſera ſur terre. »

Là-deſſus elle ſe mit à graiſſer l'eſſieu de ſa roue, à aſſujettir la manivelle et les clous, à débrouiller les cordons.

« Il eſt quatre heures, ſonna Phœbus. J'atteins en ce moment la quatrième ligne poſt-méridienne des cadrans ſolaires.

— Allons donc, fit la déeſſe avec un grand cri, *à chacun ſelon ſes œuvres!* » Et elle lâcha ſa roue, qui, lancée dans l'eſpace comme un ouragan, tomba ſur le monde, le parcourut en tourbillonnant et y mit tout dans une effrayante confuſion.

En ce moment un médecin, en quête de fièvres, paſ-ſait ſur ſa mule, l'Heure le prit et le changea en bour-reau. Un condamné venait ſur un âne, accompagné d'un alguazil et ſuivi d'un exécuteur qui le flagellait ; l'Heure ſonna et mit l'alguazil ſur l'âne, et ſous le fouet de l'exécuteur, en place du condamné. Des tombereaux pleins d'immondices paſſaient devant la boutique d'un apothicaire. Au moment où l'Heure ſonna, la boue jaillit des tombereaux, ſe répandit, entra dans la boutique, d'où ſortirent les bouteilles, les fioles, qui s'entaſſèrent dans les voitures. Un aventurier s'était fait bâtir un palais avec de l'argent volé : à l'Heure, le palais s'ébranla, et s'en alla pierre par pierre, tuile par tuile, les fenêtres, les portes, les meubles, chez tous ceux à qui l'argent avait été pris. Un uſurier qui habitait auprès de ce pa-lais, vit ſon portefeuille s'ouvrir et ſes billets à ordre, entraînés par le mouvement, s'en aller avec les débris du voisin. Un bavard de profession inondait son quartier de paroles : l'Heure vint, et il se trouva subitement à moitié muet, le verbiage lui sortait par les yeux et par les oreilles. Des sénateurs délibéraient sur une affaire d'État, et chacun se demandait comment il résoudrait la question, afin qu'elle blessât le moins ses intérêts, et quand l'Heure sonna, au lieu de dire « Nous avons constaté et constatons, » ils dirent : « Nous nous sommes condamnés et nous condamnons, » et, comme effet de cette condamnation, leurs toges se changèrent en peaux de serpent, ils s'injurièrent et se maltraitèrent les uns les autres. Un entrepreneur de mariages entortillait un pauvre homme, lui vantant la fortune, la beauté, l'esprit, la jeunesse, les vertus d'une cliente, qui n'était ni sage, ni jeune, ni intelligente, ni belle, ni riche : l'Heure maria le marieur à sa marchandise. Une compagnie de Narcisses passait, l'un avec des mollets postiches et trois fausses dents ; deux autres avaient la barbe teinte ; trois autres étaient chauves avec des perruques : à l'Heure, la laine des mollets s'en alla, les dents tombèrent, la couleur des barbes disparut, les perruques s'envolèrent avec les chapeaux en croupe, laissant à découvert les têtes, qui ressemblaient à des melons avec des moustaches. Une dame riche était à sa toilette ; elle avait une pommade au sublimé pour les rides, une eau pour les rousseurs de la peau, du noir de fumée pour les cils et les sourcils, un opiat pour les lèvres, des couleurs postiches dans des petits godets. Quand vint l'Heure, elle était devant son miroir, elle se mit le sublimé aux cheveux, le noir sur les dents, l'opiat sur les sourcils, la couleur sur le front ; ses servantes, la croyant devenue folle, le sauvèrent, et son mari parlait d'envoyer chercher un prêtre pour conjurer le démon.

Ainſi du reſte. Par tout le monde ce ne fut, pendant toute cette heure, que parvenus renvoyés à leurs moutons; jolies femmes retournant en détail chez le parfumeur, chez le coiffeur, chez la couturière, chez le marchand de couleurs, et reſtant à rien; nobles d'emprunt déſarmoriés; apothicaires empoiſonnés; inquiſiteurs brûlés vifs. Un tavernier fut mis à la queſtion liquide avec du vin frelaté; un cordonnier à la queſtion du brodequin; un avare fut enfermé dans un coffre-fort vide; des tailleurs furent écorchés vifs, et des bohémiens firent des tambours avec leur peau; un alguazil, qui de ſa vie n'avait empoigné perſonne, fut berné; il fut remplacé par un procureur qui prétendait ne jamais prendre aſſez; deux grands ſeigneurs qui ſe pavanaient dans un magnifique carroſſe furent enlevés de leurs couſſins moelleux et condamnés à décrotter ceux qu'ils avaient éclabouſſés; deux pauvres nègres qui paſſaient furent mis à leur place.

On vit un âne qui rendait à ſon maître les coups de bâton qu'il en avait reçus; un homme que trois dindons engraiſſaient et engavaient comme ils avaient été engavés; un barbier qu'on raſait avec un couteau ébréché; un moine qui, condamné à la ſobriété, aima mieux ſe laiſſer mourir de faim; un familier du ſaint-office qui, n'ayant perſonne à dénoncer, ſe dénonça lui-même.

L'Heure rencontra un homme parfaitement vertueux : elle lui donna le harem du Grand Turc, afin de perpétuer ſa race. On découvrit un procureur intègre : ne ſachant quelle récompenſe donner à un tel mérite, l'Heure le donna... pour exemple [4].

« Un épiſode, entre tous, attira l'attention de la divine aſſemblée. Dans les rues d'une ville d'Eſpagne, c'était

Ségovie, la capitale de la Vieille-Caſtille, un triſte cortège défilait. En tête marchait un crieur public; il s'arrêtait de temps à autre, déployait un papier et liſait une ſentence. Un alguazil ſuivait; il était monté ſur un genet fourbu, drapé dans une cape trouée, et portait fièrement ſa baguette blanche. A quelques pas en arrière, nu juſqu'à la ceinture, la tête couverte d'une capuche de laine, venait un pauvre diable qu'on menait pendre. Il était hiſſé ſur un âne, les mains attachées ſur la poitrine; il paraiſſait jeune encore et fort peu affligé de ſe voir en ſi pénible extrémité. Le bourreau, qui le ſuivait pas à pas, et qui, de temps à autre, lui chaſſait les mouches ſur les épaules à l'aide d'un fouet de cuir, était un homme de belle taille, mais vieilli avant l'âge. Son front était bas et ſombre, ſon regard terne et méchant, ſes lèvres pendantes, ſa démarche avinée. C'était la brute chargée d'exécuter paſſivement les volontés de l'intelligente juſtice. On lui avait dit de pendre, il y allait; de frapper, et il frappait.

« Le peuple ſuivait en tumulte; les enfants criaient au bourreau de frapper plus fort; quelques vieilles femmes injuriaient le patient, lui jetaient des trognons de légumes, et cherchaient à lui faire perdre un peu de ſa ſérénité.

« On arriva de la ſorte à la potence. Les alguazils firent ranger les curieux en cercle; l'échelle fut dreſſée; le patient ſauta à bas de ſon âne; on lui délia les mains; il monta lentement, ſuivi du bourreau, et, arrivé ſur la traverſe, il s'y aſſit, prit la corde, en ajuſta le nœud, et attendit.

« C'eſt alors que ſonna l'Heure, et, en un clin d'œil, comme par un coup de baguette, les rôles furent changés: le bourreau ſe trouva pendu à la place du patient, qui, debout fur le fommet de la potence, en coftume d'exécuteur, regardait en pleurant fon suppléant qui fe débattait.

« Cette fcène inattendue émut vivement les curieux de l'éther. Cette étrange fubftitution de victimes, ces larmes du jeune homme au moment où il échappait au fupplice, portèrent au comble la ftupeur et la curiofité. Vulcain était bouche béante, comme au jour où il furprit Mars et Vénus; Mars jurait fes grands dieux qu'il n'avait jamais rien vu de pareil, et offrait de fe couper la gorge avec quiconque oferait dire le contraire; Apollon promettait de faire un poème là-deffus; Bacchus ronflait; Vénus, Junon, Minerve elle-même, avaient les yeux hors de tête, le cou tendu, les narines ouvertes, les lèvres pâles. La curiofité n'embellit pas. Pâris, ce jour-là, n'eût donné la pomme à aucune des trois.

« La Fortune, accablée de queftions, répondit qu'elle n'était pas au fait de l'aventure; Jupiter, follicité par tous, décida que Mercure irait incontinent faire une enquête.

« Mercure difparut.

« Tout auffitôt on vit un cavalier fe faire jour à travers la foule d'un air d'autorité. Il était mis avec une grande élégance; fon haut-de-chauffes et fon pourpoint, relevés de crevés de fatin blanc, étaient du velours le plus fin. Il était armé d'une longue rapière, et fa main gauche, appuyée fur la garde, en faifait relever la pointe vers le ciel. Il portait un collet à la grande mode, droit et empefé; une chaîne d'or brillait fur fa poitrine, une boucle d'or retenait la plume de fon chapeau; fa mouftache était des mieux cirées et des plus relevées; fes longs éperons rendaient un fon argentin. Il marcha en dandinant jufqu'au milieu du cercle formé par le peuple :

arrivé là, il s'arrêta, se posa de l'air le plus spadassin du monde, le poing sur la hanche, la tête inclinée, et dirigea vers le ciel un sourire et un geste des plus insolents. Sous son large chapeau sa chevelure, en s'écartant, laissa paraître un bout d'aile de pigeon : tout l'Olympe reconnut Mercure, et se laissa aller à un rire homérique.

« Le messager des dieux s'approcha de la potence, d'où le nouveau bourreau descendait en pleurant de plus belle. Mercure lui frappa sur l'épaule, lui dit quelques mots à l'oreille, et tous deux, traversant de nouveau la foule que les alguazils dissipaient, s'engagèrent dans une rue déserte et sombre, au milieu de laquelle s'élevait une maison inhabitée. Ils frappèrent, la porte s'ouvrit, le bourreau passa le premier ; puis, Mercure ayant fait un signe, l'Olympe tout entier descendit.

« Un instant après, dieux et déesses, vêtus en grands seigneurs et en grandes dames du temps, étaient assis en cercle dans la salle d'honneur de la maison inhabitée. Mercure attendait avec son compagnon dans une pièce voisine. Dès que tout le monde fut placé, remplissant les fonctions d'huissier introducteur, il ouvrit la porte à deux battants, prit par la main le jeune bourreau, auquel il recommanda de faire bonne contenance, et, le conduisant au milieu du cercle, il annonça à haute voix :

« PABLO DE SÉGOVIE.

« A ce nom, la Fortune se mit à rire.
« — Je le connais, s'écria-t-elle, c'est un de mes...
« — Silence! Madame, fit Jupiter du ton d'un alcade-

mayor. Jeune homme, foyez le bienvenu : vous fatif-
ferez la curiofité que vous avez excitée; toute notre
attention vous eſt acquife. »

« Le jeune bourreau, revenu de fon émotion, falua
à la ronde, s'avança fans héfiter au milieu de l'impo-
fant aréopage, foutint même avec affurance le regard
perfiftant de Vénus; puis, ayant un inftant recueilli fes
fouvenirs, il touffa, et parla de la forte : »

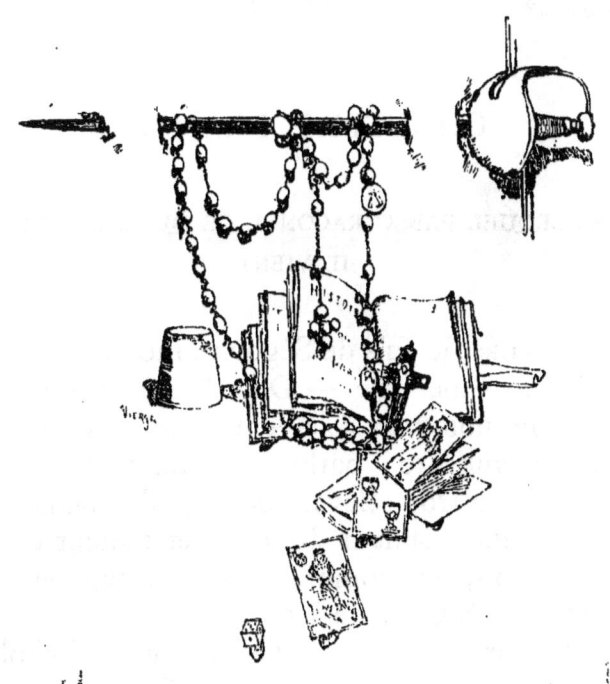

CHAPITRE PREMIER

DANS LEQUEL PABLO RACONTE CE QU'IL EST ET D'OU IL VIENT

SEIGNEURS, je suis de Ségovie; mon père, originaire de la même ville — Dieu le retienne aux cieux, — se nommait Clément Pablo. Il était, selon l'expression vulgaire, barbier de son métier; mais ses pensées étaient trop relevées pour qu'il se laissât nommer ainsi; il se disait tondeur de joues et tailleur de barbes. C'était, dit-on, un homme d'un bon cep, et selon ce qu'il buvait c'était facile à croire [1].

Il eut pour femme Aldonza Saturne de Rebollo; elle était fille d'Octave de Rebollo Codillo, et petite-fille de Lépide Ziuraconte. On la soupçonnait fort de ne pas être chrétienne de vieille date, et cependant, en raison des noms de ses père et mère, elle prétendait descendre en ligne droite des triumvirs romains. Elle était fort jolie et fort célèbre surtout, car tous les chansonniers d'Espagne s'exercèrent à propos d'elle. A peine mariée, elle eut de grands chagrins, et même plus tard, parce que de mauvaises langues reprochaient à mon père d'être sans scrupule, et d'aimer tout prendre sans avoir rien mis. Il fut prouvé que lorsqu'on venait chez lui pour se faire raser, et lorsqu'il levait la figure de ses pratiques pour les savonner, un mien frère, âgé de sept ans, leur tirait la substance des poches tout à son aise. Le pauvre petit ange mourut du fouet qu'on lui donna en prison. Mon père le regretta beaucoup, car il ravissait tout le monde. Pour ces enfantillages et pour d'autres, mon père fut pris; toutefois, d'après ce que l'on m'a dit, il sortit plus tard de prison tout à son honneur, et avec un cortège de plus de deux cents cardinaux; mais qui n'étaient pas des monseigneurs. On dit que les dames se mirent aux fenêtres pour le voir passer, et de fait il avait bonne mine à pied comme à cheval. Je ne dis pas cela par vanité, car on sait combien j'en ai peu [2].

Ma mère n'eut pas trop de malheurs. Une vieille qui m'éleva, faisant un jour son éloge, me disait que ses manières étaient tellement gracieuses, qu'elle ensorcelait tous ceux qui avaient affaire à elle. Cependant, à propos de je ne sais quelle petite histoire scandaleuse, peu s'en fallut qu'on ne la fît paraître en public avec un vêtement de plumes [3]. On prétend qu'elle ressuscitait ce qui n'existait plus..., qu'elle teignait les cheveux qui avaient blanchi. Les uns la nommaient pourvoyeuse de plaisirs, d'autres algébriste d'amour [4], et quelques-uns lui donnaient le vilain nom de m.....; l'aimant de l'argent des autres. Mais il faut voir avec quel air souriant elle écoutait tout cela. Elle n'en était que plus séduisante.

Je ne vous dirai pas quelle pénitence févère elle s'impofait. Sa chambre, où feule elle entrait, — et moi quelquefois, car j'en avais la permiffion quand j'étais petit, — était entourée de têtes de morts ; elle difait que c'était pour ne pas perdre le fouvenir de notre fin dernière, et certains, par méchanceté, affirmaient que c'était pour entortiller les vivants. Son lit était porté par des cordes de pendus, et elle me difait quelquefois, à ce propos : « Vois-tu ? c'est à l'aide de cet exemple que je donne des confeils à ceux à qui je veux du bien ; je leur dis que, pour fe garantir d'un collier de cette efpèce, ils doivent vivre fans ceffe *le menton fur l'épaule* [5], fe conduire avec une prudence exceffive et ne pas laiffer le plus petit indice pour donner prife fur eux. »

Il y eut un grand défaccord entre mes parents pour favoir duquel des deux je fuivrais l'état. Je m'étais fenti dès l'enfance des idées élevées, et ni l'un ni l'autre métier ne me féduifit. « — Mon enfant, difait mon père, l'état de voleur n'eft pas un art mécanique, c'eft une profeffion libérale ; » puis il ajoutait, en foupirant : « Et manuelle. Qui ne vole pas, ne vit pas en ce monde. Sais-tu pourquoi les alguazils et les alcades nous aiment fi peu ? Des fois ils nous pourchaffent, d'autres ils nous battent, d'autres ils nous pendent, même fans s'enquérir fi c'eft bien notre heure. Je ne puis le dire fans larmes (et le bon vieux pleurait comme un enfant en penfant au nombre de fois que fes côtes avaient été cinglées). Sais-tu pourquoi ? C'eft qu'ils ne voudraient pas que là où ils font il y eût d'autres voleurs qu'eux et leurs miniftres ; mais heureufement notre adreffe nous garde de leurs griffes. Quand j'avais ton âge, je fréquentais furtout les églifes, non pas cependant que je fuffe bon chrétien. Bien des fois on m'aurait promené fur l'âne, fi j'avais bavardé fur le chevalet [6] ; mais, je n'ai jamais rien confeffé, fi ce n'eft felon les principes de la fainte mère Églife, et c'eft en agiffant de la forte et à l'aide des profits de mon métier, que je fuis parvenu à foutenir ta mère auffi honorablement que poffible. — Comment ! s'écria celle-ci avec colère (elle était furieufe que je ne vouluffe pas être forcier), comment m'avez-vous foutenue ? N'eft-ce pas moi qui vous ai fait vivre, moi qui vous ai tiré de prifon par mon induftrie, qui vous y ai entretenu d'argent ? Si vous ne confeffiez rien, était-ce par courage, ou plutôt grâce aux philtres que je vous donnais ? Si je ne craignais qu'on ne nous entendît dans la rue, je vous rappellerais ce jour où j'entrai dans votre prifon par la cheminée, et où je vous fis fortir par le toit. »

Elle en eût dit bien davantage, tant elle était en colère, fi, par les mouvements qu'elle fe donnait, elle n'eût défenfilé fon rofaire, une collection de dents de pauvres diables auxquels elle avait procuré la paix de l'autre monde.

Je dis à mes parents que je voulais pofitivement apprendre à être vertueux et cultiver mes bonnes difpofitions; que je les priais de me mettre à l'école, parce qu'on ne pouvait rien faire fi on ne favait lire et écrire. Ils grognèrent un peu entre eux, et finirent par approuver mes projets. Ma mère fe mit à renfiler fes dents, et mon père s'en alla, ainfi qu'il nous le dit lui-même, couper à quelqu'un foit la barbe, foit la bourfe. Je reftai feul, remerciant Dieu de m'avoir donné des parents fi habiles et fi jaloux de mon bonheur.

CHAPITRE II

COMMENT PABLO VA A L'ÉCOLE ET CE QUI LUI ARRIVE

Le lendemain, on m'avait acheté un abécédaire, et le magiſter était prévenu. J'allai donc à l'école; le magiſter me reçut très gracieuſement, en me diſant que j'avais la mine d'un garçon d'eſprit et d'intelligence. Auſſi, pour ne point le démentir, j'appris fort bien mes leçons. Le maître m'avait placé auprès de lui; je gagnais des bons points preſque tous les jours en venant le premier, et je m'en allais le dernier afin de faire quelques commiſſions pour madame, — c'était la femme du maître. — Mes gentilleſſes me gagnaient les bonnes grâces de tout le monde; cela alla même trop loin, car les autres enfants devinrent jaloux de moi. Je recherchais de préférence les fils de famille, et particulièrement un fils de don Alonſo Coronel de Zuniga, avec qui j'étais copain. Les autres, ou bien parce que je ne leur parlais pas, ou bien parce que je leur paraiſſais trop fier, me donnaient ſans ceſſe des ſurnoms empruntés au métier de mon père. Les uns m'appelaient don Raſoir, les autres don Ventouſe. L'un, pour ſe juſtifier, diſait qu'il ne m'aimait pas parce que ma mère avait, de nuit, ſucé le ſang à ſes deux petites ſœurs. L'autre prétendait que mon père avait été appelé dans ſa maiſon pour en chaſſer les rats; il en prenait prétexte pour appeler mon père chat, ce qui veut dire, en langage populaire, eſcroc et filou. D'autres m'appelaient minet ou miaulaient quand je paſſais près d'eux. Un autre encore affirmait qu'il avait jeté deux aubergines à ma mère un jour qu'on la promenait par la ville. En un mot, tous s'entendaient pour me ronger les talons [1] et m'abreuver d'amertume. J'y étais certes ſenſible, mais je diſſimulais. Je ſupportai tout avec courage, juſqu'au jour où un gamin eut l'audace de m'appeler fils de p..... et fils de ſorcière.

Il me dit cela ſi nettement (s'il l'eût dit à mots couverts je ne m'en ſerais pas ému), que je ramaſſai une pierre et lui fendis la tête; puis, courant vers ma mère, je lui contai l'aventure. « Tu as bien fait, me dit-elle : tu prouves bien qui tu es; ſeulement tu aurais dû demander à ce gamin d'où il ſavait cela. » Entendant cela, moi qui ai toujours eu des penſées élevées, je dis encore à ma mère : « Les camarades qui étaient préſents m'ont dit que j'avais tort de m'en offenſer. Eſt-ce à cauſe du jeune âge de l'inſolent? Aurais-je pu lui donner un démenti, ou bien ma naiſſance fut-elle effectivement la ſuite d'un pique-nique [2]; enfin ſuis-je le fils de mon père? — Malepeſte! s'écria-t-elle en riant; en ſais-tu déjà tant? Tu ne ſeras pas un ſot; tu es charmant, en vérité; tu as bien fait de caſſer la tête à ce vaurien. De telles chofes ne font pas bonnes à dire, lors même qu'elles font vraies. »

Je reftai comme mort de honte à cette réponfe. Je formai un inftant le projet de m'emparer de tout ce que je pourrais trouver, et de quitter la maifon de mon père; mais je me contins; mon père alla foigner le bleffé, le guérit, le calma et me renvoya à l'école, où le maître me reçut fort mal. Mais dès qu'il eut appris la caufe de la querelle, il me tint compte du fentiment qui m'avait fait agir, et me fit meilleure mine.

J'étais toujours avec le fils de don Alonfo de Zuñiga, qui fe nommait don Diégo, et qui m'aimait véritablement; je changeais de toupie avec lui quand la mienne était meilleure; je lui donnais de mon déjeuner et je ne lui demandais rien de ce qu'il mangeait; je lui achetais des images, je lui apprenais à fe battre, je jouais avec lui au taureau [3], enfin je l'amufais toujours. Auffi, très fouvent, les parents du jeune cavalier, voyant combien ma compagnie lui était agréable, faifaient demander aux miens de me laiffer aller avec lui dîner, fouper et quelquefois coucher.

Il nous arriva ainfi qu'un des premiers jours d'école après Noël, nous vîmes paffer par la rue un homme nommé Ponce d'Aguirre, qu'on difait être confeiller. Le jeune don Diégo m'appela : « Écoute, me dit-il, appelle-le Ponce-Pilate et fauve-toi. »

Moi, pour faire plaifir à mon ami, j'appelai le paffant Ponce-Pilate. Il fe mit tellement en colère, qu'il courut à ma pourfuite, avec un couteau à la main, pour me tuer, de forte que je fus forcé de fuir et de me réfugier dans la maifon du maître. L'homme entra après moi en vociférant; le maître s'interpofa, le pria de ne pas me tuer et lui promit de me châtier. En effet, à l'inftant même, malgré les prières de fa femme qui s'intéreffait à moi parce que je lui étais utile, il ne me ménagea pas. Il me fit déshabiller, et, tout en me donnant le fouet, il me demandait à chaque coup : « Diras-tu encore Ponce-Pilate? — Non, monfieur, lui répondis-je. — Diras-tu encore Ponce-Pilate ? — Non, monfieur, non, monfieur, » m'écriai-je à chaque reprife.

Dès cet inftant, j'eus fi grande peur de dire Ponce-Pilate, que le lendemain, lorfque le maître m'ordonna de réciter, felon l'ufage, les prières aux autres écoliers, je m'arrêtai tout court en arrivant au *Credo*. Remarquez l'innocente malice : j'avais à dire : *il a souffert sous Ponce-Pilate;* je me souvins que j'avais promis de ne plus dire Pilate, et je dis : il a souffert sous Ponce d'Aguirre. Le maître s'amusa tellement de ma simplicité et de la crainte qu'il m'avait inspirée, qu'il m'embrassa et me donna une exemption pour les deux premières fois que je mériterais le fouet. Je m'en allai fort content.

A quelque temps de là, vint le carnaval : le maître, voulant amuser ses écoliers, décida qu'on ferait un roi des coqs [4]. Il désigna douze d'entre nous; nous tirâmes au sort, et le sort me désigna. J'en donnai avis à mes parents, afin qu'ils me procurassent un équipage convenable.

Le jour arrivé, je me mis en marche sur un cheval étique et fourbu, qui faisait des révérences à chaque pas, non par excès d'éducation, mais parce qu'il était boiteux. Il avait une croupe de singe, la queue absente, un cou de chameau, plus long encore; il n'avait qu'un œil, mais de prunelle point. On devinait, en le voyant, à combien de pénitences, de jeûnes et d'humiliations le soumettait son maître pour lui faire gagner sa ration. Ainsi monté, et louvoyant tantôt d'un côté, tantôt de l'autre, comme le Pharisien à la procession [5], suivi de tous mes camarades costumés, j'arrivai à la place du marché (je frémis encore quand j'y pense). En passant près des étalages des marchandes de légumes, — Dieu m'en préserve ! — mon cheval vola un chou à l'une d'elles, et, sans être vu ni entendu, l'expédia vers son ventre, où il parvint en un instant en dégringolant par la gorge. La fruitière, ces femmes-là sont sans pudeur, se mit à crier. Les autres accoururent, et avec elles une troupe de vauriens, et tous, saisissant des carottes groſſes comme des bouteilles, des navets monſtrueux, des aubergines et d'autres légumes, ils ſe mirent à en faire pleuvoir ſur le pauvre roi. Voyant à cette abondance de navets qu'il s'agiſſait d'une bataille navale, et qu'elle ne pouvait ſe livrer à cheval, je voulus deſcendre; mais ma monture reçut un tel coup à la tête, qu'elle ſe mit à ſe cabrer, et nous allâmes rouler enſemble dans un égout. Je vous laiſſe à imaginer dans quel état je fus mis. Mes compagnons s'étaient armés de pierres; ils donnèrent ſur les marchandes et en bleſſèrent deux à la tête... La juſtice accourut, arrêta marchandes et enfants, recherchant tous ceux qui avaient des armes et les leur enlevant, car quelques-uns avaient dégainé les dagues qu'ils portaient pour leur coſtume, et leurs petites épées. On vint à moi et, en voyant que je n'en avais pas, attendu qu'on m'avait tout enlevé avec ma cape et mon chapeau pour les mettre à ſécher dans une maiſon, on me demanda mes armes, à quoi je répondis, tout crotté, que je n'en avais pas d'autres que des armes offenſives à l'encontre du nez. Et à ce propos, je dois vous dire qu'au moment où les marchandes m'envoyaient des trognons et des navets, comme j'avais des plumes à mon chapeau, je m'imaginai qu'elles me prenaient pour ma mère, et que tout cela s'adreſſait à elle, comme il lui était arrivé pluſieurs fois, et je leur criai : « Meſdames, quoique je porte des plumes, je ne ſuis pas Aldonza Saturno de Rebollo, qui eſt ma mère. » Comme ſi elles ne le voyaient pas bien à ma taille et à ma figure. La frayeur que j'éprouvais et la ſurpriſe que me cauſa cet accident expliquent ma ſottiſe.

Pour revenir à l'alguazil, il voulut m'emmener en priſon, et ne m'emmena pas, parce qu'il ne ſut par où m'empoigner, tant j'étais couvert de boue.

Chacun s'en alla de fon côté, et moi je quittai la place pour rentrer à la maifon, mettant au fupplice tous

les nez que je rencontrais fur mon chemin. Une fois au logis, je contai à mes parents ce qui m'était arrivé, et ils fe mirent dans une telle colère de me voir en pareil état, qu'ils voulurent me maltraiter. Je rejetai la faute fur ces deux lieues de roffe aplatie qu'ils m'avaient fournie ; je comptais qu'ils fe tiendraient pour fatisfaits ;

mais, voyant que je ne réussissais pas, je sortis et allai voir mon ami don Diégo, que je trouvai la tête cassée et ses parents décidés à ne plus l'envoyer à l'école. Là, j'appris que ma rosse, se voyant dans un cas difficile, avait essayé de lancer deux ruades; mais elle était tellement décharnée, qu'elle se démit les hanches et resta dans la fange, bien près de mourir.

Au résultat, j'en étais avec une fête manquée, la population scandalisée, mes parents furieux, mon ami blessé, mon cheval mort! Je résolus de ne plus retourner à l'école ni à la maison paternelle, et de rester à servir don Diégo, ou, pour mieux dire, à lui tenir compagnie. Cette détermination fit grand plaisir à sa famille, car Diégo paraissait fort content de mon amitié. J'écrivis à mes parents que je n'avais plus besoin d'apprendre, parce que, quoique je ne fusse pas encore bien écrire, j'en savais assez pour être un cavalier accompli, la première condition étant d'écrire mal [6]; que, par conséquent, je renonçais à l'école pour ne pas leur causer de dépenses, et à leur maison pour leur éviter tout souci. Je leur dis où je restais, en quelle qualité, et enfin, que je ne les reverrais que lorsqu'ils m'en donneraient la permission.

CHAPITRE III

COMMENT PABLO ENTRA DANS UN PENSIONNAT EN QUALITÉ DE DOMESTIQUE DE DON DIÉGO CORONEL

Don Alonſo prit un jour le parti de mettre ſon fils en penſion, autant pour l'éloigner de la maiſon, que pour ne pas s'en occuper. Informé qu'il y avait à Ségovie un certain licencié nommé Cabra, qui faiſait profeſſion d'élever les fils de famille, il y envoya ſon fils, auquel il m'attacha comme compagnon et comme ſerviteur.

Ce fut le premier dimanche après le Carême que nous devînmes les penſionnaires de la faim perſonnifiée; je ne connais pas d'autres termes pour mieux dépeindre une telle ladrerie. C'était un clerc farbacane ; fa taille était toute en longueur ; fa tête était petite, fes cheveux roux. Il eft inutile d'en dire davantage pour qui fait le proverbe : « Ni chat ni chien de cette couleur. » Ses yeux étaient enfoncés dans la tête, et il avait l'air de regarder par le fond d'une hotte ; ils étaient fi profonds et fi fombres qu'ils euffent été un bon local pour y inftaller une boutique de marchand. Son nez était entre Rome et la France ; il avait été mangé par quelque humeur froide, non par vice, attendu que cela coûte de l'argent. Sa barbe était pâle, par crainte du voifinage de la bouche, qui, affamée qu'elle était, femblait vouloir la manger. Il lui manquait je ne fais combien de dents ; elles avaient été renvoyées, je penfe, comme inutiles et vagabondes. Son cou était long comme celui d'une autruche ; avec

une noix tellement faillante, qu'elle femblait vouloir s'en aller chercher à manger, par befoin. Ses bras étaient deffechés, et chaque main pareille à une poignée de farments. Vu de la ceinture jufqu'en bas, il avait l'air d'une fourchette ou d'un compas, avec fes deux jambes longues et maigres. Il marchait très lentement, et, s'il venait à s'animer, fes os fonnaient comme des cliquettes de Lazare. Sa voix était exténuée, fa barbe longue, car il ne la coupait jamais, pour ne rien dépenfer. Il difait qu'il éprouvait de telles naufées quand il fentait les mains du barbier fur fon vifage, qu'il fe ferait plutôt tuer que de fe laiffer faire. C'était le ferviteur d'un de fes penfionnaires qui lui coupait les cheveux [1].

Les jours de foleil, il portait un bonnet rongé par les rats avec mille chatières et des garnitures de graiffe. Ce bonnet était fait de quelque chofe qui avait été drap, avec un fond de craffe. Sa foutane, difaient quelques-uns, était miraculeufe, parce qu'on n'en pouvait deviner la couleur; les uns, la voyant fi dépourvue de poil, difaient qu'elle était de peau de grenouille; les autres la nommaient illufion; de près elle paraiffait noire, de loin on la croyait bleue; il la portait fans ceinture, elle n'avait ni col, ni poignets [2]. Avec ce vêtement miférable, écourté, et fes longs cheveux, il avait l'air d'un laquais de la mort. Chacun de fes fouliers eût fervi de tombe à un Philiftin. Et fon appartement! On n'y voyait pas même une araignée. Il faifait la chaffe aux rats, de peur qu'ils ne lui mangeaffent quelques croûtes qu'il gardait. Son lit était par terre, et il fe couchait toujours fur un même côté, de crainte d'ufer fes draps; en un mot, il était archipauvre; c'était le prototype de la mifère.

Tel était l'homme fous le pouvoir duquel je tombai en compagnie de don Diégo. Le foir où nous arrivâmes, il nous montra notre logement, et nous adreſſa une courte allocution; s'il ne la fit pas plus longue, ce fut par crainte de dépenſer du temps. Il nous indiqua ce que nous avions à faire : nous y travaillâmes juſqu'à

l'heure du repas, et nous deſcendîmes. Les maîtres mangeaient les premiers, les domeſtiques les ſervaient. Le réfectoire était une pièce grande comme un demi-boiſſeau; il y avait une table qui pouvait contenir juſqu'à cinq gentilshommes. Je commençai à regarder s'il y avait des chats, et, comme je n'en vis point, j'en demandai la raison à un ancien domestique du logis, dont la maigreur était la marque de la pension. « Des chats! me dit-il, d'un air désolé. Et qui vous a dit, à vous, que les chats fussent amis du jeûne et de la pénitence? À votre embonpoint, on reconnaît aisément que vous êtes nouveau ici. »

Cette réponse m'affligea beaucoup, et je m'effrayai encore davantage quand j'eus remarqué que tous ceux qui m'avaient précédé dans la pension étaient effilés comme des alènes, et que leurs visages semblaient frottés de diachylon. Le licencié Cabra prit place et dit le bénédicité ; on apporta dans des écuelles de bois un bouillon si clair que Narcisse, en voulant le boire, eût couru plus de dangers qu'à la fontaine ; les doigts décharnés des convives s'en allaient à la nage à la recherche de quelques pois chiches, orphelins et solitaires, égarés au fond des écuelles. « Il est certain, disait Cabra à chaque gorgée, que rien n'est comparable au pot-au-feu ; qu'on dise ce qu'on voudra, tout le reste est vice et gourmandise. »

Puis, quand il se fut mis toute son écuelle sur l'estomac : « Tout cela, ajouta-t-il, est salutaire et développe l'esprit. — Que ton esprit t'étouffe ! » disais-je tout bas.

Alors entra un jeune domestique demi-fantôme et si desséché, qu'il semblait que la viande qu'il apportait eût été enlevée sur lui-même. Un seul navet errait autour du plat. « Comment, voilà des navets! dit le maître ; il n'y a pas pour moi de perdrix qui vaille cela ; mangez, mes amis ; je suis joyeux de vous voir à l'œuvre. » Il partagea la viande entre tous, en si petite quantité, que tout fut consommé par les ongles et les dents creuses, et les entrailles des convives restèrent excommuniées [3].

« Mangez, mangez, difait Cabra en les regardant; vous êtes jeunes, et j'ai grand plaifir à voir vos bonnes difpofitions. »

Hélas ! quel régal pour de pauvres jeunes gens qui fe pâmaient de faim !

Le repas achevé, il refta fur la table quelques rogatons, et dans le plat, des morceaux de peaux et des os. « Ceci, dit le maître, reftera pour les domeftiques, car il faut auffi qu'ils mangent, et nous ne voulons pas tout prendre. Allons, cédons-leur la place ; et vous autres, allez faire un peu d'exercice jufqu'à deux heures, afin que ce que vous avez mangé ne vous incommode pas. »

A ces mots, je ne pus m'empêcher de rire à gorge déployée. Le maître fe mit en grande colère, me confeilla d'apprendre à être modefte, me débita trois ou quatre vieilles fentences, et s'en alla. Nous prîmes place à notre tour.

Voyant la table fi mal garnie et fentant mes entrailles demander juftice, j'attaquai le plat en même temps que les autres, et, comme j'étais le plus grand et le plus fort, j'engloutis deux rogatons fur trois, et un morceau de peau. Les autres s'étant mis à grogner, Cabra accourut, attiré par le bruit : « Mangez en frères, nous dit-il, puifque Dieu vous donne de quoi ; ne vous querellez pas, il y en a pour tout le monde. » Il retourna fe promener au foleil, et nous laiffa feuls.

Il y avait parmi nous un Bifcayen, nommé Surre, qui avait tellement oublié par où et comment on mangeait, que, s'étant emparé d'une croûte de pain, il la porta deux fois à fes yeux, et ne parvint pas, en trois fois, à l'acheminer de la main à la bouche. Je demandai à boire; les autres, qui étaient à peu près à jeun, n'en avaient pas befoin; on me donna un vafe avec de l'eau; mais à peine l'eus-je porté à la bouche, que le domeftique dont j'ai parlé me l'enleva tout auffitôt. Je quittai la place avec défefpoir, voyant que j'étais dans une maifon où les entrailles ne pouvaient répondre aux fantés qu'on leur portait.

J'eus envie de démanger, bien que je n'euffe pas mangé, et je demandai à un ancien de m'indiquer le cabinet. « Je ne fais pas, me dit-il; il n'y en a pas dans cette maiſon. Pour une fois que la fantaiſie vous viendra, tant que vous ſerez ici, faites comme vous pourrez; voilà deux mois que j'habite la maiſon, et je n'ai eu cette idée que le jour où je ſuis entré, comme vous aujourd'hui, parce que j'avais ſoupé chez moi la veille. »

Comment vous dépeindre ma peine et ma triſteſſe ? Convaincu qu'à l'avenir il devait entrer ſi peu de choſe dans mon corps, je n'oſai, quelque envie que j'en euſſe, en rien laiſſer ſortir. J'allai trouver mon maître; nous cauſâmes juſqu'à la nuit; don Diégo me demandait ce qu'il devait faire pour perſuader à ſon ventre qu'il avait mangé, parce qu'il n'en voulait rien croire. Cette maiſon était peuplée de défaillance autant qu'une autre le ferait de hoquets.

Vint l'heure du ſouper; le goûter s'était paſſé en blanc. Nous mangeâmes beaucoup moins; on ne nous ſervit point de mouton, ſi ce n'eſt quelque choſe comme le maître, de la chèvre grillée [3]. Le diable n'aurait pas d'inventions pareilles aux ſiennes. « Il eſt fort ſalutaire et fort profitable, nous diſait Cabra, de ſouper légèrement afin de tenir l'eſtomac libre. » Il nous citait à ce ſujet une kyrielle de médecins d'enfer; il chantait les louanges de la diète; il ajoutait que l'homme devait ſe garder des rêves peſants. Hélas! il ſavait bien que chez lui on ne pouvait rêver à autre choſe qu'à manger.

Or donc, on ſoupa; nous ſoupâmes tous, et nul ne ſoupa. Nous allâmes nous coucher, et, pendant toute la nuit, ni don Diégo ni moi, ne pûmes dormir : lui, projetait de ſe plaindre à ſon père et de lui demander de le retirer de là; moi je lui conſeillais de le faire. « Seigneur, lui dis-je enfin, ſavez-vous ſi nous ſommes réellement en vie? L'idée me vient que nous avons été tués dans la bataille contre les fruitières, et que nous sommes maintenant des âmes en purgatoire ; il me semble donc inutile de prier votre père de nous tirer d'ici, si en même temps quelqu'un ne récite une ou deux neuvaines de rosaire, et ne fait dire, pour notre délivrance, une messe sur un autel privilégié. »

Partie en discourant de la sorte, et un peu en dormant, nous arrivâmes au moment de nous lever; six heures sonnèrent, et Cabra nous appela pour la leçon ; nous nous y rendîmes et l'écoutâmes tous. Déjà mes épaules et mes flancs nageaient dans mon pourpoint, mes jambes laissaient de la place pour sept autres paires de chausses, mes dents étaient couvertes de tartre jaunâtre (vêtement de désespoir). Je fus chargé de lire aux autres la première déclinaison, et ma faim était si grande, que je déjeunai avec la moitié des mots, que j'avalai en passant.

On croira bien tout cela, lorsqu'on saura ce que me racontait un valet de Cabra; il avait vu amener à la maison deux chevaux frisons qui, au bout de deux jours, étaient tellement légers, qu'ils eussent pu voler dans les airs ; deux énormes mâtins devinrent en trois jours plus minces que des lévriers. Pendant un carême, il vint des hommes qui exposaient à la porte de la maison les uns leurs pieds, les autres leurs mains, leurs corps même; beaucoup de gens venaient pour cela du dehors, et comme quelques-uns en demandaient la raison, Cabra, tout en se fâchant, répondit que ces malheureux avaient les uns la gale, les autres des engelures, dont ils se débarrassaient en les apportant chez lui, où elles mouraient de faim. Le domestique m'affirma que rien n'était plus vrai ; je le répète, et je demande en grâce qu'on ne m'accuse pas d'exagération.

Au bout de quelques jours, Cabra changea notre ordinaire ; on l'avait appelé juif, et, pour prouver le contraire, il ajouta du falé au pot-au-feu. Il avait pour cela une petite boîte en fer, percée de trous comme une poudrière ; il l'ouvrait, y mettait un morceau de falé, la refermait et la fufpendait à une corde dans la marmite, afin qu'il s'échappât quelque peu de jus par les trous, et que le falé pût refter pour un autre jour. Il lui fembla, par la fuite, que ce mode en ufait beaucoup, et il fe contenta de faire voir le falé à la marmite. On peut s'imaginer comment nous vivions.

Don Diégo et moi nous fûmes enfin tellement à bout, que, ne fachant plus comment faire pour manger, nous cherchâmes un prétexte, au bout d'un mois, pour ne plus nous lever matin ; nous convînmes de dire que nous avions quelque mal. Nous ne parlâmes pas de la fièvre, parce que, comme nous ne l'avions pas, l'impofture eût été facilement découverte ; un mal de tête ou un mal de dents ne pouvant être une excufe fuffifante, nous déclarâmes enfin que nous fouffrions des entrailles, et que nous étions malades de n'avoir pas été à la felle depuis trois jours. Nous penfions que, dans la crainte de dépenfer un demi-réal, Cabra fe garderait de nous faire foigner. Le diable en ordonna autrement ; notre homme avait une recette que lui avait léguée fon père, apothicaire de fon vivant. Connaiffant notre maladie, il compofa un remède, et, appelant une vieille de foixante-dix ans, fa tante, qui fervait d'infirmière, il la chargea de nous donner à chacun un lavement [4].

On commença par don Diégo. Le malheureux fe ferra, et la vieille, au lieu de le lui mettre dedans, l'envoya entre les reins et la chemife jufqu'à l'occiput. Ce qui devait faire garniture à l'intérieur, alla faire doublure au dehors. Diégo pouſſait des cris ; Cabra accourut, et voyant cela, ordonna qu'on s'occupât de moi, diſant qu'enſuite on reviendrait à mon maître. Je m'habillais,

cela ne ſervit à rien. Cabra et d'autres me tenaient : la vieille m'adminiſtra le remède, mais je le lui rendis par la figure. Cabra ſe mit en colère, me dit que c'était de la malice, qu'il me mettrait hors du logis; mon malheur voulut qu'il oubliât ſa menace. Nous nous plaignîmes à don Alonſo, et le Cabra lui faiſait croire que notre maladie n'était qu'une feinte pour éviter les leçons. La vieille fut inſtallée gouvernante du logis, chargée de faire la cuiſine et de ſervir les penſionnaires; le domeſtique fut renvoyé, parce que le maître lui trouva, un vendredi matin, quelques miettes de pain dans les poches.

Ce que la vieille nous fit fouffrir, Dieu le fait ! Elle était tellement fourde, qu'elle n'entendait que par fignes; elle y voyait à peine, et priait Dieu et les faints fi fouvent, qu'un jour fon rofaire fe défenfila au-deffus de la marmite. Cela nous valut le bouillon le plus chrétien que j'aie jamais pris. « Des pois noirs, difaient les uns; ils viennent fans doute d'Ethiopie ? — Des pois en deuil, reprenaient les autres; quels parents ont-ils perdus ? » Mon maître don Diégo en goba un grain, voulut le mâcher, et fe caffa une dent. Les vendredis, la vieille nous envoyait des œufs tout poilus avec des cheveux blancs comme des alcades ou des avocats. Prendre la pelle à feu pour la cuiller à pot, fervir une écuelle de bouillon pavée de charbons, étaient chofes fort ordinaires à la vieille. Mille fois je rencontrai dans la foupe des vers, des morceaux de bois, des débris de l'étoupe qu'elle filait ; je laiffais tout paffer ; cela occupait l'eftomac et y faifait volume.

Le Carême vint au milieu de toutes ces horreurs, et, vers le commencement, un de nos camarades tomba malade. Cabra, pour ne pas dépenfer, tarda tellement d'appeler le médecin, que le pauvre enfant eut plutôt befoin de confeffion que d'autre chofe. Enfin, il fit venir un afpirant-chirurgien, qui tâta le pouls au malade, et déclara que la faim avait pris les devants fur lui pour tuer cet homme. On l'adminiftra, et quand le pauvre garçon, qui ne parlait plus depuis un jour, vit venir le Saint-Sacrement, il dit: « Mon Seigneur Jéfus-Chrift, il me fallait vous voir entrer dans cette maifon pour ceffer de croire que je n'étais pas en enfer. » Ces paroles fe font gravées dans mon cœur. Le malheureux mourut; nous lui fîmes de pauvres funérailles, car il était étranger, et nous revînmes de là tout attriftés.

Toute la ville fut informée de ce triste événement, et don Alonfo Coronel l'apprit comme les autres. Il n'avait

pas d'autre fils que don Diégo ; il ceffa de douter des cruautés de Cabra, et commença à ajouter plus de foi aux rapports des deux spectres ; car nous étions arrivés à ce pitoyable état. Il vint pour nous retirer de la pension, et nous étions devant lui, qu'il nous demandait encore. Enfin, il nous reconnut, et, sans plus de ménagement, il traita fort mal le licencié **Vigile-Jeûne**. Il nous fit transporter chez lui dans deux chaises, et nous prîmes congé de nos camarades, qui nous suivaient du regard et du désir, le cœur plus gros que le captif d'Alger qui voit partir ses compagnons rachetés.

CHAPITRE IV

DE LA CONVALESCENCE DE PABLO ET DE DIÉGO. LEUR DÉPART
POUR ALLER ÉTUDIER A ALCALA DE HENARÈS

Arrivés au logis de don Alonſo, on nous mit chacun dans un lit avec grande précaution, de crainte que nos os, disloqués par la famine, ne vinffent à fe répandre. On fit venir des gens tout exprès pour nous chercher les yeux par le vifage, et comme mes fouffrances avaient été les plus grandes, et que j'avais enduré une faim impériale, — car enfin j'avais été traité comme domeftique, — on fut un bon bout de temps avant de trouver les miens. Les médecins vinrent et ordonnèrent qu'on nous chaffât la pouffière de la bouche avec des queues de renard, comme l'on fait pour épousseter les tableaux, et nous étions, en effet, de véritables tableaux de misère. Ils défendirent qu'on parlât haut dans notre chambre pendant neuf jours, parce que, nos estomacs étant creux, chaque parole y faisait écho. Enfin, on nous fit apporter des consommés et des mets substantiels. Oh! quelle illumination firent nos boyaux au premier lait d'amandes, au premier oiseau qu'ils virent arriver! Tout était nouveau pour eux. Mais que de peine on eut le premier jour à séparer nos mâchoires! Nos gencives étaient ridées, nos dents noires et scellées entre elles. On nous les faisait frotter tous les jours avec le pilon d'un mortier. Entourés de soins, nous revînmes peu à peu à nous, et nous reprîmes haleine. Au bout de quatre jours, nous nous levâmes pour faire quelques petits pas, et nous avions encore l'air d'ombres. A notre maigreur extrême et à notre teint jaune, on nous eût pris pour de la graine des solitaires de la Thébaïde.

Nous passions la journée à remercier Dieu de nous avoir rachetés de la captivité du féroce Cabra, et nous lui demandions de ne pas permettre qu'un chrétien tombât dans ses mains cruelles. Si par hasard, en mangeant, nous nous rappelions la table de ce bourreau, notre faim s'augmentait de telle sorte, que ce jour-là la dépense du logis s'en ressentait. Nous racontions souvent à don Alonso que le licencié se mettait rarement à table sans nous faire un long discours contre la gourmandise, qu'il n'avait jamais connue de sa vie, et don Alonso riait beaucoup quand nous lui disions que dans le commandement de Dieu : *Tu ne tueras pas*, il comprenait les perdrix, les chapons et toutes les choses qu'il ne voulait pas nous donner; il y comprenait aussi la faim, puisqu'il considérait comme un péché de la tuer; c'était une vertu que de l'entretenir, afin qu'elle dispensât de manger.

Trois mois fe pafsèrent, au bout defquels don Alonfo projeta d'envoyer fon fils à Alcala, pour apprendre ce qui lui manquait de grammaire. Il me demanda fi je voulais y aller, et moi, qui ne défirais pas autre chofe que de fortir d'un pays où j'entendais fans ceffe le nom de ce maudit perfécuteur d'eftomacs, je m'offris à fervir fon fils du mieux que je pourrais. Il lui donna un de fes ferviteurs comme majordome, avec miffion de diriger fa maifon et de lui rendre compte de l'argent qu'il nous affignait pour la dépenfe, et qu'il nous remit en mandats fur un nommé Julian Merluza.

Nous chargeâmes notre mobilier fur la voiture d'un certain Diégo Monge; il fe compofait d'une demi-couchette pour don Diégo, de deux lits de fangle pour moi et le majordome, qui fe nommait Aranda, de cinq matelas, huit draps, huit oreillers, quatre tapis, un coffre plein de linge blanc, et des autres uftenfiles d'un ménage. Nous nous plaçâmes dans un carroffe, et nous partîmes fur le foir, une heure avant la fin du jour.

Il était près de minuit lorfque nous arrivâmes à l'éternellement maudite hôtellerie de Viveros. L'hôtelier était Morifque et voleur, et de ma vie je n'ai vu chat et chien en auffi bonne harmonie [1]. Il nous fit grande fête, s'approcha du carroffe avec les conducteurs du bagage, qui étaient arrivés avant nous, me donna la main pour m'aider à defcendre, et me demanda fi j'allais étudier. Après ma réponfe, il nous conduifit dans l'hôtellerie, où fe trouvaient deux facripants avec des filles de joie, un curé qui lifait fon bréviaire à la fumée, un vieux marchand avare qui cherchait à oublier de fouper, et deux étudiants à petit collet, pique-affiettes, avifant aux moyens de fe raffafier à bon compte. « Seigneur hôte, fit mon maître, comme un jeune homme peu habitué à fe trouver dans une hôtellerie, fervez-nous ce que vous aurez pour moi et deux domeftiques. — Nous fommes tous les vôtres, s'écrièrent à l'inftant les deux facripants, et nous nous mettons à votre fervice. Holà! l'hôte, fongez que ce cavalier vous tiendra bon compte de ce que vous ferez : allons ! buffet fur table. »

Sur ce, l'un d'eux vint à mon maître, lui ôta son manteau, le pofa fur un banc, et ajouta : « Repofez-vous, feigneur. » J'étais tout fier de cet accueil, et me croyais déjà le maître de l'hôtellerie. « Quelle jolie tournure de cavalier ! s'écria à fon tour une des nymphes. Il va étudier ? Êtes-vous fon domeftique ? — Nous le fommes tous deux, lui dis-je, en défignant Aranda. — Et comment fe nomme-t-il ? Je n'eus pas plus tôt prononcé le nom, qu'un des étudiants courut à mon maître la larme à l'œil et le ferra étroitement dans fes bras. « Oh! feigneur don Diégo, lui dit-il, qui m'aurait pu faire prévoir, il y a dix ans, que je vous rencontrerais de la forte ! Malheureux que je fuis, d'être changé au point que vous ne pouvez me reconnaître ! »

Don Diégo reftait tout étonné, et moi autant que lui, jurant tous deux que nous ne l'avions vu de notre vie. L'autre étudiant regardait don Diégo. « Eft-ce là, dit-il à fon ami, ce jeune feigneur dont vous m'avez tant de fois nommé le père ? C'eft un grand bonheur pour nous que de le rencontrer et de faire la connaiffance d'un jeune cavalier d'autant de mérite ; que Dieu le conferve ! » En parlant de la forte il fe figna.

Qui n'aurait pas cru que ces jeunes gens avaient été élevés avec nous ? Don Diégo fit de grandes politeffes au premier, et il allait lui demander fon nom, lorfque furvint l'hôtelier, qui flaira de fuite la myftification, et trouva bon d'y aider quelque peu. « Laiffez cela, feigneur, s'écria-t-il en mettant la nappe; vous cauferez après le fouper, il fe refroidit. »

Un facripant approcha des fièges pour tout le monde et un fauteuil pour don Diégo; un autre apporta un plat. « Mettez-vous à table, feigneur, dirent les étudiants à don Diégo, et, en attendant qu'on nous prépare ce qu'on trouvera pour nous, nous aurons l'honneur de vous fervir. — Jéfus! reprit don Diégo, prenez place, je vous en prie, faites-moi l'honneur de partager avec moi. — Tout à l'heure, répondirent les facripants, quoi-qu'on ne leur parlât pas; tout n'eft pas encore prêt. »

Quand je vis les uns invités, les autres qui s'invitaient eux-mêmes, je m'affligeai, et je preffentis ce qui allait arriver. Les étudiants s'emparèrent de la falade, qui formait un plat affez copieux; et, regardant mon maître : « Il n'eft pas convenable, firent-ils, que dans un lieu où fe trouve un cavalier fi diftingué, ces dames reftent fans manger. Ordonnez, feigneur, qu'elles prennent une bouchée. »

Don Diégo invita ces dames avec un compliment ga-lant; elles vinrent s'affeoir, et, aidées des deux étu-diants, elles expédièrent le tout en quatre bouchées, ne laiffant qu'un cœur de laitue que mangea don Diégo. « Seigneur, lui dit le maudit étudiant en le lui préfentant, vous avez eu un aïeul, oncle de mon père, qui fe trou-vait mal quand il voyait des laitues. Quel homme de grand mérite c'était! » Et en difant cela, il s'adjugeait un petit pain, et fon camarade en prenait un autre. Les nymphes faifaient de même, et le curé dévorait, mais des yeux.

Les facripants vinrent s'inftaller, portant à eux deux la moitié d'un chevreau rôti, deux longes de cochon et une paire de pigeons en ragoût. Et alors appelant le curé : « Eh bien, père, lui dirent-ils, allez-vous refter là ? Venez, approchez-vous ; le feigneur don Diégo nous traite tous. » Le bon père ne fe le fit pas dire deux fois,

et quand don Diégo vit qu'ils s'étaient tous impatronifés à fa table, il commença à s'attrifter. Les convives fe partagèrent le menu, et donnèrent à mon maître je ne fais quoi, des os et des ailerons ; le refte fut avalé en un clin d'œil. « Mangez peu, feigneur, difaient les facripants ; cela pourrait vous faire mal. — Il eft bon, ajoutait le maudit étudiant, de peu manger pour s'accoutumer à la vie d'Alcala. »

Aranda et moi, pendant tout ce temps, nous demandions à Dieu de leur mettre dans le cœur de nous laiffer quelque chofe. Quand ils eurent tout fait difparaître, et que le curé eut repaffé les os des autres, l'un des facripants fe leva. « Pécheur que je fuis ! s'écria-t-il, nous n'avons rien laiffé aux domeftiques ! Venez ici, amis. Holà ! feigneur hôte, donnez-leur tout ce que vous aurez, voici un doublon. » Le maudit parent de mon maître, l'écolier, je veux dire, s'élança auffitôt vers lui. « J'en demande pardon à Votre Grâce, feigneur cavalier, lui dit-il ; mais il me femble que vous n'êtes pas fort en courtoifie ; ne connaiffez-vous pas le feigneur mon cousin? Il donnera pour ses serviteurs et aussi bien pour les nôtres, si nous en avions, comme il nous a donné à nous-mêmes. — Ne vous fâchez pas, répondit l'autre, je ne le connaissais pas. »

J'étais hors de moi; je les maudissais tous, quand je vis tant de duplicité, et peu s'en fallut que je n'éclatasse. On enleva la table, et tous conseillèrent à don Diégo de s'en aller coucher. Il voulait payer le souper; on lui répondit qu'il en serait temps le lendemain. On causa quelques instants, et l'étudiant, à qui don Diégo demanda son nom, répondit qu'il s'appelait don Carlos Coronel. Puisse cet imposteur trouver le feu d'enfer en

quelque lieu qu'il se trouve. Le prétendu don Carlos s'aperçut que l'avare dont j'ai parlé était endormi dans un coin. « Voulez-vous rire, seigneur? dit-il à don Diégo; nous allons jouer quelque tour à ce vieux, qui, tout riche qu'il eſt, n'a mangé qu'une poire pendant tout le chemin. — Bravo le licencié! dirent les facripants; faites-lui ce que vous dites. »

L'étudiant s'approcha du pauvre vieillard, qui dormait toujours, lui enleva une beface fur laquelle il avait les pieds, en délia les cordons, et y trouva une petite caiſſe. Là-deſſus il appela à lui, on ouvrit cette caiſſe, on vit qu'elle contenait des confitures fèches. Il en retira ce qu'elle renfermait, mit à la place des pierres, des morceaux de bois et tout ce qu'il trouva, puis il fit par-deſſus une faleté que je ne veux pas dire, ajouta quelques plâtras et ferma la boîte. « Ce n'eſt pas tout, dit-il, voici une outre. » Il en vida le vin, y fourra de la laine et de la bourre qu'il prit à l'un des oreillers de notre carroſſe, verſa un peu de vin par-deſſus et la ferma. Il remit l'outre et la boîte dans la beface, fourra une groſſe pierre dans le capuchon du gaban du vieux, et tout le monde s'en alla dormir pendant une heure ou une demi-heure qui reſtait.

Lorſque vint le moment de ſe remettre en route, le vieux dormait encore. On l'appela; mais, quand il voulut ſe redreſſer, il ne put lever le capuchon de ſon gaban; il regarda quelle en pouvait être la cauſe, et l'hôtelier ſe mit à lui chercher querelle. « Corps-Dieu, mon père, s'écria-t-il, n'avez-vous donc trouvé autre choſe à emporter que cette pierre? Que vous en ſemble, Seigneurs? Si je ne l'avais pas vu! Une choſe que j'eſtime plus de cent ducats, et qui eſt un excellent ſpécifique contre les maux d'eſtomac! » Le pauvre vieux jurait et proteſtait que ce n'était pas lui qui avait mis la pierre dans ſon capuchon.

Les facripants firent le compte de la dépenſe, qui montait à ſoixante réaux; Juan de Leganos lui-même n'y eût rien compris ². Les étudiants difaient : « Comment pourrions-nous vous être utiles à Alcala ? » Mon maître paya, nous mangeâmes un morceau, et le vieux prit fa beface. De peur que nous ne viffions ce qu'elle renfermait et afin de ne partager avec perfonne, il l'ouvrit en cachette, fous fon gaban, et, faififfant un plâtras barbouillé comme vous favez, il le porta à fa bouche et y enfonça les deux feules dents qui lui reftaffent et qu'il faillit brifer. Il fe mit à cracher et à donner des fignes de douleur et de dégoût. Nous accourûmes tous auprès de lui, et le curé le premier, lui demandant ce qu'il avait. Le pauvre homme fe donnait au diable et laiffa tomber fa beface ; l'un des étudiants vint droit à lui en lui préfentant une croix et en criant : « Arrière, Satan ; » l'autre ouvrit un bréviaire ; on lui dit qu'il était poffédé ; il le crut fans peine, et demanda qu'on le laiffât fe laver la bouche avec un peu du vin qu'il avait dans fon outre. On le laiffa faire ; il prit l'outre, l'ouvrit, en approcha un vafe, et y verfa un peu de vin qui coula avec de la laine et de l'étoupe, un vin fauvage fi velu, fi barbu, qu'on ne pouvait ni le boire ni l'avaler. A ce nouvel événement, le vieux acheva de perdre patience ; mais, voyant tous les vifages décompofés par le rire, il prit fagement le parti de fe taire et de monter dans le coche avec les facripants et les filles. Les étudiants et le curé fe huchèrent tous fur un âne, et nous remontâmes dans notre voiture. Nous ne fûmes pas pluftôt en route, que les uns et les autres fe mirent à nous faire la nique et à fe moquer de nous tout à leur aife. « Seigneur élève, criait l'hôtelier, pareilles leçons vous feront vieux. — Je fuis prêtre, difait le curé, je dirai pour vous des meffes. — Seigneur, mon coufin, hurlait l'étudiant maudit, grattez-vous quand il vous en cuit et non après.

— Je vous fouhaite la gale, feigneur don Diégo, ajoutait l'autre. »

Nous feignîmes de ne pas entendre, mais Dieu fait combien nous étions furieux. La penfée de cette aventure nous conduifit jufqu'à Alcala, où nous arrivâmes à neuf heures; nous defcendîmes à l'auberge, et nous paffâmes le refte du jour à refaire le compte du fouper de la veille, fans parvenir à le tirer à clair.

CHAPITRE V

PABLO FAIT SON ENTRÉE A L'UNIVERSITÉ D'ALCALA.
DES TRIBULATIONS QU'IL SUBIT COMME NOUVEAU

Nous quittâmes l'hôtellerie avant la nuit pour nous rendre au logis qu'on avait loué pour nous. C'était en dehors de la porte de Santiago, dans le quartier des étudiants, et dans une maiſon où il en logeait beaucoup.

L'hôte était du nombre de ceux qui croient en Dieu par courtoiſie ou d'une manière inexacte; le peuple les appelle Moriſques, et il y a encore à Alcala bon nombre de ces gens-là, auſſi bien que de certains autres qui ont de grands nez, et qui n'en manquent que pour ſentir le porc. Je dis cela, et je rends juſtice à la diſtinction qui ſe rencontre chez les principaux de cette race, qui ſont nombreux.

Notre hôte donc, en me recevant, me fit plus mauvaiſe mine que ſi j'étais un curé et que ſi je venais lui réclamer ſon billet de confeſſion [1]. Je ne ſais s'il voulut, par là, nous contraindre à lui porter reſpect, ou ſi c'eſt la coutume de ſes pareils; il n'eſt pas ſurprenant de trouver mauvais caractère chez ceux qui ne ſuivent pas une bonne loi. Nous déballâmes notre bagage, nous dreſſâmes nos lits et nous nous couchâmes. Notre première nuit fut excellente.

Le matin venu, nous fûmes éveillés par tous les étudiants de l'hôtel, qui vinrent en chemiſe réclamer à mon maître la bienvenue. Il n'y comprenait rien, et me demanda ce qu'ils voulaient. Pendant ce temps, par précaution de ce qui pouvait arriver, je m'établiſſais entre deux matelas, ne laiſſant voir que la moitié du viſage, de ſorte que j'avais l'air d'une tortue. Ils demandèrent deux douzaines de réaux : nous les leur donnâmes; ils ſe mirent à chanter et à pouſſer des cris du diable. « Vive le camarade! diſaient-ils; qu'il ſoit des nôtres, qu'il ait droit aux privilèges des anciens, qu'il ait la gale et des vêtements en loques, qu'il ſoit honni, qu'il meure de faim comme nous tous! »

Et là-deſſus, voyez les beaux privilèges! ils dégringolèrent par l'eſcalier.

Après leur départ, nous nous habillâmes et nous prîmes le chemin des écoles.

Mon maître, préſenté par des collégiaux connus de ſon père, fut conduit à ſa claſſe; mais moi, qui devais entrer dans une autre et qui étais ſeul, je me mis à trembler. J'entrai dans la cour; je n'y eus pas pluſtôt mis les pieds, que du plus loin qu'ils me virent, tous fe mirent à crier : « Un nouveau ! un nouveau ! »

Je cherchai à faire bonne contenance, et je me mis à rire comme fi cela ne m'eût pas inquiété ; mais cela ne suffit pas ; ils s'approchèrent de moi huit à neuf et fe prirent à rire. Je devins tout rouge — fi Dieu m'en avait gardé ! — et au même inftant l'un d'eux, qui était auprès de moi, porta les mains à fon nez et s'éloignant : « Il faut, dit-il, reffufciter ce Lazare, tant il fent mauvais. » Et là-deffus tous s'éloignèrent en fe bouchant le nez. Moi, qui penfais me tirer d'affaire, je mis auffi mes mains à mon nez en difant : « — Vous avez raifon, cela fent fort mauvais. » Cela les fit rire, mais ils continuèrent; ils étaient réunis près de cent. Ils fe mirent à renifler, à fonner de la gorge, à touffer, et au mouvement des bouches, je vis qu'il fe préparait des crachats. A ce moment, un mauvais gamin catarrheux me prit pour but d'un crachat terrible, en difant : « Voilà le mien. » Moi qui alors me vis perdu, je m'écriai : « Je jure Dieu que tu me la... » J'allais achever; mais la pluie qui tomba fur moi fut telle, que je ne pus compléter ma phrafe. Je m'étais couvert la figure avec ma cape; tous tiraient fur moi, et il faut voir comme ils pointaient bien ! J'étais comme une neige des pieds à la tête. Un autre drôle, voyant que j'étais couvert et que je n'avais rien à la figure, accourut à moi, difant d'un air de grande colère : « Affez, ne le tuez pas ! A la manière dont on me traitait, je croyais bien, en effet, que j'allais mourir. Je me démafquai pour voir qui parlait, et au même inftant, celui qui était intervenu m'appliqua fon crachat entre les deux yeux.

Vous comprendrez mes angoiffes ; la bande infernale pouffa un cri étourdiffant, et moi, en recevant tout ce que leurs eftomacs m'envoyèrent, je me dis que, par horreur des médecins et des apothicaires, ils attendaient les nouveaux pour fe purger.

Ils voulurent enfuite me donner des coups de poing dans le dos, mais ils n'en trouvèrent pas la place, à moins de fe mettre aux mains la moitié de l'huile de ma cape

noire, devenue blanche pour mes péchés. Ils me laissè-
rent. Je ressemblais à un crachoir de vieille plein de salive.

Je repris le chemin de notre maison, que j'eus peine
à retrouver. Et heureusement pour moi qu'il était matin,
et je ne rencontrai que deux ou trois gamins ; ils avaient
sans doute le caractère bien fait, car ils se contentèrent
de me lancer deux ou trois anguillades ² et ils s'en allèrent.

Quand le morisque me vit, il détourna la tête, et fit
mine de me cracher dessus. De crainte qu'il ne le fît, je
lui dis : « Regardez bien, notre hôte : je ne suis pas
l'*ecce homo*. Il m'en coûta de cette apostrophe, car il
m'appliqua sur les épaules, avec des poids en fer

qu'il tenait à la main, deux livres de coups de poing
dont j'ai gardé bon souvenir. Avec cet appoint, à moitié
rompu, je montai à la chambre, et je passai bien du

temps à chercher par où prendre ma foutanelle et mon manteau. Je les ôtai enfin, je les pendis fur la terraffe, et je me mis au lit.

Quelque temps après, mon maître arriva de l'école. Me trouvant endormi et ne fachant rien de mon aventure, il fe mit en colère et me tira les cheveux de telle force, qu'un peu plus, et je me réveillais chauve. Je me levai en criant.

« Eft-ce ainfi que l'on fert, Pablo? me dit-il ; que fignifie cette tenue? Voilà une nouvelle vie. » En l'entendant dire une nouvelle vie, je me figurai que j'étais mort. « Et c'eft comme cela, feigneur, répondis-je que Votre Grâce me confole de mes maux? Voyez dans quel état font mon manteau et ma foutanelle, qui ont fervi de mouchoirs à la plus grande quantité de nez qu'on ait jamais vus aux proceffions de la femaine fainte. »

Là-deffus je me mis à pleurer. Mon maître me crut ; il alla regarder mes vêtements et eut pitié de moi.

« Pablo, me dit-il, veille fur toi et tiens-toi fur tes gardes ; fache te défendre, car tu n'as plus ici ni père ni mère. »

Je lui racontai ce qui s'était paffé. Il m'envoya repofer dans ma chambre, qu'occupaient auffi quatre domeftiques des hôtes de la maifon. Je dormis encore une heure ou deux, et quand vint le foir, après avoir bien foupé, je me trouvai auffi difpos que fi rien ne me fût arrivé. Mais quand une fois les difgrâces viennent affaillir quelqu'un, il femble qu'elles ne puiffent pas finir ; elles font comme les anneaux d'une chaîne, et fe fuivent les unes les autres.

Les autres valets vinrent fe coucher ; ils me dirent bonfoir, me demandèrent fi j'étais malade et pourquoi j'étais au lit. Au récit de mon aventure, ils se mirent à se signer. « — Cela ne se ferait pas entre luthériens, disait l'un; quelle méchanceté ! — Le recteur, disait l'autre, est bien coupable de ne pas les avoir empêchés. Connaissez-vous ceux qui étaient là ? » Je répondis que je n'en connaissais pas un, et les remerciai de la compassion qu'ils me témoignaient. Ils se déshabillèrent, se couchèrent, soufflèrent la chandelle, et je me rendormis; il me semblait que je fusse avec mon père et mes frères.

Il était environ minuit, lorsque je fus réveillé par les cris de l'un d'eux. « Au voleur! disait-il; on me tue! » J'entendis du côté de son lit des coups, des cris étouffés, et aussitôt je levai la tête. « Qu'est cela? demandai-je. »

Je fus à peine découvert, que je sentis tomber sur mes épaules une grêle de coups de corde. Je criai, je voulus me lever; l'autre criait aussi, mais j'étais le seul battu. « Justice de Dieu ! » m'écriai-je.

Mais les coups pleuvaient sur moi si menu, que je n'eus d'autre remède que de me réfugier sous mon lit.

Aussitôt que je fus à l'abri, j'entendis mes camarades de chambre qui criaient à leur tour; les coups continuèrent, et je pensai que quelque étranger s'était introduit parmi nous pour nous maltraiter de la sorte. Pendant ce temps, celui qui était le plus près de moi monta sur mon lit, y fit des ordures et le recouvrit. Puis, au bout d'un instant, les coups cessèrent; mes quatre camarades se levèrent et se mirent à crier : « C'est indigne, disaient-ils, cela ne se passera pas ainsi. » Moi, j'étais toujours sous mon lit, me plaignant comme un chien pris entre deux portes, et si ramassé que j'avais l'air d'être pris de crampes. Mes camarades firent mine de fermer la porte, et alors je sortis d'où j'étais et je remontai sur mon lit. Je leur demandai si on leur avait fait du mal; tous fe plaignirent comme s'ils étaient morts. Je me couchai, je me couvris et me remis à dormir, et comme, tout en dormant, je me retournais, quand je me réveillai je me trouvai embarbouillé jufqu'aux cheveux. Les camarades fe levèrent, et pour ne pas faire comme eux, je pris pour prétexte les coups que j'avais reçus. J'étais dans une confufion extrême, me demandant fi par hafard, avec la peur, dans le trouble où j'étais, j'aurais fait cette faleté fans m'en douter, tout en dormant. A la fin je me trouvais innocent et coupable, fans favoir comment me juftifier. Les camarades vinrent à moi, diffimulant, fe plaignant, et me demandèrent comment je me trouvais ; je leur répondis que je fouffrais beaucoup, parce qu'on m'avait beaucoup battu. « Mais, leur difais-je, qui donc nous a fait cela? » Et eux : « Laiffez faire ; nous le faurons bien ; il ne nous échappera pas. Mais laiffons cela : voyons fi vous êtes bleffé, car vous vous plaignez beaucoup. » Et parlant

ainfi ils voulurent tirer ma couverture, afin de me faire honte.

En ce moment vint mon maître. « Se peut-il, Pablo, me dit-il, que je n'aie aucune autorité fur toi ? Il eft huit heures, et tu es encore au lit ! Lève-toi, par tous les diables ! » Les domeftiques, pour me rendre confiance, contèrent à don Diégo toute l'hiftoire, et lui demandèrent de me laiffer dormir. L'un difait : « Si Votre Grâce ne me croit pas, voyons-le plutôt et levons-lui la couverture. » Je la retenais avec les dents pour ne pas laiffer voir toutes ces horreurs, et comme ils reconnurent qu'ils ne pouvaient venir à bout de moi par ce moyen, un autre s'écria : « Corps du Chrift ! comme cela fent mauvais ! » Don Diégo dit la même chofe, et ce n'était que trop vrai. Alors ils fe mirent à chercher dans la chambre s'il y en avait. On regarda fous les lits, on les déplaça, et enfin on fe dit : « C'eft affurément fous le lit de Pablo. Paffons-le dans l'un des nôtres et nous regarderons enfuite. »

Voyant qu'il n'y avait plus de remède, et que le pot aux rofes allait être découvert, je feignis d'être pris de mal de cœur, et je me mis à faire la grimace. Les camarades s'emparèrent de moi en difant : « Quelle horreur ! » Mon maître me prit par le petit doigt, et tous les cinq me foulevèrent. Jugez de leurs rires quand ils virent mes draps, et quand cette odeur fe répandit dans la chambre. Je faifais femblant d'être évanoui. « Pauvre garçon ! difaient ces vauriens, tirez-le par le petit doigt. » Et mon maître tira fi fort qu'il me le démit. Les autres voulaient me donner le fouet pour me faire revenir. « Le pauvre garçon, difaient-ils, cela lui aura pris lorfqu'on l'a battu. » Je ne faurais dire ce qui fe paffait en moi : la honte, un doigt démis et la menace d'être fouetté. A la fin, pour y échapper, je fis mine de reprendre connaiffance, et il était temps, l'exécution allait commencer. Ils me quittèrent enfin en me difant des injures. Je pleurais de dépit. « Il vaut mieux pour ta fanté, ajoutèrent-ils, que tu te fois fali. » Et ils me laiffèrent dans mon lit après m'avoir lavé.

Refté feul, je me dis qu'il m'était arrivé plus de tribulations en un jour à Alcala, que pendant tout le temps que j'avais paffé chez Cabra.

A midi, je m'habillai, je nettoyai ma foutanelle le mieux que je pus, et j'attendis mon maître, qui, en arrivant, me demanda comment je me trouvais. On fe mit à table, je mangeai peu et avec fort peu d'appétit.

Enfuite, nous trouvant tous réunis dans le corridor, les autres domeftiques, après s'être moqués de moi, me dévoilèrent leur farce. Tout le monde fe mit à rire; ma honte n'en fut que plus grande, et je me difais : « Alerte, Pablo, alerte ! » Je réfolus de me faire une autre vie, et à partir de ce jour je n'eus au logis que des frères, et, dans les cours de l'école, perfonne ne me tourmenta plus.

CHAPITRE VI

D'UNE GOUVERNANTE QUI FUT MÉCHANTE, ET DES MALICES
QUE PABLO LUI FIT

Fais comme tu verras faire, — *haz como vieres* — dit le proverbe, et le proverbe a raison. A force d'y songer, je formai la résolution d'être vaurien avec les vauriens, et plus vaurien que tous, s'il était possible. Je ne sais si j'en suis venu à bout, mais je puis vous assurer que j'ai fait tout ce que mes moyens m'ont permis. Je commençai par condamner à la peine de mort tous les petits cochons qui entreraient dans la maison, tous les poulets de notre gouvernante qui oseraient quitter la basse-cour pour pénétrer dans ma chambre. Un jour, deux porcs de la plus belle venue s'introduisirent au logis; j'étais à jouer avec les autres valets; j'entendis grogner. « Allez donc voir, dis-je à l'un d'eux, qui ose grogner en notre demeure. Vrai Dieu! ajoutai-je, quand il m'eut dit que c'étaient deux porcs, c'est bien de l'insolence et bien de l'audace que de venir ainsi dans la maison d'autrui. »

Je sortis, là-dessus, dans une grande colère, et, fermant la porte, je leur engainai à chacun mon épée dans la poitrine; puis nous les achevâmes, et afin qu'on n'entendît pas le bruit qu'ils faisaient, nous nous mîmes à chanter à tue-tête jusqu'à ce qu'ils eussent expiré entre nos mains. L'exécution faite, nous nous mîmes à l'œuvre, nous recueillîmes le sang, et, en un clin d'œil, nos victimes furent flambées dans la cour avec la paille de nos lits, dépecées et mises en quartiers. Tout était fini quand vinrent nos maîtres, si ce n'est toutefois le boudin, qui n'était pas des mieux préparés, attendu que, pressés comme nous l'étions, nous avions laissé dans les boyaux la moitié de ce qu'ils renfermaient.

Don Diégo et notre majordome, qui surent l'aventure, se mirent à me semoncer vertement; mais les habitants du logis riaient de telle sorte, qu'ils obtinrent bientôt ma grâce. « Que diras-tu, me demanda don Diégo, si on porte plainte et si la justice s'empare de toi? — J'accuserai la faim, répondis-je; c'est la protectrice des étudiants. Si l'excuse ne suffit pas, je dirai qu'en voyant entrer ces animaux sans rien dire, j'avais cru qu'ils étaient à nous. »

Tout le monde se mit à rire. « En vérité! Pablo, ajouta mon maître; vous commencez à merveille. »

Don Diégo et moi nous étions les deux extrêmes : lui la vertu, moi le vice; il était le garçon le plus calme et le plus religieux du monde; nul n'avait d'aussi grandes difpofitions que moi à la turbulence; et cependant nous vivions enfemble dans la plus parfaite harmonie. J'avais auffi obtenu les bonnes grâces de la gouvernante du logis; nous nous étions entendus pour bien mener la dépenfe; j'étais Judas le dépenfier, et je contractai dès ce moment beaucoup de goût à faire danfer l'anfe du panier. Aux mains de la gouvernante, la viande ne fuivait pas l'ordre rhétorique, elle allait du plus au moins. Quand elle pouvait faire paffer de la chèvre ou de la brebis, elle ne donnait pas du mouton; quand il y avait des os, elle ne s'approvifionnait pas de chofes maigres; elle faifait des pots-au-feu qui étaient phtifiques à force d'être peu fournis, et des bouillons qui étaient clairs comme criftal.

Elle difait fouvent à mon maître, quand j'étais préfent : « On ne trouverait pas, feigneur, un ferviteur comme ce petit Pablo, s'il n'était auffi efpiègle. Gardez-le bien, feigneur, car on peut lui paffer fes efpiègleries en faveur de fa fidélité. Il apporte toujours ce qu'il y a de meilleur au marché. »

J'en difais d'elle tout autant de mon côté, de forte que nous en faifions accroire à toute la maifon. Quand nous achetions enfemble de l'huile, du charbon ou du lard, nous en mettions de côté la moitié. Et de temps en temps, nous difions aux maîtres : « Modérez votre dépenfe; en vérité, fi vous allez fi vite, le bien du roi ne fuffira pas. Il n'y a déjà plus d'huile ou de charbon; vous avez été trop grand train. Il faut en faire acheter de nouveau et enfuite on s'arrangera autrement. Pour le moment, il faut donner de l'argent à Pablico. » On m'en donnait, et alors nous leur vendions la moitié que nous avions mife en réferve, et nous retenions encore la moitié de ce que nous achetions. C'était ainfi pour tout.

Lorsque j'achetais quelque chose au marché pour sa juste valeur, nous nous querellions, la gouvernante et moi. « Comment, Pablo, me disait-elle d'un air colère, voudrez-vous me faire croire qu'il y a là pour deux sous de salade ? » Je feignais de pleurer, je criais, j'allais me plaindre à mon maître, je le priais d'envoyer le majordome aux enquêtes, et de faire taire la gouvernante qui me querellait à plaisir. L'enquête se faisait, et le majordome revenait

convaincu, ainsi que mon maître, de ma probité autant que du zèle de la gouvernante. « Ah! disait don Diégo, tout satisfait, si Pablico était aussi vertueux qu'il est fidèle! » Nous faisions ainsi notre affaire en les suçant comme des sangsues.

Je gagerais que vous vous effrayez d'avance à la pensée de la somme que nous soutirâmes au bout de l'année ? Elle dut être forte, en effet, mais nous ne nous crûmes pas obligés à en faire le rapport. La gouvernante se confessait d'ailleurs tous les huit jours, et jamais je ne vis en elle pensée ou apparence de restitution, ni même le plus petit scrupule ; or, c'était une sainte. Elle portait sans ceſſe au cou un roſaire de telle taille, qu'il eût été plus commode de porter ſur les épaules une charge de bois;

des poignées d'images, de croix et de médailles d'indulgence y étaient ſuſpendues, et elle aſſurait que chaque nuit elle priait ſur tout cela pour ſes bienfaiteurs. Elle comptait une centaine de ſaints pour ſes avocats, et, en bonne confcience, il lui en fallait bien autant pour fe faire pardonner fes péchés. Elle récitait plus de prières

qu'un aveugle, et les difait en latin pour faire l'innocente; elle compofait une multitude de mots qui nous faifaient mourir de rire. Elle avait d'autres petites induſtries : elle ſavait à merveille aider une intrigue, tranſmettre un meſſage. Elle s'en juſtifiait avec moi en diſant que cela lui venait de famille, comme aux rois de France le don de guérir les écrouelles.

Vous penſez bien qu'il était dans notre intérêt de vivre toujours en bonne intelligence; mais nul n'ignore que deux amis, lorſqu'ils sont également avides, finiſſent par ſe tromper l'un l'autre.

La gouvernante élevait des poules dans la cour, et j'avais bien envie de lui en manger une; elle avait auſſi douze ou treize poulets déjà forts. Un jour qu'elle était en train de leur donner à manger, je l'entendis leur dire *pie, pie*, à pluſieurs repriſes. A cette manière d'appeler les poulets, je jetai les hauts cris. « Corps de Dieu! voiſine, lui dis-je, que n'avez-vous tué un homme, ou détourné l'argent du roi, choſes que je pourrais taire, plutôt que d'avoir fait ce que vous venez de faire et qu'il me ſera impoſſible de cacher ! Malheur à vous et à moi. »

A ces exclamations, que je fis avec le plus grand sérieux, la gouvernante fut toute troublée. « Qu'ai-je donc fait, Pablo? me dit-elle ; si tu veux plaisanter ne m'effraie pas davantage. — Plaisanter! Ah! plût à Dieu! mais je ne puis cacher tout cela à l'Inquisition, sous peine d'être excommunié! — L'Inquisition! fit-elle, et elle se mit à trembler : ai-je donc fait quelque chose contre la foi? — C'est là ce qu'il y a de pis ; ne badinez pas avec les inquisiteurs : dites que vous avez péché par sottise, que vous avez regret de vos paroles, mais ne niez pas ce blasphème et votre irrévérence. — Pablo, reprit-elle avec effroi, si je dis que j'ai regret de mes paroles, me puniront-ils? — Non, ils vous absoudront. — Alors j'ai regret, mais de quoi? Dites-le-moi, car je ne le sais pas, aussi vrai que je désire le repos éternel pour ceux que j'ai perdus. — Est-il possible que vous ne le sachiez pas? Je ne sais comment vous le dire, car l'irrévérence est telle, qu'elle me fait trembler. Ne vous souvenez-vous pas que vous avez dit à vos poulets *pie, pie?* Pie est le nom de plusieurs papes, vicaires de Dieu et chefs de l'Église ; ce péché vous semble-t-il peu de chose? »

La pauvre femme resta comme morte. « Pablo, me dit-elle, c'est vrai, je l'ai dit; mais puisse Dieu ne pas me pardonner si je l'ai dit avec malice. J'en ai regret ; vois s'il y a quelque moyen qui puisse me sauver d'être accusée, car je mourrai si je me vois à l'Inquisition. — Si vous jurez sur un autel consacré que vous n'y avez pas mis de malice, je pourrai assurément ne pas vous accuser; mais il est nécessaire que vous me donniez ces deux poulets qui ont mangé quand vous les avez appelés du très saint nom des pontifes; je les porterai à un familier pour qu'il les brûle, parce qu'ils sont damnés, et après cela vous jurerez de ne plus recommencer d'aucune manière [1]. — Eh bien, Pablo, me dit-elle toute joyeufe, emporte-les tout de fuite; demain je jurerai. — Ce qui eft le pis, ajoutai-je pour la perfuader encore plus, ce qui eft le pis, Cyprienne — elle fe nommait ainfi — c'eft que je cours des dangers, car le familier me demandera fi c'eft moi, et il pourra me faire quelque avanie; portez-les vous-même, car en vérité j'ai peur. — Pablo, reprit-elle en entendant cela, aie pitié de moi, pour l'amour de Dieu : porte-les, il ne peut rien t'arriver. »

Je me fis prier beaucoup, et enfin, — c'était ce que je voulais, — je me déterminai; je pris les poulets, j'allai les cacher dans ma chambre, je feignis de fortir, puis je revins. « Cela s'eft mieux paffé que je ne croyais, lui dis-je; le bon petit familier voulait venir avec moi pour voir la femme, mais je l'ai gentiment entortillé et j'ai arrangé l'affaire. »

Elle me donna mille embraffades, et un autre poulet pour moi. J'allai avec lui rejoindre fes compagnons, et je fis faire chez un pâtiffier une fricaffée que je mangeai avec les autres valets. La gouvernante et don Diégo apprirent la plaifanterie, et toute la maifon s'en amufa fort. La pauvre Cyprienne en eut à la fin tant de chagrin, qu'elle en penfa mourir, et, dans fa colère, elle fut à deux doigts de dévoiler mes rapines; mais fon propre intérêt la retint.

Une fois brouillé avec elle, je ne pouvais plus la tromper; je cherchai donc quelque autre moyen de m'amufer, et, pour cela, je m'étudiai à ce qu'on appelle, en terme d'étudiants, courir quelque chofe.

Il m'arriva en ce genre les aventures les plus plaifantes. Paffant un foir, vers les neuf heures, dans la grande rue, et il s'y trouvait peu de monde à ce moment, j'aperçus une boutique de confifeur, et fur l'étalage une caiffe de raifins. Je prends mon vol, je m'approche, je faifis la boîte et me mets à courir. Le confifeur s'élance à ma pourfuite ; avec lui fes ferviteurs et fes voifins. J'étais chargé, et bien que j'euffe de l'avance, je vis qu'ils allaient m'atteindre. Au détour d'une rue, je jette la boîte à terre ; je m'affieds deffus, j'enveloppe rapidement ma jambe avec mon manteau, et je me mets à crier, en la tenant à deux mains : « Holà ! Dieu lui pardonne, il a marché fur moi ! »

Ils m'entendirent et accoururent ; alors, je me mis à dire : « Très fainte mère de Dieu !.... » et le refte de la prière du foir. Le confifeur et les autres accouraient tout furieux : « Frère, me dirent-ils, un homme n'a-t-il point paffé par ici ? — Il eft en avant, répondis-je ; il m'a marché fur la jambe ; mais loué foit le Seigneur ! »

Ils gagnèrent au pied là-deffus, et s'éloignèrent. Refté feul, j'emportai la boîte au logis, et je racontai l'affaire. Les camarades me félicitèrent beaucoup, mais ne voulurent pas croire que cela me fût arrivé de la forte ; je les invitai donc à venir le lendemain foir me voir courir quelque autre boîte.

Ils vinrent au rendez-vous ; ils remarquèrent que les boîtes étaient dans l'intérieur de la boutique, et qu'on ne pouvait les prendre avec la main ; ils jugèrent donc la chofe impoffible. D'ailleurs, le confifeur, averti par ce qui était arrivé à fon confrère aux raifins, fe tenait fur fes gardes. J'arrive, et, à douze pas de la boutique, je mets à la main mon épée, qui était un fort eftoc. Je m'élance vers la boutique, en criant : « Meurs ! » et je porte une pointe vers le confifeur. Il fe laiffe tomber en demandant confeffion ; je pique une boîte, je l'enfile de mon épée, et je m'en vais avec elle. Les camarades étaient ébahis de mon adreſſe, et mouraient de rire de voir le confiſeur qui demandait qu'on l'examinât, diſant que ſans doute je l'avais bleſſé ; que j'étais un homme

avec lequel il avait eu une querelle. Mais, en levant les yeux, et en voyant en déſordre les boîtes qui entouraient celle que j'avais priſe, il devina la ruſe, et ſe mit à ſe ſigner de telle ſorte, qu'on crut qu'il n'en finirait pas. J'avoue que jamais ſuccès ne me fit plus de plaiſir. Les camarades diſaient qu'à moi ſeul je pouvais ſoutenir la

maifon. avec ce que je courais, ce qui eft la même chofe que voler, à mot couvert.

J'étais jeune, et les éloges qu'on donnait à mon adresse m'excitaient chaque jour à de nouvelles espiègleries. J'ai volé aux couvents de nonnes je ne sais combien de tasses et de petits pots, et quand j'allais y demander à boire, je ne rendais jamais le vase dans lequel on me servait. C'est à cause de mes larcins que ces dames ne donnent plus rien maintenant sans gage ².

Enfin, je promis à don Diégo et à tous ses amis d'enlever, un soir, les épées de la ronde elle-même. Nous convînmes d'un jour, et nous nous rendîmes tous ensemble au lieu choisi. Je marchais en avant, et, dès que j'avisai la justice, j'allai à elle, tout agité, avec un autre valet du logis.

« Est-ce la justice? demandai-je. — C'est elle, répondit-on. — Est-ce le corrégidor ? — C'est lui. » Je me jetai à genoux. « Seigneur, lui dis-je, mon salut, ma vengeance, et l'intérêt de l'État sont entre vos mains. Si Votre Grâce veut faire une grande capture, qu'elle daigne me permettre de lui parler un instant à l'écart. »

Il fit ce que je lui demandais, et déjà les archers empoignaient leurs épées, et les alguazils leurs baguettes. « Seigneur, continuai-je, je viens de Séville à la suite de six hommes, les plus criminels du monde, tous voleurs et assassins. L'un d'eux a tué ma mère et un mien frère pour les voler; j'ai la preuve de ce fait. Avec eux, selon ce que j'ai ouï dire, est un espion français, et, à leur propos, je soupçonne — ici je baissai la voix — qu'il appartient à Antonio Perez ³. »

A ces mots, le corrégidor fit un saut en avant. « Où sont-ils? — Seigneur, dans la maison publique. Que Votre Grâce se hâte : les âmes de ma mère, de mon frère vous le paieront en prières; et le roi!... — Sus donc, Jésus! ne perdons pas de temps; suivez-moi tous;

donnez-moi une rondache. — Seigneur, repris-je en l'attirant de nouveau à l'écart, Votre Grâce va se perdre si elle agit de la sorte. Il est important que vous entriez tous sans épées, un à un, car ils sont dans des chambres, ils ont des pistolets, et s'ils vous voient entrer avec des épées, comme la justice seule a le droit d'en porter, ils feront feu. Il vaut mieux n'avoir que des dagues, et leur saisir les bras par derrière; nous sommes assez nombreux pour cela. »

Le moyen plut au corrégidor et la capture à faire l'allécha. Nous approchions; le corrégidor, prévenu, ordonna à ses gens de cacher leurs épées sous l'herbe, dans un champ qui était presque en face de la maison. Ils le firent et passèrent outre. J'avais averti mon camarade que voir déposer les épées, les prendre et gagner le logis devaient être tout un. Il n'y manqua pas; quand les recors entrèrent, je passai le dernier, et dès qu'ils furent mêlés parmi les gens qui étaient là, je leur faussai compagnie. J'enfilai

une petite rue qui conduit à la Victoire, et un lévrier ne m'eût pas atteint. Une fois entrés, et ne voyant rien que des étudiants et des libertins, c'eſt tout un, ils ſe mirent à me chercher et ne me trouvèrent pas; ils ſe doutèrent de la ruſe, coururent à leurs épées et n'en virent pas la moitié d'une.

Qui pourrait dire les recherches que firent cette nuit-là le corrégidor et le recteur? Ils allèrent dans toutes les cours, viſitèrent tous les lits. Ils vinrent à notre maiſon. Pour ne pas être reconnu, je m'étais étendu ſur mon lit, un mouchoir autour de la tête, un cierge d'une main, et un crucifix de l'autre; près de moi un camarade vêtu en clerc, qui m'aidait à mourir, et les autres récitant les litanies. Le recteur vint et avec lui la juſtice, et ils ſortirent auſſitôt, ne pouvant penſer qu'ils trouveraient là ce qu'ils cherchaient. Ils ne regardèrent rien, et mieux, le recteur me dit un répons. Il demanda ſi j'avais déjà perdu la parole : on lui répondit que oui; et là-deſſus ils s'en allèrent, déſeſpérant de trouver quelque indice. Le recteur jura qu'il livrerait le coupable s'il le découvrait, le corrégidor jura de le pendre, fût-il le fils d'un grand, et moi je me levai.

On s'amuſe encore à Alcala de cette myſtification. Je ne vous dirai pas, de peur d'être long, comment je rendis la place du marché auſſi peu ſûre que le carrefour d'une forêt; comment je frappai d'impôts les boutiques de drapiers, les magaſins d'orfèvres, voire même les étalages des fruitières, car je ne pus jamais oublier l'affront que j'avais reçu de celles de Ségovie, quand je fus roi des coqs. Je pourvus pendant toute l'année la cuiſine de notre penſion ; je fis payer la dîme aux jardins, aux vignes, aux vergers de tous les environs. Auſſi, ces bagatelles et quelques autres me donnèrent la réputation d'un homme actif et subtil entre tous. J'étais le favori des jeunes cavaliers amis de mon maître ; et à peine me laissaient-ils à don Diégo, à qui j'accordai toujours, cependant, le respect que je lui devais et le dévouement que méritait son affection pour moi.

CHAPITRE VII

DON DIÉGO RETOURNE A SÉGOVIE. — PABLO APPREND LA MORT DE SES PARENTS, ET SE FAIT UNE RÈGLE DE CONDUITE POUR L'AVENIR.

Au bout de quelque temps, don Diégo reçut de ſon père une lettre qui en renfermait une ſeconde pour moi. Cette lettre était d'un mien oncle, nommé Alonſo Ramplon, proche parent de toutes les vertus, et fort connu à Ségovie, où il tenait de très près à la Juſtice. De toutes les réſolutions capitales que celle-ci avait priſes depuis quatre ans, pas une ne s'était exécutée ſans lui. Il était bourreau, puiſqu'il faut dire la vérité; mais un aigle parmi ceux du métier. A le voir à l'œuvre, on avait envie de ſe laiſſer pendre.

Voici le contenu de la lettre qu'il m'adreſſa de Ségovie à Alcala :

« Mon fils Pablo, — c'eſt ainſi qu'il m'appelait, tant il avait d'affection pour moi, — les grandes occupations que me donne, dans la place que je remplis, le ſervice de Sa Majeſté, ne m'ont pas encore permis de vous écrire plus tôt. Si le ſervice du roi a des déſagréments, c'eſt par l'excès du travail; mais j'en ſuis bien dédommagé par l'obſcur honneur d'être au nombre de ſes ſerviteurs. J'ai le chagrin d'avoir à vous donner des nouvelles peu agréables. Votre père eſt mort, il y a huit jours, auſſi courageuſement qu'aucun homme en ce monde; je puis le dire, car c'eſt moi qui l'ai guindé [1]. Il monta ſur ſon âne ſans mettre le pied à l'étrier; la jaquette du ſupplice lui allait comme ſi elle eût été faite pour lui; en un mot, il avait ſi bonne preſtance, que tous ceux qui le voyaient paſſer précédé de la croix, le jugeaient digne de ſa future élévation. Il allait d'un air délibéré, regardant aux fenêtres, ſaluant tous ceux qui quittaient leurs affaires pour le voir; deux fois même il ſe fit la mouſtache. Il engageait ſes confeſſeurs à ſe repoſer et approuvait ce qu'ils diſaient de bon. Arrivé à la croix de bois [2], il mit le pied ſur l'échelle, ne monta ni trop lentement ni comme un chat, et, rencontrant un échelon briſé, il ſe retourna vers la Juſtice et la pria de le faire remplacer pour la prochaine occaſion, attendu que tous n'avaient pas ſon aſſurance. Je ne puis vous exprimer juſqu'à quel point il plut à tout le monde. Arrivé au haut, il s'aſſit, rejeta en arrière les plis de ſon vêtement, prit la corde et ſe la mit à la gorge. Voyant en ce moment que le théatin voulait le prêcher, il ſe retourna vers lui. « Frère, lui dit-il, je le prends pour dit; donnez-moi un peu de *Credo*, et finiſſons promptement; je ne voudrais pas paraître long. » Ainfi fut fait; il me recommanda de lui mettre ſon chaperon ſur le côté, de lui eſſuyer la bave, ce que je fis. Il tomba ſans ramaſſer ſes jambes et ſans faire de contorſions. Il ſe tint en un mot très gravement; on ne pouvait demander davantage. Je le mis en quatre et lui donnai pour ſépulture les grands chemins. Dieu ſait quelle peine je reſſens de le voir là, tenant table ouverte pour les corbeaux; mais j'eſpère que les pâtiſſiers du pays nous conſoleront en en mettant quelque peu dans leurs pâtés à quatre ſous [3]. Quant à votre mère, bien qu'elle ſoit encore vivante, je puis preſque vous en dire autant. L'inquiſition de Tolède l'a fait mettre en priſon, parce qu'elle déterrait les morts. Il paraît qu'elle faiſait la ſorcière, et on a dit que chaque nuit elle embraſſait un bouc ſur l'œil ſans prunelle. On a trouvé dans ſon logis plus de jambes, de bras et de têtes qu'il n'en faudrait à une chapelle de miracles; on ſait qu'elle s'entendait fort bien à contrefaire les demoiſelles. On dit enfin qu'elle a figuré dans un *autodafé*, le jour de la Trinité, avec quatre cents condamnés à mort. J'en ſuis bien chagrin, car elle nous déshonore tous, moi ſurtout, car enfin je ſuis miniſtre du roi. De ſemblables parentés ne me vont pas. Vos parents, mon fils, ont laiſſé ici je ne ſais quelle ſomme cachée, cela peut monter en tout à quatre cents ducats. Je ſuis votre oncle, ce que j'ai ſera pour vous. Cette lettre reçue, vous pourrez venir ici; avec ce que vous ſavez de latin et de rhétorique, vous ferez un homme unique dans l'art du bourreau. Répondez-moi de ſuite, et d'ici là que Dieu vous garde.

« De Ségovie, etc... »

Je ne puis nier que cette nouvelle honte me fit une vive impreſſion, et cependant je me conſolai en partie; — tel eſt l'effet des vices chez les parents; les enfants y trouvent une conſolation à leurs peines, quelque grandes qu'elles ſoient. — Je courus trouver don Diégo; il liſait la lettre de ſon père qui le rappelait auprès de lui, et qui, informé de mes eſpiègleries, lui mandait de ne pas m'emmener. Don Diégo me prévint qu'il allait partir, me communiqua ce que lui diſait ſon père, et me témoigna ſon chagrin de ſe ſéparer de moi. J'en éprouvais autant. Il m'offrit de me mettre au ſervice d'un gentilhomme de ſes amis, mais je le remerciai. « Seigneur, lui dis-je en ſouriant, je ſuis tout autre et j'ai d'autres projets : je viſe plus haut et je veux une autre autorité; je ſuis, à dater de ce jour, chef de famille. » Je lui appris comment mon père était mort, auſſi honorablement que l'homme le plus haut placé; comment il avait été découpé, comment on en avait fait de la monnaie et dans quels termes tout cela m'avait été écrit par mon ſeigneur et oncle le bourreau, ainſi que la nouvelle de l'empriſonnement de maman. J'ajoutai enfin qu'il me connaiſſait aſſez pour que je puiſſe lui dire tout cela ſans honte.

Don Diégo s'affligea beaucoup et me demanda ce que je comptais faire; je lui communiquai mes projets. Il partit le lendemain fort triſte pour Ségovie, et je reſtai à la maiſon ſans ébruiter ma méſaventure. Je brûlai la lettre de mon oncle, de crainte qu'elle ne fût lue par quelqu'un, ſi je la perdais, et je commençai mes préparatifs pour me rendre, moi auſſi, à Ségovie, où je voulais recueillir mon héritage, et connaître ma famille, afin de l'éviter.

CHAPITRE VIII

PABLO SE REND D'ALCALA A SÉGOVIE ; CE QU'IL LUI
ARRIVE VERS REJAS, OU IL PASSE LA NUIT

Vint enfin le jour de quitter la meilleure vie que j'aie jamais menée. Dieu ſait combien je fus chagrin de quitter des amis ſi dévoués et ſi nombreux. Je vendis ſecrètement le peu que j'avais pour faire ma route, et, à l'aide de quelques fourberies, je parvins à réunir juſqu'à ſix cents réaux. Je louai une mule, et je quittai le logis ſans rien dire et ſans autre choſe que mon ombre.

Comment exprimerai-je le chagrin que reſſentit le cordonnier pour ce que je lui devais, les gémiſſements de la gouvernante pour ſes gages, la colère de l'hôte pour le loyer de la maiſon ?

L'un difait : « Mon cœur l'avait deviné. » L'autre : « On m'avait bien dit que c'était un maître fourbe et un efcroc. » Enfin je partis tellement aimé de tous, que

mon abfence en laiffa une moitié en larmes, et l'autre moitié riant de celle qui pleurait.

Je cheminais en fongeant à tout cela, lorfqu'au delà

de Torote je rencontrai un homme monté fur un mulet de bât. Il caufait tout feul avec une grande volubilité, et il était tellement occupé, que j'étais à côté de lui qu'il ne me voyait pas. Je le faluai et il me falua; je lui demandai où il allait, et dès que nous eûmes échangé quelques réponfes, nous nous mîmes à parler de la defcente du Turc et des forces du roi. Il prétendit m'expofer comment on pourrait conquérir la Terre fainte et comment on prendrait Alger; à tout ce qu'il me dit je reconnus que cet homme était un fou politique. Nous continuâmes à caufer affez joyeufement, et, d'une chofe à l'autre, nous tombâmes fur la Flandre. Arrivé là, il fe mit à foupirer.

« Ce pays, s'écria-t-il, me coûte plus qu'au roi; voici quatorze ans que je médite un expédient qui pacifierait tout, s'il était auffi poffible qu'il eft impoffible. — Quelle peut être, lui dis-je, cette chofe qui convient tant, qui eft impoffible et qui ne peut pas fe faire? — Qui vous dit qu'elle ne puiffe pas fe faire? reprit-il; elle eft faifable; être impoffible, c'eft autre chofe. Si je ne craignais de vous ennuyer, je vous dirais ce que c'eft; du refte, on le faura, car je compte le faire imprimer avec quelques autres mémoires, dans lefquels j'indique au roi deux moyens de réduire Oftende [1]. »

Je le priai de me les faire connaître; il tira alors de fa poche le plan du fort de l'ennemi et celui du nôtre. « Vous voyez, me dit-il, que toute la difficulté eft dans ce petit bras de mer; eh bien, je donne l'ordre de l'épuifer avec des éponges et de le fupprimer. »

Cette extravagance m'arracha un grand éclat de rire, et mon homme me regarda en face. « Je n'ai dit cela à perfonne qui n'ait ri comme vous, tant ce projet fait de plaifir à tout le monde. — Je n'en doute pas, répliquai-je; c'eſt l'effet tout naturel d'une penſée auſſi neuve et auſſi judicieuſe; mais ſongez, je vous prie, qu'à meſure que vous épongerez l'eau, la mer en rap-

portera tout autant. — La mer ne fera point cela : j'y ai mûrement réfléchi; j'ai imaginé de creuſer le fond de la mer de douze ſtades ſur ce point-là. »

Je ne répliquai rien, de crainte qu'il ne me dît qu'il avait auſſi un expédient pour faire deſcendre le ciel ici-bas. Jamais de ma vie je ne connus un pareil inſenſé. Il me diſait que Juanelo n'avait rien fait de bien [2], qu'il se chargerait de faire monter toute l'eau du Tage à Tolède d'une manière plus facile, et si je voulais savoir comment, que ce serait par enchantement. Avez-vous jamais rien entendu de semblable ? « Du reste, ajouta-t-il, je n'exécuterai rien que le roi ne me donne une commanderie; je suis très capable de la régir, et j'ai des titres de noblesse fort honorables. »

Au milieu de ces propos et de ces extravagances, nous arrivâmes à Torrejon, où il s'arrêta, parce qu'il y venait visiter une parente. Je continuais seul ma route, riant comme un fou des singulières rêveries de cet original, lorsque Dieu et ma bonne étoile me firent apercevoir de loin une mule en liberté et près d'elle un homme à pied qui feuilletait un livre, faisant des raies par terre et les mesurant avec un compas. Il passait d'un côté, il sautait de l'autre, et de temps en temps mettait ses doigts en croix, puis dansait autour de son ouvrage. J'avoue que je n'osai d'abord le regarder que de loin, pensant que c'était un enchanteur, et j'avais peine à me décider à passer. Je me hasardai enfin, et quand je m'approchai il m'entendit. Il ferma son livre, alla chercher sa mule, et, en mettant le pied à l'étrier, il glissa et tomba. Je courus le relever. « Je n'ai pas bien pris, me dit-il, le milieu de la proportion pour faire la circonférence en montant. » Je n'y compris rien et je me doutai de ce qu'il était. Jamais femme n'a mis au monde un homme plus extravagant. A quelques pas de là, il me demanda si j'allais à Madrid par une ligne droite ou par un chemin circonflexe. Je ne savais ce que cela signifiait, et je répondis que je suivais la voie circonflexe. Il me demanda à qui était l'épée que je portais; quand je lui eus dit qu'elle était à moi, il la prit et l'examina. « Ces branches de la garde, dit-il, devraient être plus grandes, afin de mieux parer les coups de taille qui fe forment fur le centre des eftocades. »

Là-deſſus, il entama une démonſtration ſi pompeuſe et ſi diffuſe, que force me fut de lui demander quel mé-

tier il profeſſait. « Je ſuis, me dit-il, un eſcrimeur habile par excellence, et je puis le prouver en toute occaſion. — Mais en vérité, repris-je en retenant un nouvel éclat de rire, à ce que je vous ai vu faire ſur le grand chemin, des cercles, des angles, des lignes, je vous aurais pris plutôt pour un enchanteur. — C'eſt, me répondit-il, que j'étudiais avec mon grand compas une feinte par le quart de cercle, dont le réſultat doit être la mort immédiate de l'adverſaire, et je m'occupais de la rédiger en termes mathématiques [3]. — Eſt-il poſſible qu'il y ait de la mathématique là dedans ? — Non ſeulement de la mathématique, mais encore de la théologie, de la philoſophie, de la muſique et de la médecine. — Quant à cette dernière, répliquai-je, je n'en doute pas, puiſqu'il s'agit de tuer [4]. — Ne vous moquez pas, me dit-il, je vous enſeignerai tout à l'heure un coup ſuperbe ; parade, ripoſte à coups de taille en concentrant les ſpirales de l'épée. — Je ne comprends rien à ce que vous me dites, ni un mot ni l'autre. — Ce livre vous en inſtruira, répondit-il ; il eſt intitulé les *Grandeurs de l'Épée ;* il eſt très bon et il enſeigne des miracles. Je vous le prouverai à Rejas, à la couchée ; nous prendrons deux broches, et vous me verrez faire des merveilles. N'en doutez pas, quiconque lira ce livre tuera tous ceux qu'il voudra. — Ou ce livre, lui dis-je, enſeigne à procurer la peſte aux hommes, ou bien il a été compoſé par quelque doƈteur. — Comment, doƈteur ! Bien entendu, c'eſt un grand ſavant, c'eſt même plus qu'un grand ſavant . »

En cauſant de la ſorte, nous arrivâmes à Rejas, et nous nous arrêtâmes devant une hôtellerie. Au moment où je deſcendais de ma mule, mon compagnon pouſſa de grands cris. « Faites un angle obtus avec les jambes, ramenez-les en deux lignes parallèles et laiſſez-vous aller perpendiculairement ſur le ſol. »

L'hôtelier, qui me vit rire, en fit autant, et me demanda ſi ce cavalier qui parlait de la ſorte était Indien. J'en perdais l'eſprit. Mon eſcrimeur s'approcha de l'hôte.

« Seigneur, lui dit-il, donnez-moi, je vous prie, deux broches pour deux ou trois angles, je vous les rendrai fur-le-champ. — Jéfus! fit l'hôte, donnez-moi plutôt vos angles, ma femme les fera rôtir; je n'ai jamais entendu nommer ces oifeaux-là. — Ce ne font pas des

oifeaux, répondit mon original; voyez un peu, ajouta-t-il en fe tournant vers moi, ce que c'eft de ne pas favoir! Donnez-moi les broches, je ne les veux que pour efcrimer, et peut-être ce que vous me verrez faire aujourd'hui vous vaudra-t-il plus que tout ce que vous avez gagné en votre vie. »

Les broches fe trouvant occupées, il nous fallut prendre deux cuillers à pot. Jamais on ne vit rien de plus rifible au monde. Mon homme faifait un faut et difait : « Avec ce mouvement, j'atteins plus loin et j'arrive aux degrés du profil. » Il faifait un autre faut, et il ajoutait : « Maintenant j'emploie un mouvement ralenti pour tuer au naturel : ceci eft d'eftoc, et cela de taille. » Il ne m'approchait pas d'une lieue et tournait autour de moi avec fa cuiller ; comme je ne me tenais pas tranquille, on eût pris cette comédie pour un affaut contre une marmite qui s'enfuit fur le feu. «Voilà feulement le bon fyftème, me dit-il enfin en s'arrêtant, plutôt que toutes les niaiferies qu'enfeignent ces miférables maîtres d'efcrime qui ne favent que boire. »

Il avait à peine achevé ces mots, que nous vîmes fortir de l'hôtellerie un mulâtre qui montrait les dents. Il avait un chapeau avec un rebord en parafol, un collet de buffle fous un pourpoint déboutonné et garni de rubans; il avait les jambes cagneuſes comme l'aigle impérial; le viſage traverſé de ſignes de croix, la barbe fourchue, les mouſtaches en fuſeau, et une dague garnie de plus de grilles qu'un parloir de nonnes. « Je ſuis examiné, nous dit-il en regardant la terre, et je porte mon brevet; par le ſoleil, qui échauffe les moiſſons, je mettrai en morceaux quiconque parlera mal de tout bon fils qui profeſſe les armes [6]. »

Redoutant quelque fâcheux événement, je me mis entre eux deux, diſant au nouveau venu qu'on ne parlait pas de lui et qu'il avait tort de s'offenſer. « Qu'il mette l'épée à la main, s'il en a une, continua-t-il, qu'il laiſſe là ſa cuiller à pot, et nous verrons qu'elle eſt la vraie ſcience. — Cet ouvrage l'apprend, dit à haute voix mon pauvre compagnon, en ouvrant ſon livre : il a été imprimé avec la permiſſion du roi, et je ſoutiendrai avec la cuiller et ſans la cuiller, ici ou ailleurs, que ce qu'il dit eſt la vérité. Meſurons, ſi vous en doutez. » Là-deſſus, il prit ſon compas, et nous dit : « Cet angle eſt obtus. — Je ne ſais ce que c'eſt qu'angle et obtus, dit le maître en tirant ſa dague, je n'ai entendu prononcer pareils mots de ma vie. Place! et avec cette arme je le mettrai en morceaux. »

Il attaqua le pauvre diable, qui ſe ſauva en ſautant par toute la maiſon. « Il ne me bleſſera pas, nous criat-il en paſſant près de nous; je lui ai gagné les degrés du profil. »

L'hôte, ſes gens et moi, nous mîmes la paix entre eux; je riais tant que je ne pouvais faire un pas. On nous mit dans une même chambre, le fou et moi; nous ſoupâmes et tout le monde ſe coucha.

A deux heures du matin, il ſe leva en chemiſe, et ſe mit à parcourir la chambre à tâtons, ſautant et diſant une foule d'extravagances en langue mathématique. Il me réveilla, puis s'en alla trouver l'hôte et lui demanda de la lumière, en lui difant qu'il avait trouvé pour l'eftocade un terme de proportion qui était le fegment de la fubtendante. L'hôte le donnait à tous les diables pour l'avoir réveillé; il le traita de fou et le mit à la porte. Mon homme revint me trouver; il me dit que fi je voulais me lever, il me ferait voir la rufe fi fameufe qu'il avait inventée contre le Turc et fes cimeterres; il difait qu'il voulait aller l'enfeigner au roi comme chofe très importante pour les catholiques. Le jour venu, nous nous habillâmes tous et payâmes notre gîte. On réconcilia le fou avec le maître d'armes, qui partit en convenant que le fyftème de mon compagnon avait du bon, mais qu'il ferait plus de fous que d'adroits, parce que la plupart n'y entendaient rien.

CHAPITRE IX

PABLO RENCONTRE UN POÈTE AUX APPROCHES DE MADRID

Je pris le chemin de Madrid, et le fou me dit adieu, parce qu'il fuivait une route différente. J'étais déjà à quelque diſtance, lorſqu'il revint en courant et en m'appelant de toutes ſes forces. Nous étions au milieu de la campagne, où perſonne ne pouvait nous entendre; il s'en vint me dire à l'oreille :

« Sur votre vie, Seigneur, me dit-il, ne parlez à

perſonne des hauts ſecrets que je vous ai confiés en matière d'eſcrime; gardez-les pour vous ſeul; vous avez bonne intelligence. » Je lui en fis la promeſſe, il s'en retourna et je me mis à rire de cette précieuſe confidence.

Je fis plus d'une lieue ſans rencontrer perſonne, ſongeant aux nombreuſes difficultés que je trouverais pour être honnête et vertueux; car j'avais d'abord à diſſimuler l'humble poſition de mes parents, et enſuite à me conduire de manière à faire oublier de qui j'étais iſſu. J'étais tout heureux d'avoir des penſées auſſi ſages, et je me diſais : « Si je ſuis vertueux, on devra m'en ſavoir plus de gré, à moi qui n'ai perſonne de qui l'apprendre, qu'à tout autre qui l'eſt par héritage de famille. »

J'allais diſcourant de la ſorte, lorſque je rencontrai un clerc, déjà âgé, monté ſur une mule, et qui ſuivait le chemin de Madrid. Nous liâmes converſation, et il me demanda tout auſſitôt d'où je venais. — « D'Alcala, lui dis-je. — Que Dieu maudiſſe d'auſſi méchantes gens, s'écria-t-il; il n'y a pas entre eux tous un ſeul homme de ſens. — Comment, lui demandai-je, pouvez-vous dire pareille choſe d'un lieu qui réunit tant de ſavants? — Des ſavants, répliqua-t-il; je vous dirai qu'ils ſont tellement ſavants, que depuis quatorze ans que je fais à Majalahonda, où j'ai été ſacriſtain, des noëls, des chanſons de Fête-Dieu, ils n'ont pas daigné en couronner une ſeule. Et pour vous convaincre de l'injuſtice qu'ils m'ont faite, je vais vous les lire.

Alors il me récita quelques ſtrophes extravagantes et ridiculement rimées. « Croyez-vous, me dit-il, que l'inventeur lui-même de la chanſon aurait pu mieux faire? Voyez que de fineſſes; il y a là dedans tel mot qui m'a coûté un mois d'étude. »

Je ne pouvais retenir mes rires; ils me fortaient en bouillonnant par les yeux et par le nez. « C'eft admirable, lui dis-je en éclatant; c'eft digne de toute forte de récompenfes, et je n'ai rien lu en ma vie d'auffi gracieux. — En vérité! dit-il auffitôt; eh bien! veuillez écouter maintenant quelques pages d'un petit livre que j'ai fait en l'honneur des onze mille vierges, et dans lequel j'ai confacré à chacune cinquante huitains [1]. C'eft riche. »

Pour me préferver d'entendre ces millions de ftrophes, je le fuppliai de me donner en place quelque chofe dans le genre divin [2]. Il fe mit alors à me réciter une comédie qui comptait plus de journées que le chemin de Jérufalem. — « Je l'ai faite en deux jours, me dit-il, en voici le brouillon. » Il me montra une liaffe qui n'avait pas moins de cinq mains de papier. Cette comédie avait pour titre : l'*Arche de Noé*. Tout s'y paffait entre des coqs, des rats, des ânes, des renards et des fangliers, comme dans les fables d'Efope. J'en louai beaucoup le plan et l'idée. « Ceci m'appartient en propre, me dit-il; on n'a rien encore fait de femblable dans le monde : la nouveauté l'emporte fur tout, et fi j'arrive à la faire repréfenter, ce fera une chofe fameufe. — Mais comment pourra-t-on la faire repréfenter, lui dis-je, fi vous mettez en fcène des animaux qui ne parlent pas? — C'eft là la difficulté, et fans cela ce ferait une œuvre incomparable. Mais je fonge à en confier les rôles à des perroquets, à des geais, à des pies qui peuvent apprendre à jafer, et j'aurai des finges pour les intermèdes. — Ce fera affurément fort curieux. — J'ai fait des chofes bien plus curieufes, continua-t-il, pour une femme que j'aime. Voici neuf cent et un fonnets et douze rondeaux que j'ai compofés fur fes jambes. — Les avez-vous vues ? lui demandai-je. — Je ne l'aurais pas ofé par refpect pour les ordres que j'ai reçus ; mais mon imagination me les dépeignait. »

J'avoue de bonne foi que, quoique j'euffe du plaifir à l'entendre, j'eus peur de tant de mauvais vers, et je tâchai de mettre la converfation sur d'autres fujets. « J'aperçois un lièvre, lui difais-je. — Je puis vous citer, me répondit-il à l'inftant, un fonnet où je compare ma maîtreffe à cet animal, » et il le commençait. Moi, pour le diftraire, je lui difais : « Voyez-vous cette étoile qui fe montre en plein jour ? » Et il reprenait : « Quand j'aurai fini celui-ci, je vous dirai le trentième, dans lequel je l'appelle étoile. »

J'étais au défefpoir de penfer que je ne pouvais rien nommer qui ne lui fournît matière à quelque difparate, et je me crus fauvé lorfque nous approchâmes des fauxbourgs de Madrid, efpérant que la crainte d'être entendu lui impoferait filence. Ce fut tout le contraire ; dès que nous fûmes dans la rue, il éleva la voix pour faire connaître ce qu'il était. Je le fuppliai de fe taire, lui difant que, fi les enfants fentaient le poète, il n'y aurait pas de trognon de chou qui ne vînt fur fes pieds à notre adreffe. J'ajoutai que depuis peu de temps un poète renégat, qui avait renoncé aux mufes pour mener une vie raifonnable, avait lancé contre fes confrères une pragmatique qui les déclarait fous. Notre homme, fort inquiet, me demanda de lui lire cette pragmatique fi je l'avais ; je lui promis de la lui communiquer quand nous ferions à l'hôtellerie. Nous en joignîmes une où il avait coutume de defcendre. A la porte fe trouvaient plus de douze aveugles, qui reconnurent à l'inftant le facriftain, les uns à l'odeur, les autres à la voix. Ils pouffèrent de grands cris pour lui fouhaiter la bienvenue. Il les embraffa tous, et, tout auffitôt, l'un lui demanda une oraifon pour le *juste juge* en vers graves et fentencieux, prêtant aux geftes et à l'action ; d'autres lui demandèren des complaintes pour les âmes du purgatoire, et chacun lui donna huit réaux pour arrhes. — Savez-vous, me dit-il, quand il les eut congédiés, que ces aveugles von me rapporter plus de trois cents réaux ; auffi, avec votre permiffion, je vais me retirer pendant quelques inftants pour leur faire une partie de ces oraifons ; puis, après dîner, vous me lirez la Pragmatique. »

O vie miférable ! Il n'en eft pas de plus trifte que celle des fous qui trouvent leurs reffources à exploiter la folie des autres.

CHAPITRE X

PABLO VA DE MADRID A CERECEDILLA, ET, DE LA, A SÉGOVIE

Le poète se retira quelques moments à l'écart, afin de méditer des hérésies et des pauvretés pour ses aveugles. Pendant ce temps vint l'heure du dîner, nous dînâmes, et ensuite on me demanda de lire la Pragmatique. Comme je n'avais pas autre chose à faire, je la lus, et je la transcris ici parce qu'elle m'a paru très sensée et qu'elle remplit parfaitement le but cherché par son auteur. Voici ce qu'elle disait :

PRAGMATIQUE *contre les poètes creux et vaniteux.*

Ce titre fit pousser au sacristain un grand éclat de rire. « Nous en reparlerons demain matin, fit-il. J'avais cru qu'on allait parler de moi, mais c'est seulement contre les poètes vaniteux. » Je trouvai cette réflexion charmante.

Je passe la préface et j'arrive au premier chapitre :

« Considérant qu'il existe une espèce de vermisseaux qui font de notre race et chrétiens, quoique mauvais, et qu'on appelle poètes; considérant que tant que dure l'année ils adorent des sourcils, des dents, des rubans et des pantoufles, commettent d'autres péchés d'égale énormité, ordonnons, lorsque viendra la semaine sainte, qu'on ramasse tous ces poètes publics et rôdeurs comme on fait des mauvaises femmes, qu'on s'efforce de leur démontrer l'erreur dans laquelle ils vivent et de les convertir. Il leur sera ouvert à cet effet des maisons de repentis.

« *Item*, considérant que les grandes chaleurs habituelles aux temps de canicule font éclore les intarissables strophes des poètes du soleil, aussi facilement qu'elles dessèchent les raisins et les prunes, imposons aux poètes un silence absolu sur les choses du ciel, et de peur qu'ils ne s'épuisent par trop d'abondance, ordonnons qu'il y aura des mois interdits aux Muses, comme il en est à la chasse et à la pêche.

« *Item*, considérant que cette infernale secte d'hommes, condamnés à perpétuelle conception, dépeceurs de vocables, retourneurs de raison, a communiqué aux femmes cette infirmité de poésie, déclarons que nous nous tenons quittes, envers celles-ci, par ce mal, de celui qu'elles nous ont fait au commencement du monde. Et attendu que le monde est pauvre et nécessiteux, ordonnons que les strophes des poètes soient brûlées comme vieilles franges, afin d'en retirer l'or, l'argent et les perles que les poètes y mettent pour fabriquer leurs dames de tous métaux.

Ici le sacristain m'interrompit et se levant: « Non pas,

s'écria-t-il, plutôt nous ôter la vie. N'allez pas plus loin; j'en appellerai à mes juges directs, ainsi que je le dois à mon habit et à ma dignité, et j'y dépenserai, s'il le faut, tout ce que je possède. Je prouverai que les poésies d'un poète-clerc ne peuvent être soumises à une telle pragmatique; je veux tout de suite m'en expliquer avec la justice. »

J'avais bien envie de rire ; mais pour ne pas perdre de temps à discuter, parce qu'il se faisait tard, je lui dis qu'il ne s'agissait là que d'une pragmatique de fantaisie, sans force, sans valeur et sans autorité. Je repris ainsi qu'il suit :

« *Item*, considérant qu'après avoir été Maures, et ils en ont encore quelques restes, ils se sont faits bergers ; que maintenant les troupeaux s'en vont tout décharnés, à force de ne boire que leurs larmes; tout desséchés parce qu'ils ont l'âme en feu; tellement stupéfiés par cette musique monotone, qu'ils ne savent plus paître, leur ordonnons de cesser cette pratique; disons que pour ceux qui aiment la solitude il y a des ermitages, que pour les autres, qui ont l'esprit plus alerte, ils peuvent se faire garçons muletiers. »

« C'est quelque mauvais drôle, quelque vaurien [1], quelque juif qui a ordonné cela, s'écria le sacristain, et si je le connaissais, je lui ferais une satire qui lui cuirait à lui et à tous ceux qui la liraient. Voyez un peu comme cela conviendrait à un homme sans barbe, comme je le suis, un ermitage ! Et comme cela irait à un homme de chœur, à un sacristain, d'être garçon d'écurie ! Allons donc, Seigneur, ce sont là de grandes sottises. — Mais ne vous ai-je pas dit, lui répliquai-je, que ce ne sont que des plaisanteries et que vous ne devez pas les prendre autrement ? » Je continuai :

« *Item*, confidérant la grande abondance de rondeaux, de romances, de fonnets, qui s'eft préfentée dans ces dernières années trop fertiles, ordonnons que les liaffes qui n'auront pas été jugées dignes d'aller chez les épiciers foient mifes fans appel au cabinet. »

Arrivé là, je paffai, pour en finir, au dernier chapitre.

« Mais, confidérant avec des regards de pitié qu'il y a dans la République trois claffes d'individus tellement miférables qu'ils ne peuvent vivre fans ces poètes, et ce font les comédiens, les aveugles et les facriftains, ordonnons qu'il y ait quelques repréfentants de cet art, pourvus de cartes d'examen délivrées par leurs caciques, qui feront fpécialement attachés à ces claffes d'individus; à la condition, toutefois, que les poètes de comédiens ne termineront plus leurs intermèdes par des coups de bâton ou des fcènes de diables, ni leurs comédies par des mariages; que les poètes d'aveugles ne mettront pas leurs aventures à Tétuan, et qu'ils écriront en langage compréhenfible; que les poètes de facriftains ne joueront pas fur les mots et ne feront pas des cantiques de rechange qui fervent à chaque fête, rien qu'en remplaçant le nom du faint. Enfin nous ordonnons à tous les poètes en général de fe déshabituer de Jupiter, de Vénus, d'Apollon et des autres dieux, fous peine de n'avoir pas d'autres avocats à l'heure de la mort. »

Cette Pragmatique égaya fort tous ceux qui en entendirent la lecture, et plufieurs m'en demandèrent des copies. Sur ce, le facriftain fe mit à jurer par les vêpres, les introït et les kyrié, difant que c'était une fatire contre lui, et qu'il favait mieux que perfonne ce qu'il avait à faire. « Moi, ajouta-t-il, qui ai demeuré dans la même hôtellerie que Lignan, et qui ai dîné plus de deux fois avec Efpinel; moi qui me suis trouvé à Madrid auffi près de Lope de Vega que je le suis de vous; qui ai vu don Alonso de Ercilla mille fois! Savez-vous que j'ai chez moi un portrait du divin Figueroa et que j'ai acheté les grègues que quitta Padilla lorsqu'il se fit moine ² ? Je les porte encore, ces grègues, quelque mauvaises qu'elles soient; les voici. »

En parlant de la sorte, le brave sacristain nous exhiba ses culottes, et tous ceux qui étaient là se mirent à rire de telle sorte qu'ils ne voulaient plus s'en aller de l'hôtellerie. Cependant, il était près de deux heures, et comme j'avais du chemin à faire, nous sortîmes de Madrid. Je dis adieu au sacristain, malgré mon regret, et je me remis en route vers le port de Guadarrama. Dieu, afin que la solitude ne me donnât pas de mauvaises pensées, me fit rencontrer un soldat. Nous nous saluâmes avec la plus grande politesse. Il me demanda si je venais de la capitale; je lui répondis que je n'avais fait qu'y passer. « C'est tout ce qu'elle mérite, me dit-il aussitôt; ce pays ne convient qu'à des gens de rien. J'aime mieux, j'en jure par le Christ, être à un siège, comptant les heures dans la neige jusqu'à la ceinture, et mangeant du bois, que de supporter les injustices dont on abreuve les gens de bien en ce pays-là. — Il y a de tout à Madrid, seigneur soldat, lui répondis-je; on sait y faire grand cas des gens de mérite. — Grand cas! reprit-il d'un ton courroucé; voilà six mois que j'y sollicite inutilement une enseigne, après vingt années de service, après avoir versé mon sang au service du roi, comme ces blessures en font preuve. »

En même temps, il me découvrit sa cuisse droite pour me faire voir une cicatrice d'un pouce de long; à l'aine, c'était une plaie de bubon, aussi vrai que le soleil brille. Il m'en montra ensuite deux autres à ses talons, en me

difant que c'étaient des coups de feu; et comme j'en
avais deux femblables, je conclus que c'étaient des engelures. Il ôta fon chapeau et me fit voir une eftafilade
qui lui partageait le nez, puis trois autres balafres qui
fe deffinaient fur fa figure comme les degrés d'une map-
pemonde. « J'ai reçu cela à Paris, me dit-il, pour le fervice de Dieu et du roi; et pour toutes ces taillades de
ma face, je n'ai obtenu que de belles paroles, ce qui ne
vaut pas plus que de mauvaifes actions. Lifez ces papiers,
feigneur; par la vie du licencié! jamais homme, vive
Dieu! jamais homme auffi fignalé, j'en adjure le Chrift!
n'a fait femblables campagnes. »

Jamais auffi fignalé, le foldat difait vrai, car il l'était à
coups de couteau. Alors il me tira d'une boîte de fer-
blanc des papiers qui fans doute avaient appartenu à un
autre dont il prenait le nom. Je les lus et lui fis mille
compliments, jurant que ni le Cid ni Bernardo n'a-
vaient rien fait en comparaifon de lui. Il fauta à ces
mots. « Comment, en comparaifon! s'écria-t-il. Dites
encore, par Dieu! ni Garcia de Paredès, ni Julian Romero, ni tant d'autres braves. En dépit du diable, il
n'y avait pas d'artillerie alors, et je jure Dieu que Bernardo ne pourrait pas tenir une heure de ce temps-ci.
Si vous allez en Flandre, mon jeune feigneur, faites-
vous raconter les exploits du Brêche-Dent, et vous
verrez ce qu'on vous dira. — Eft-ce donc vous? lui
demandai-je.

—Eh! qui donc ferait-ce fi ce n'était moi? Ne voyez-
vous pas cette brèche dans ma mâchoire? N'en parlons
pas davantage, il ne fied pas à un homme de chanter
fes propres louanges. »

En difcourant de la forte, nous rencontrîmes un
ermite monté fur un âne et portant une barbe fi longue,

qu'elle traînait dans la boue; il était vêtu de drap gris et paraiſſait exténué. Nous le ſaluâmes avec le *Deo gratias* accoutumé. Il nous fit admirer les blés de la campagne, et ſe mit à louer la miſéricorde du Seigneur. « Ah! mon père, interrompit le ſoldat en ſautant, j'ai vu

venir ſur moi les piques plus épaiſſes que ces épis; je jure le Chriſt que j'ai fait tout ce que j'ai pu au ſac d'Anvers 4; oui, certes, je jure Dieu... »

L'ermite le pria de ne pas jurer autant. « On reconnaît bien, mon père, que vous n'avez pas été ſoldat, puiſque vous me reprochez ce qui eſt mon état. »

J'éclatai de rire en voyant en quoi il faisait consister l'art militaire, et je compris que c'était quelque coquin, car il n'est point d'habitude plus détestée parmi les soldats de cœur et de mérite, si elle ne l'est parmi tous.

Nous arrivâmes aux gorges du port; l'ermite récitait ses prières sur un chapelet qui valait son pesant de bois et qui ressemblait à un jeu de boules; le soldat, de son côté, comparait les rochers aux châteaux qu'il avait vus ; il en examinait le côté fort et le côté faible, et indiquait où il faudrait y placer de l'artillerie. Je les regardais tous deux et je craignais autant le rosaire de l'ermite avec ses grains énormes, que les mensonges du soldat. « Oh ! disait celui-ci, comme je ferais sauter avec de la poudre une partie de cette gorge ! Quel grand service je rendrais aux voyageurs ! »

Nous arrivâmes ainsi à Cerecedilla à la chute du jour, nous entrâmes tous les trois dans une hôtellerie où nous demandâmes à souper. C'était un vendredi. « Amusons-nous un peu en attendant, dit l'ermite, car l'oisiveté est la mère de tous les vices; jouons des *Ave Maria.* » Et il fit tomber de sa manche un jeu de cartes. La proposition me fit rire, et je regardais les grains du chapelet. « Jouons plutôt amicalement, dit le soldat, jusqu'à cent réaux que j'ai sur moi. — J'en risquerai autant, m'écriai-je, alléché par l'espoir du gain. »

L'ermite accepta pour ne pas nous désobliger. « J'ai sur moi, dit-il, l'huile de la lampe [5], qui monte à environ deux cents réaux. »

Je me flattai d'être la chouette qui boirait son huile, mais je souhaite au Turc que tous ses projets réussissent de la sorte. Nous choisîmes le lansquenet, et, ce qu'il y eut de bon, c'est que l'ermite feignit de ne pas connaître le jeu, et nous pria de le lui enseigner. L'innocent homme nous laissa faire deux levées, après quoi il nous mena de telle sorte, qu'il fit en peu d'instants table nette. C'était pitié de voir comme le fripon raflait tout du creux de la main, et recueillait de notre vivant notre héritage; il avait perdu une mise pour nous en reprendre douze. A chaque coup, le soldat lâchait douze jurons, autant de malédictions et de blasphèmes. Moi, je me rongeais les ongles, pendant que le frère ufait les fiens fur ma monnaie; il n'y avait pas de faint que je n'invoquaffe.

Il nous pluma complètement; il m'enleva fix cents réaux, tout ce que j'avais, et au foldat les cent qu'il avait offerts. Nous lui propofâmes de continuer fur gages; il répondit que ce n'avait été qu'un paffe-temps, que nous

étions fon prochain et qu'il ne voulait pas nous gagner davantage. « Je vous donnerai maintenant un confeil, ajouta-t-il : ne jurez plus; voyez, je me fuis recommandé à Dieu, et cela m'a porté bonheur. »

Nous ne foupçonnions pas l'habileté de fes doigts e nous le crûmes; le foldat jura, mais de ne plus jouer jamais, et je fis comme lui. « Vive Dieu! difait le pauvre sergent, — il me confia que c'était là son grade, — je me suis vu au milieu des luthériens et des Maures, et jamais je n'ai été dépouillé de la sorte. »

L'ermite riait de tout cela et retourna à son rosaire; moi, qui n'avais plus un maravédis, je lui demandai de nous faire souper et de nous défrayer tous les deux jusqu'à Ségovie, puisque nous étions à sec. Il me le promit, et commanda soixante œufs pour notre souper. Puis il demanda à se coucher.

On nous mit dans une salle avec d'autres, parce que les chambres de l'hôtellerie étaient occupées. Je me couchai fort triste; le soldat appela l'hôte, le pria de lui garder ses papiers avec la boîte de fer-blanc qui les renfermait et un paquet de chemises hors de service. L'ermite se recommanda à Dieu pendant que nous le recommandions au diable. Il s'endormit, et je restai éveillé, cherchant un moyen de lui reprendre mon argent. Le sergent ronfla bientôt, rêvant à ses cent réaux.

A l'heure du lever, le sergent demanda de la lumière, on en apporta; l'hôte apporta aussi la boîte, mais il oublia les papiers. Le pauvre sergent se mit à remplir la maison de cris, réclamant ses services. L'hôte tout troublé lui demanda quel service il voulait, et, entendant toute autre chose, nous fit apporter des bassins. Le soldat, en chemise, l'épée à la main, se mit à poursuivre l'hôte, en menaçant de le tuer, lui reprochant de s'être moqué de lui, disant qu'il avait été à la bataille navale de Saint-Quentin et à d'autres, et qu'il voulait ses papiers. Nous faisions tout notre possible pour le retenir. L'hôte répondait qu'il n'avait pas compris, qu'il n'était pas obligé de savoir qu'en langage soldatesque on appelât services les papiers qui constatent les hauts faits. Enfin, le tumulte se calma et nous retournâmes dans la chambre.

L'ermite, fort inquiet, était resté au lit, disant que ce tapage lui avait fait mal. Enfin, il paya pour nous, et nous continuâmes ensemble notre route vers le port, fort mécontents, le Brèche-Dent et moi, de cette aventure de l'ermite et de n'avoir pu lui reprendre notre argent.

En chemin nous rencontrâmes un Génois, un de ces

antéchrifts des finances d'Espagne, qui montait au port suivi d'un page portant son parasol. Il avait l'air fort riche. Nous liâmes conversation avec lui; tout pour lui était matière à maravédis; cette race-là est née pour nos bourses. Il se mit à parler de Besançon, à se demander s'il fallait ou non donner de l'argent à Besançon. Il en parla tant, que le soldat et moi lui demandâmes quel était ce cavalier. Il ſe mit à rire et nous dit que Beſançon était une ville d'Italie où ſe réuniſſaient les gens d'affaires, ceux que nous appelons les négociants de plume, ceux qui déterminent le prix que vaut la monnaie. Il cauſa avec nous en chemin, nous diſant qu'il était perdu, parce que dans un change on l'avait fruſtré de plus de ſoixante mille écus, et il parlait toujours de ſa conſcience ; mais la conſcience des marchands, c'eſt comme virginité de perruche, qui ſe vend ſans y être. Pas un des hommes de ce métier n'a de conſcience, parce que, ayant entendu dire qu'elle mord, ils s'arrangent pour la laiſſer, en naiſſant, avec le cordon ombilical.

Avec toutes ces converſations, nous arrivâmes en vue de Ségovie ; mes yeux s'en réjouirent, malgré ma mémoire qui n'était pas d'accord avec mon cœur, au ſouvenir des hiſtoires de Cabra. J'arrivais du reſte un peu méconnaiſſable de ce que j'étais en partant ; j'avais grandi, j'étais bien vêtu, et ma barbe commençait à poindre.

A la porte de la ville, mon cœur ſe ſerra, parce que je vis mon père qui attendait ſur le côté du chemin. Je pris congé de mes compagnons, me demandant qui connaîtrait mon oncle dans la ville, à part le gibet, et ne ſachant à qui m'adreſſer. Je demandai Alonſo Ramplon à beaucoup de perſonnes, mais aucune ne put me répondre ; il leur était inconnu. J'éprouvai un inſtant de bonheur de rencontrer à Ségovie autant d'hommes de bien.

J'en étais là, lorſque, dans une rue voiſine, j'entendis le précurſeur des hautes œuvres qui jouait du goſier[6] ; mon oncle faiſait des ſiennes. Je vis, en effet, venir une proceſſion d'hommes, nus juſqu'à la ceinture et ſans capuchon, marchant devant mon oncle, qui, un fouet à la main, chantonnait une chaconne en s'accompagnant fur le dos de cinq de ces malheureux inftruments à corde 7. Je regardais défiler le cortège, avec un individu auquel je m'étais donné pour un noble cavalier; l'oncle lève les yeux en paffant auprès de moi, il me voit, s'avife de me reconnaître, et fe jette à mon cou en m'appelant fon neveu. Je crus que j'allais mourir de honte, et je n'ofai me retourner pour prendre congé de mon voifin. « Viens avec moi, me dit mon oncle, et quand j'en aurai fini avec ces gens-là, nous rentrerons enfemble et tu dîneras avec moi. » Moi qui étais à cheval et qui au milieu de cette bande aurais eu l'air d'un peu moins que ces pauvres battus, je répondis à mon oncle que je l'attendrais. J'étais fi confus de cette rencontre, que, fi le recouvrement de mon bien n'avait pas dépendu de lui, je ne l'aurais revu de ma vie. Mon oncle acheva de repaffer les épaules de fes patients, revint me chercher et me conduifit chez lui, où je me repofai et nous dînâmes.

CHAPITRE XI

PABLO EST PARFAITEMENT REÇU PAR SON ONCLE, QUI LE PRÉSENTE A SES AMIS. IL RECUEILLE SON HÉRITAGE ET REPREND LE CHEMIN DE LA CAPITALE

C'ÉTAIT dans la maison d'un porteur d'eau, près de l'abattoir, que demeurait mon bon oncle; nous entrâmes. « Mon logis n'eſt pas un palais, me dit-il; mais je vous aſſure, neveu, qu'il convient parfaitement à mes affaires. »

Nous montâmes par un efcalier dans lequel je m'engageai avec inquiétude, ne fachant ce qui m'adviendrait en haut, tant il reffemblait à l'efcalier de la potence. Nous pénétrâmes dans une chambre fi baffe, qu'il fallait prefque y marcher la tête courbée, comme les gens qui reçoivent la bénédiction. L'oncle accrocha fon fouet à un clou, parmi d'autres auxquels pendaient des cordes, des liens, des couteaux, des crochets et d'autres inftruments du métier. Dieu fait quel était ce fpectacle de l'abjection de mon oncle. « Tu n'ôtes pas ton manteau, me dit mon oncle. Affieds - toi donc. — Merci, mon  oncle, lui répondis-je tout préoccupé, je n'en ai pas l'habitude. — Sais-tu que tu as du bonheur de m'avoir rencontré en femblable occafion? Tu dîneras bien; j'ai des amis que je traite aujourd'hui. »

En ce moment la porte s'ouvrit, et je vis entrer un de ces hommes qui s'en vont par les rues quêtant pour les âmes du purgatoire; il était vêtu d'une robe violette qui lui defcendait jufqu'aux pieds, et portait une tirelire qu'il faifait fonner. « Mes âmes, dit-il à mon oncle, m'ont autant rapporté aujourd'hui qu'à toi tes fouettés. »

Ils fe prirent tous deux la barbe, et l'homme aux âmes, retrouffant fa robe et montrant des jambes cagneufes couvertes de grègues de toile, fe mit à danfer, en demandant fi Clémente était venu. « Pas encore, » dit mon oncle.

Au même inftant, et à point nommé, parut, enveloppé dans un capuchon et chauffé de fabots, un chanfonnier de glands, je veux dire un porcher. Je le reconnus — pardonnez-moi le mot — à la corne qu'il portait à la main ; il aurait dû l'avoir à la tête, pour être felon l'ufage. Le porcher nous falua à fa manière. Derrière lui venait un mulâtre gaucher et louche ; il avait un chapeau plus large qu'un parafol, un manteau plus ample qu'un noyer, une épée avec plus de gardes qu'il n'en eft autour d'un roi, et un juftaucorps de buffle.

Il avait un vifage de marque, car il était tout faufilé d'eftafilades. Il entra, falua tout le monde et prit place. « Sur ma foi, Alonfo, dit-il à mon oncle, vous avez reçu ce matin bonne paye de vos deux patients, le manchot et le filou. — J'avais, parbleu, bien donné quatre ducats [1] à Frechilla, le bourreau d'Ocagna, dit en fautant le frère quêteur, pour qu'il aiguillonnât fon âne et qu'il ne prît pas fon fouet à trois brins, lorfqu'on me careffa l'échine. — Vive Dieu! fit le recors, j'avais mieux payé que cela Lobrefno à Murcie; mais fa bourrique imitait le pas de la tortue, et le gueux m'appliqua fes coups de fouet de telle forte, que j'en revins couvert

d'ampoules. — Mes épaules, s'écria le porcher en les fecouant, ont encore leur virginité. — A chaque porc vient la Saint-Martin, répondit le frère quêteur. — Je puis certifier, reprit mon bon oncle, que parmi tous ceux qui manient l'efcourgée, je ne donne que ce que je dois au patient qui fe recommande à moi. Ceux d'aujourd'hui m'ont donné foixante réaux, et ils ont été fouettés en amis, avec un fimple fouet. »

Quand j'eus reconnu quelle honorable fociété recevait mon oncle, je me mis à rougir, et il me fut impoffible de le diffimuler. Le recors s'en aperçut. « Eft-ce là, dit-il à mon oncle, le clerc qui a pâti l'autre jour, et à qui vous avez renfoncé les épaules ? »

Je répondis que je n'étais pas homme à être traité de la forte. Mon oncle fe leva. « C'eft mon neveu, répondit-il ; il eft maître ès fciences à Alcala, et grand fuppôt de l'univerfité. »

Ils m'offrirent leurs excufes, et me firent les plus grandes politeffes. J'étais impatient de dîner, de recevoir mon argent et de quitter mon oncle !

On mit la table, et en attachant un chapeau au bout d'une corde, comme font les prifonniers pour demander l'aumône, on le defcendit à une gargote qui était derrière la maifon. On le ramena avec le dîner fervi dans des morceaux de plat, des affiettes écornées et des teffons de cruche. Je laiffe à penfer combien j'étais humilié. Nous prîmes place autour de la table, le quêteur au haut bout, et les autres fans ordre. Je ne faurais dire ce que nous mangeâmes ; c'étaient toutes chofes à faire boire ; il n'y avait pas trace d'eau, et perfonne n'en demanda. Il nous vint d'en bas cinq petits pâtés à quatre fous; l'un des convives prit un goupillon, on leva les croûtes, et tous dirent un répons et un *requiem œternam* pour l'âme du défunt à qui cette chair avait appartenu. « Vous vous fouvenez, neveu, me dit mon oncle, de ce que je vous ai écrit au fujet de votre père? » Je m'en fouvins en effet; je laiffai les autres manger, et maintenant encore, quand je vois des petits pâtés, je récite un *Ave Maria* pour l'âme du malheureux. On fe mit après deux jarres de vin. Le recors et le quêteur burent de telle forte, et s'arrangèrent fi bien, que l'un prit un plat de faucilles, qui étaient noires comme des doigts de nègre, pour des mèches à feu affaifonnées.

Mon oncle avait la voix rauque, un œil à moitié endormi, et l'autre qui nageait dans le vin. « Neveu, me dit-il, par ce pain que Dieu a fait à fon image, je n'ai jamais mangé de ma vie meilleure viande noire. » Le recors, allongeant la main, prit la falière, difant : « Ce bouillon eft chaud. » Le porcher, difant que l'anis était bon pour faire boire, prit une poignée de fel et l'avala tout entière. Je riais et en même temps je ragcais. On

apporta du bouillon : le quêteur en prit une écuelle à deux mains pour fe le verfer dans la bouche, mais il la porta vers fa joue, elle fe renverfa, et il s'inonda de bouillon de la tête aux pieds. Voyant cela, il fe leva brufquement, et comme il avait la tête lourde, il s'appuya fur la table; la table, qui n'était pas folide, chavira et tomba fur les autres. Il difait, pour excufe, qu'il avait été pouffé par le porcher. Celui-ci, croyant qu'on

lui tombait deffus, fe leva, et, prenant fon inftrument de corne, en afféna un bon coup à l'autre. Ils en vinrent aux coups de poing, et, comme ils fe tenaient tous deux, le quêteur mordit le porcher à la joue. Un haut-le-corps prit à celui-ci, qui rendit au nez de fon adverfaire tout ce qu'il avait mangé. L'oncle, et c'était le moins ivre de la compagnie, demandait qui lui avait amené tout ce monde.

Moi, voyant que les coups fe multipliaient, je féparai les deux combattants, et je ramaffai le recors qui pleurait à chaudes larmes. Mon oncle fe confondait en falutations à un chandelier de bois qu'il prenait pour un convive ; je le pouffai fur fon lit. J'ôtai la corne au porcher, qui, pendant que les autres dormaient, voulait toujours y fouffler, prétendant que perfonne ne favait toucher de l'orgue comme lui.

Je reftai là jufqu'à ce que je les euffe vus endormis, alors je fortis de la maifon et je paffai toute l'après-dînée à parcourir ma ville natale. J'allai chez Cabra, et j'appris que le licencié était mort. Je ne demandai pas de quoi, fachant qu'il y a la faim de par le monde.

A la nuit, quatre heures après, je retournai à la maifon, et je trouvai l'un des convives qui fe promenait à quatre pattes en cherchant la porte, et en difant qu'il n'y en avait plus dans la maifon. Je le relevai et lui montrai le chemin. Je laiffai dormir les autres jufqu'à onze heures de la nuit. Quand ils fe réveillèrent, l'un demanda quelle heure il était. Le porcher répondit que c'était l'heure de la fiefte et qu'il faifait bien chaud. Le quêteur demandait fon capuchon, difant que les âmes étaient bien heureufes de l'avoir pour protecteur, et, s'étant levé, au lieu d'aller à la porte, il alla à la fenêtre, et voyant des étoiles, il appela les autres, difant que le ciel était étoilé en plein midi et qu'il y avait une éclipfe. Tous fe fignèrent et baifèrent la terre. Cette fottife du quêteur me fcandalifa beaucoup ; je me promis de me garder de vivre avec de pareilles gens, et de rechercher les hommes bien élevés. Je parvins à les renvoyer tous un à un, et, refté feul avec mon oncle, qui n'était pas complètement ivre, je le forçai à fe déshabiller et à fe coucher. Je m'étendis dans un coin fur mes vêtements et fur quelques vieilles hardes de gens expédiés pour l'autre monde, et nous paffâmes ainfi la nuit.

Le lendemain matin je témoignai à mon oncle l'impatience que j'éprouvais de recueillir mon héritage; il me répondit qu'il était rompu, et qu'il ne favait pas de quoi. Il tira une jambe, puis fe leva, et nous parlâmes de mes affaires. J'eus de la peine, parce qu'il avait la tête dure. Je l'amenai enfin à me rendre compte de ce qui m'appartenait, et il me fit connaître que je trouverais trois cents ducats que mon père avait gagnés de fes propres mains, et qu'il avait confiés à une bonne femme, à l'ombre de laquelle on volait à dix lieues à la ronde. Je vous dirai que je trouvai et que je recouvrai mon argent, que mon oncle n'avait ni bu ni gafpillé. C'était beaucoup de la part d'un homme auffi abruti; mais il s'était dit qu'avec cet argent je pouvais travailler, fubir des examens, me faire graduer, devenir même cardinal; il croyait cela facile, lui qui faifait tant de cardinaux [2]. « Pablo, mon fils, me dit-il lorfque j'eus empoché le magot, tu auras grand tort, fi tu ne profites pas et fi tu n'es pas honnête homme, car tu as de qui tenir. Te voilà riche, je fuis là pour le refte; ce que j'ai et ce que je gagne, je te le deftine. »

Je le remerciai vivement de fes offres. Nous employâmes la matinée à faire des projets et à vifiter fes convives de la veille. Mon oncle, le porcher et le quêteur pafsèrent toute l'après-midi à jouer aux offelets. Le quêteur jouait des meffes comme il aurait joué autre chofe. Il fallait les voir, comme ils mêlaient les offelets, comme ils les faifaient fauter, et les rattrapaient en l'air. C'était pour eux un moyen comme un autre de s'exciter à boire, et il y avait une jarre au milieu d'eux. A la nuit, ils s'en allèrent, et nous nous couchâmes, mon oncle et moi, chacun dans fon lit, attendu qu'il m'avait procuré un matelas.

Au point du jour, avant que mon oncle ne fe réveillât, je me levai fans bruit, je fortis fans qu'il m'entendît, je fermai la porte en dehors et rejetai la clef par une chatière. J'allai me réfugier dans une hôtellerie, afin d'attendre une occaſion pour aller à Madrid. Je lui laiſſai dans ſa chambre une lettre fermée dans laquelle je lui annonçais mon départ; je lui en diſais les motifs, et je le priais de ne pas me chercher, parce que j'étais réſolu à ne plus le voir.

CHAPITRE XII

FUITE DE SÉGOVIE. — UNE BELLE RENCONTRE ET UNE
BELLE CONNAISSANCE

UN muletier partait le matin même de l'hôtellerie, avec des bagages, pour Madrid. Il avait un âne que je lui louai, et j'allai l'attendre à la sortie de la ville. Je me mis en route, me disant à part moi : « Restant ici, tu feras un vaurien, la honte des gens de bien, un coupeur de gorges. » Je me disais qu'allant à Madrid, où personne ne me connaissait, ce qui m'allait à merveille, je tirerais parti de mon industrie et de mon intelligence. Je réfolus de laiffer là l'habit de l'univerfité pour endoffer l'habit court et le coftume à la mode. Mais revenons au fait, et voyons un inftant ce que faifait mon oncle en prenant connaiffance de ma lettre, que voici :

« Seigneur Alonfo Ramplon, Dieu m'a fait plufieurs grâces fignalées; il a rappelé à lui mon bon père ; il a renfermé ma mère à Tolède, d'où elle ne fortira probablement qu'en fumée; il ne me manque plus que de voir faire de votre perfonne ce que vous faites de celles des autres. Je veux et prétends être le feul de ma race ; deux, c'eft impoffible, à moins que je ne tombe entre vos mains et que vous ne me mettiez en plufieurs morceaux comme votre frère. Ne vous tourmentez pas de moi : je veux oublier que le même fang coule dans nos veines. Dieu vous garde; fervez-le, ainfi que le roi. »

Je n'ai pas befoin de dire quelle dut être la colère de mon oncle en lifant cette lettre et quels blafphèmes il proféra.

Revenons à mon voyage. Je chevauchais fur mon rouffin de la Manche, défirant fort ne rencontrer perfonne, lorfque j'aperçus au loin, venant vers moi, un gentilhomme de bonne mine, botté et éperonné, les chauffes relevées, l'épée ceinte, le manteau rejeté fur l'épaule, un collet de dentelle formant l'éventail, le chapeau fur le côté de la tête. Je penfai que c'était quelque noble cavalier qui avait laiffé fa voiture en arrière, et je le faluai en paffant près de lui. « Seigneur licencié, me dit-il en m'examinant, vous êtes plus à votre aife fur cette bourrique que je ne le fuis avec tout mon élégant appareil. — En vérité, feigneur, lui répondis-je, croyant qu'il voulait parler de fon équipage et de fes laquais, ma monture eft d'une plus douce allure que la voiture, et quelque commode que foit celle que Votre Grâce laiſſe derrière elle, on doit y ſouffrir des cahots et des ſecouſſes du mauvais chemin.— Quelle voiture me ſuit ? » reprit-il d'un air fort ſurpris.

En parlant de la forte, il ſe tourna bruſquement en arrière, et ce mouvement ayant rompu un cordon, le ſeul qui retînt ſes chauſſes, elles lui tombèrent ſur les talons. Me voyant prêt à mourir de rire à ce ſpectacle imprévu, le noble cavalier me pria de lui prêter une aiguillette. Je vis alors qu'il n'avait qu'une bande de chemiſe par devant et rien qu'un demi-rideau par derrière. « Pour Dieu, ſeigneur, lui dis-je, Votre Grâce fera bien d'attendre ſes valets, car je ne puis lui porter ſecours, je n'ai qu'une ſeule aiguillette. — Si vous voulez vous moquer de moi, me répondit-il fa culotte à la main, à la bonne heure ; mais je ne comprends rien à votre hiftoire de valets. »

Je devinai enfin que c'était un pauvre diable, et au

bout d'une demi-lieue que nous fîmes côte à côte, il m'avoua que, fi je ne lui faifais la charité de le laiffer monter un inftant fur mon âne, il lui ferait impoffible d'arriver jufqu'à la capitale, tant il était fatigué de marcher en tenant fes grègues. Emu de compaffion, je mis pied à terre ; mais comme il ne pouvait lâcher fes chauffes, je fus obligé de le hiffer fur la bête, et, dans ce mouvement, je fis d'effrayantes découvertes ; car, dans toute la partie de derrière que couvrait le manteau, les crevés de fon vêtement n'avaient que la peau pour doublure. Dès que mon homme comprit que j'avais vu, il prit bravement fon parti. « Seigneur licencié, me dit-il, tout ce qui reluit n'eft pas or. A mon collet de paffement, à ma preftance, vous avez dû croire que j'étais un comte d'Irlos [1]. Combien y a-t-il dans ce monde de gens qui couvrent ainfi de haillons ce que vous avez touché! — En effet, feigneur, lui répondis-je, je m'étais figuré tout autre chofe que ce que je vois. — Vous n'êtes pas encore au bout; répliqua-t-il; vous pouvez voir fur moi tout ce que je poffède, je n'ai rien de caché. Vous avez devant vous, feigneur, un véritable hidalgo de droit et de fait, de manoir et de fouche montagnarde [2], et fi la nobleffe me foutenait comme je la foutiens, je n'aurais plus rien à défirer. Mais, feigneur licencié, fans pain et fans viande on ne peut faire de bon fang. Par la miféricorde de Dieu nous l'avons tous rouge; mais celui qui n'a rien ne peut être le fils de quelque chofe [3]. Je fuis bien revenu de mes titres de nobleffe, depuis qu'un jour, que j'étais à jeun, on ne voulut pas en échange, dans une gargote, me donner feulement deux bouchées, par la raifon qu'ils n'avaient pas de lettres d'or [4]. Mieux vaudrait de l'or fur des pilules que fur des lettres, il produit davantage, et il y a peu de lettres aujourd'hui qui vaillent de l'or. J'ai vendu jufqu'à ma fépulture, je n'ai pas un coin fur lequel je puiffe tomber mort. Les biens de mon père Toribio Rodriguez Vallejo Gomez de Ampuero, — il portait tous ces noms, — ont difparu dans une banqueroute; il ne m'eft refté à vendre que le *don*, et je fuis affez malheureux pour ne trouver perſonne qui en ait beſoin ; car ceux qui ne l'ont pas avant leur nom le mettent après, tels que Bourdon, Cordon, Chardon, Brandon, Corindon et tant d'autres [5]. »

Je confeſſe que les triſtes aventures du pauvre hidalgo étaient racontées d'une manière ſi plaiſante, que je m'en amuſai beaucoup. Je lui demandai comment il ſe nommait, où il allait et pourquoi faire ? « Je porte, me dit-il, tous les noms de mon père et plus encore : don Toribio Rodriguez Vallejo Gomez de Ampuero et Jordan. »

Il était peu de noms qui ſonnaſſent mieux ; celui-ci commençait par *don* et finiſſait par *dan*, comme le ſon des cloches. « Je vais à Madrid, ajouta-t-il ; un fils aîné de famille, auſſi râpé que moi, ne peut pas tenir deux jours dans un petit pays ; dans la capitale, au contraire, le centre et la patrie de tous, il y a table ouverte pour les eſtomacs aventureux ; dès que j'y ſuis, j'ai toujours cent réaux dans ma bourſe, un lit, un dîner, voire même quelques plaiſirs défendus. L'induſtrie, dans la grande ville, eſt comme la pierre philoſophale, elle change en or tout ce qu'elle touche. »

A ce langage, je vis le ciel s'ouvrir, et, par forme de converſation, pour charmer les ennuis de la route, je priai l'hidalgo de me raconter comment et avec qui vivaient dans la capitale ceux qui, comme lui, n'avaient rien, car il me ſemblait également difficile de ſe contenter de ce qu'on avait, et de ſe procurer ce qui appartenait aux autres. « Ces deux mérites, me dit-il, ont, mon enfant, de nombreux adeptes ; l'adreſſe eſt une clef ſouveraine, elle ouvre toutes les volontés. Tu me croiras ſans peine quand je t'aurai raconté ma manière de vivre et les reſſources auxquelles j'ai recours ; écoute-moi, et tu n'auras plus aucun doute.

CHAPITRE XIII

LE GENTILHOMME CONTINUE SON CHEMIN. L'HISTOIRE DE
SA VIE ET DE SES MŒURS.

Tu fauras d'abord, mon enfant, que, dans la capitale, il y a tous les extrêmes, le plus fpirituel et le plus fot, le plus riche et le plus pauvre. Les méchants s'y cachent, les bons y font inaperçus ; enfin, on y rencontre plufieurs claffes d'individus comme moi, auxquels on ne connaît ni biens, ni meubles, ni relations, ni origine. Nous nous diftinguons entre nous fous divers noms; nous avons les chevaliers de rencontre, les malotrus, les bavards, les exténués, les affamés. C'eft l'induftrie qui nous dirige tous ; nous favons par-deffus tout vivre l'eftomac vide ; car rien n'eft pénible comme d'attendre fon dîner d'autrui [1]. Nous fommes la terreur des feftins, la vermine des gargotes, les conviés par force. Nous vivons fouvent d'air, et nous vivons contents ; nous fommes gens à nous fuffire d'un poireau, et nous difons ne nous nourrir que de chapons. Si quelqu'un vient nous voir, il trouvera notre appartement rempli d'os de mouton, de volailles, d'épluchures de fruits, la porte embarraffée de plumes et de peaux de lapereau. Tout cela, nous le ramaffons de nuit dans les rues pour en faire étalage de jour; nous querellons notre hôte : « Se peut-il donc que je ne fois pas affez maître chez moi pour obliger cette fervante à balayer ? Pardonnez-moi, feigneur; des amis ont dîné ici, et ces valets... » Celui qui ne nous connaît pas prend cela pour argent comptant, et demeure perfuadé que nous avons donné un grand repas.

« Vous dirai-je notre manière de manger chez les autres ? Pour peu que nous ayons parlé à quelqu'un une demi-fois, nous favons fa demeure, et nous tombons chez lui à l'heure où il fe met à table. Nous difons que nous fommes amenés par l'affection que nous lui portons comme à l'homme du monde le plus aimable et le plus fpirituel. S'il nous demande fi nous avons dîné, nous répondons franchement que non; s'il nous invite, et s'il n'a pas commencé, nous n'attendons pas une feconde invitation, parce que de telles façons nous ont plus d'une fois expofés à jeûner; s'il a commencé, nous répondons que nous avons dîné ; mais lors même qu'il ferait fort habile à découper la volaille, le pain, la viande ou quoi que ce foit, nous trouvons là une occafion toute naturelle d'avaler quelques bouchées. — « Que Votre Grâce me permette, difons-nous, de lui fervir de maître d'hôtel. Le duc de...., Dieu veuille avoir fon âme! — et nous avons grand foin de nommer un duc, ou un comte, ou un marquis parti pour l'autre monde, — prenait plus grand plaifir à me voir découper qu'à manger. »

« Cela dit, nous prenons la pièce, un couteau, et nous la dépeçons en petits morceaux. — Dieu! que cela fent bon! nous écrions-nous. Ce ferait faire outrage à votre cuifinière que de n'en pas goûter; elle a une main habile! Tout en difant cela, nous *goûtons* la moitié du plat, et navet pour navet, porc pour porc, tout paffe fous forme d'effai.

« Si de tels moyens nous manquent, nous recourons à la foupe de quelque couvent; c'eft une reffource toujours affurée [2]. Nous nous gardons bien de la prendre en public; nous y allons en cachette et nous donnons à croire aux moines que nous agiffons plutôt par dévotion que par befoin. Il faut voir l'un de nous dans une maifon de jeu; il rend à tous de petits foins, il mouche les chandelles, il diftribue des cartes, il apporte des vafes de nuit, il chante la bonne fortune de celui qui gagne, tout cela pour un trifte réal d'étrenne [3].

« Nous fommes d'une rare habileté pour tout ce qui regarde notre toilette, avec notre vieille friperie. De même qu'il y a des heures confacrées à la prière, nous en avons auſſi pour nous rapetaſſer. Il faut voir toutes les choſes diverſes dont nous tirons parti. Nous tenons le ſoleil pour notre ennemi déclaré, car il rend viſibles nos pièces, nos repriſes et nos déchirures; le matin, nous nous plaçons devant ſes rayons, le dos tourné et les jambes écartées, et nous voyons ſe projeter ſur le ſol l'ombre de nos haillons, les effilures produites par l'uſure et par le frottement. Alors nous faiſons la barbe à nos chauſſes avec des ciſeaux. C'eſt ſurtout entre les jambes que s'uſe ce vêtement; auſſi enlevons-nous des languettes des régions de derrière pour habiller les régions de devant; il ne nous reſte plus guère que la doublure par derrière, mais le manteau ſeul le ſait, et nous nous gardons des jours où il fait du vent, des eſcaliers éclairés ou des promenades à cheval. Nous étudions nos poſtures à contre-jour; lorſqu'il fait clair, nous marchons les jambes ſerrées, nous ne faiſons de révérences qu'avec les chevilles, car, ſi nous écartions les genoux, on découvrirait tout ce fenêtrage.

« Nous n'avons rien ſur le corps qui n'ait été autre choſe et qui n'ait toute une hiſtoire. Pour preuve, voyez ce pourpoint; il eſt fils d'une paire de grègues, petit-fils d'une cape, et arrière-petit-fils d'une capuche, ſouche de la famille; et il ſe transformera ſans doute en ſemelles de bas et en beaucoup d'autres petites choſes. Mes chauſſons furent des mouchoirs, qui furent des eſſuie-mains, qui avaient été des chemiſes, iſſues de draps de lit. Devenu chiffons, tout cela ſe transforme en papier; ſur le papier nous écrivons, puis nous en faiſons de la cendre pour renoircir les ſouliers; nous en avons vu d'incurables revenus à la vie par de ſemblables médicaments.

« Le ſoir, nous fuyons les lumières, de crainte qu'on

ne voie que nos manteaux font chauves et nos pourpoints imberbes. Hélas! ils n'ont pas plus de poils qu'un caillou; Dieu a jugé à propos de nous en donner au menton et de le refuser à nos habits. Nous ne mettons jamais le pied chez les barbiers, et, pour éviter la dépense, nous nous rafons les uns les autres, fuivant le précepte de l'Évangile : *Aidez-vous comme de bons frères*. Nous avons grand foin de ne pas fréquenter les mêmes maifons que nos camarades, et de nous informer, avant de contracter une nouvelle relation, fi nous n'allons pas fur les brifées de l'un des nôtres. Nous y mettrions bientôt la famine, avec la rage d'eftomac qui nous poffède tous.

« Nous fommes obligés à monter à cheval par les rues de la ville une fois par mois, ne fût-ce que fur un âne, et à aller une fois par an en voiture, quand ce ne ferait que fur le coffre de devant ou fur le marchepied de derrière. Si par hafard nous avons place dans l'intérieur de la voiture, nous avons bien foin de nous mettre à la portière, la tête toute en dehors, faluant tout le monde afin d'être remarqués, parlant à tous nos amis, à toutes nos connaiffances, même à ceux qui regardent d'un autre côté.

« Si nous éprouvons des démangeaifons devant des dames, nous imaginons une multitude de moyens pour nous gratter fans qu'on s'en aperçoive. Si c'eft à la cuiffe, nous racontons que nous avons vu un foldat percé d'outre en outre à cet endroit; nous portons la main à la place qui nous démange et nous nous grattons comme pour indiquer la bleffure. Si nous fommes à l'églife et que ce foit à la poitrine, nous difons le *Mea culpa*, lors même qu'on n'en ferait qu'à l'*Introïbo*. Si c'eft au dos, nous nous adoffons à la muraille, nous feignons de nous lever pour voir quelque chofe, et nous nous frottons.

« Au menfonge maintenant! Jamais il n'y a de vérité

dans notre bouche; nous entremêlons notre converfation de ducs, de comtes, les uns comme amis, les autres comme parents, en ayant foin de dire qu'ils font tous morts ou fort éloignés. Jamais, notez bien cela, nous ne nous amourachons que *de pane lucrando;* nous fuyons les dames qui font les sucrées, quelque jolies qu'elles soient; nous ne faisons de cour assidue qu'aux cabaretières pour notre pitance, aux hôtelières pour notre logis, aux blanchisseuses pour nos collets et nos fraises; ce sont des créancières peu exigeantes, et, quelle que soit notre manière de payer, elles sont satisfaites.

« Vous voyez mes bottes; croiriez-vous qu'elles sont à cru et à poil sur mes jambes, sans bas ni autres intermédiaires ? A voir ce col, pouvez-vous penser que je n'ai point de chemise ? Un cavalier peut se passer de bas et de chemise, seigneur licencié, mais d'un collet ouvert et amidonné, jamais. D'abord, parce que c'est un élégant ornement pour sa personne ; ensuite, parce qu'après l'avoir porté des deux côtés, après l'avoir tourné et retourné, il trouve dans l'amidon, en le suçant avec soin, un aliment fort convenable. En un mot, seigneur licencié, un cavalier de notre ordre doit manquer de tout, et il vit ainsi au milieu de notre capitale. Tantôt il est dans la prospérité, roulant sur l'or; tantôt il est sur un lit d'hôpital; après tout, il vit, et celui qui sait se tirer d'affaire est le roi du peu qu'il possède. »

Les étranges doctrines de l'industrieux cavalier, cette manière originale de vivre, me frappèrent et m'étonnèrent de telle sorte, que, tout en riant et tout en devisant, nous arrivâmes jusqu'à las Rosas, où nous passâmes la nuit. J'engageai l'hidalgo à souper avec moi, car il n'avait pas un blanc [4], et d'ailleurs je me sentais redevable envers lui pour ses théories et ses conseils, qui m'avaient ouvert les yeux sur bien des choses et me donnaient un goût fort prononcé pour cette existence aventurière.

Je lui fis part de mes résolutions avant que de nous

coucher ; il m'embraſſa mille fois, me difant qu'il n'avait jamais douté que ces préceptes ne produifiſſent une vive impreſſion fur un homme d'autant de fens que moi. Il m'offrit fes fervices pour m'introduire à Madrid, au milieu de fes confrères en induſtrie, et pour m'obtenir l'hofpitalité chez eux. J'acceptai, et j'eus bien foin de ne pas lui parler de l'argent que je poſſédais, fi ce n'eſt de cent réaux, qui fuffirent, avec les fervices que je lui avais rendus et que je lui rendais encore, à m'acquérir fon amitié. J'achetai pour lui à notre hôtelier trois aiguillettes, avec lefquelles il fe rattacha. Nous paſſâmes une bonne nuit, et nous nous levâmes de bonne heure, pour gagner Madrid.

CHAPITRE XIV

CE QUI ADVIENT A PABLO LE JOUR DE SON ARRIVÉE A MADRID

Nous fîmes notre entrée dans la capitale à dix heures du matin, et nous allâmes deſcendre, ainſi que nous en étions convenus, au logis des amis de don Toribio. Nous arrivâmes à la porte, il frappa. Une petite vieille, bien vieille et bien pauvrement couverte, vint nous ouvrir. L'hidalgo demanda ſes amis; la vieille répondit qu'ils étaient allés chercher leur vie. Nous restâmes seuls jusque vers midi, passant notre temps, lui à me vanter les charmes de la vie à bon marché, moi à tout étudier.

A midi et demi, je vis entrer une espèce de spectre,  portant de la tête aux pieds une longue soutane noire, plus râpée que sa conscience. Don Toribio et lui parlèrent quelques instants en jargon de Bohême [1]; puis, le nouveau venu vint m'embrasser et m'offrir ses services. Après quelques instants de conversation, il tira de sa poche un gant dans lequel étaient seize réaux, puis une lettre à l'aide de laquelle il disait les avoir recueillis. Cette lettre était une autorisation de quêter pour une pauvre femme. Il vida son gant, en tira un autre et les plia ensemble comme font les médecins. Je lui demandai pourquoi il ne les mettait pas; il me répondit qu'ils étaient tous deux de la même main; moyen habile d'avoir des gants. Je m'aperçus qu'il conservait son petit manteau et que sa soutane restait fermée. Etant nouveau et voulant apprendre, je lui demandai pourquoi il s'enveloppait avec tant de soin. « Mon fils, me répondit-il, j'ai au dos une énorme chatière, une pièce d'étamine blanche, et une tache d'huile; ce morceau de manteau cache tout cela, et je puis sortir de la sorte. »

Alors il jeta bas fon manteau, et je remarquai que fous fa foutane il portait un gros paquet; je penfai que c'étaient des chauffes, parce que cela y reffemblait, lorfque, comme il fe retrouffait pour aller s'épouiller, je reconnus que c'étaient deux rouleaux de carton qu'il portait attachés à fa ceinture et qui lui entouraient les cuiffes de manière à remplir le vide de fon coftume; car il n'avait ni chemife ni grègues, et il avait par

conféquent bien peu à épouiller, puifqu'il allait à peu près nu..... Il entra dans l'épouilloir, et pour qu'il n'y vînt perfonne, il retourna une pancarte qui fe trouvait à la porte, comme il y en a dans les facrifties, et qui difait : « Il y a quelqu'un ici. » Je louais Dieu en voyant quel don il a fait à l'homme en lui donnant l'induſtrie, après lui avoir ôté la richeſſe.

« J'arrive de voyage, diſait mon ami, avec une grande maladie à mes chauſſes, et je voudrais bien me mettre à les raccommoder. Avons-nous ici quelques morceaux? — Seigneur, lui répondit la vieille, qui chaque ſemaine paſſait deux journées à ramaſſer des chiffons par les rues, comme on fait pour le papier, afin de traiter les maladies incurables de ſes maîtres, ſeigneur, nous n'en avons pas, et voici quinze jours que, faute de morceaux, don Lorenzo Iniguez del Pedroſo reſte dans ſon lit avec une maladie du pourpoint. »

Sur ces entrefaites, parut un autre; il avait des bottes de voyage, un habillement gris et un chapeau dont les bords étaient relevés des deux côtés. Les deux premiers lui dirent le motif de ma préſence; et il me parla avec beaucoup d'affection. Il quitta ſon manteau, ſous lequel il portait (qui aurait pu s'attendre à cela?) un pourpoint en drap gris par devant et toile blanche par derrière et le deſſous à cru. Je ne pus m'empêcher de rire. « Vous vous ferez aux armes, me dit-il avec le plus grand ſang-froid, et vous ne rirez plus; je parie que vous ne ſavez pas pourquoi je porte ainſi mon chapeau avec l'aile relevée? — C'eſt par galanterie ſans doute et pour mieux attirer les regards. — C'eſt, au contraire, reprit-il, pour les détourner; ſachez que mon chapeau n'a pas de coiffe, et que de la ſorte on ne le voit pas. »

Diſant cela, il tira de ſes poches plus de vingt lettres et autant de réaux, en diſant qu'il n'avait pu donner celles-là. Ces lettres étaient toutes écrites de ſa main, il y mettait une ſignature quelconque; chacune était taxée à un réal de port; il y écrivait des nouvelles qu'il inventait, et les portait lui-même, dans ce coſtume, à des perſonnes de qualité, réclamant le port. Et il faiſait cela chaque mois. J'étais tout ébahi de cette vie nouvelle.

En ce moment entrèrent deux autres. L'un portait un pourpoint de drap à la vallonne fort large, une cape de même étoffe, avec le collet relevé, afin de cacher ſa collerette qui était déchirée. Ses hauts-de-chauſſes étaient en camelot, du moins la partie qui était à découvert,

et le reſte était en ſerge rouge. Il ſe querellait avec l'autre, qui avait un rabat en place de collet, des poires à poudre en guiſe de manteau [2], une béquille, une jambe enveloppée de chiffons et de peaux, parce qu'il n'avait qu'une ſeule chauſſe. Il ſe diſait ſoldat et il l'avait été ; mais mauvais ſoldat et à l'abri du danger. A l'entendre, il avait rendu de grands ſervices, il avait eu d'étranges aventures, et ſon titre de ſoldat lui donnait entrée partout. « Vous m'en devez la moitié, difait l'homme au large pourpoint, ou tout au moins une groffe part, et fi vous ne me la donnez pas, je jure Dieu... — Ne jurez pas Dieu, interrompit le foldat, car une fois au logis je ne fuis plus boiteux, et je vous appliquerais mille coups avec cette béquille. — Vous me la donnerez. — Je ne vous la donnerai pas. »

Et avec les injures accoutumées, tous deux s'attaquèrent, fe faifirent, et leurs vêtements volèrent en lambeaux au premier choc. Nous accourûmes pour mettre la paix entre eux, et nous demandâmes le fujet de la querelle.

« Vous voulez rire, reprit le foldat; vous n'aurez pas même la moitié. Vous faurez, feigneurs, qu'au moment où nous étions à San-Salvador, un petit garçon, s'adreffant à ce malheureux, lui demanda fi j'étais l'enfeigne Juan de Lorenzana. Celui-ci, remarquant que l'enfant portait quelque chofe, lui répondit affirmativement. « Lieutenant, me dit-il en me l'amenant, voyez ce qu'on vous veut. » Je compris, et je dis à l'enfant que j'étais bien celui qu'il cherchait, et il me remit douze mouchoirs que fa mère adreffait à quelqu'un de ce nom. Maintenant celui-ci m'en demande la moitié; on me mettrait plutôt en morceaux : mon nez feul ufera ces mouchoirs. »

La caufe fut jugée en fa faveur quant à la propriété; mais on ne lui permit pas de s'en fervir, et on lui prefcrivit de les remettre à la vieille, pour le fervice de la communauté, et qu'il en ferait fait des bouts de manche deftinés à repréfenter des chemifes, les ftatuts défendant de fe moucher [3].

La nuit venue, nous nous couchâmes fi ferrés, que nous reffemblions à une collection d'inftruments dans un étui. Nous avions soupé en blanc; la plupart ne quittèrent pas leurs vêtements. En fe couchant ainfi qu'ils allaient de jour, ils obéiffaient encore au précepte qui prefcrit d'être déshabillés pour fe coucher.

CHAPITRE XV

QUI FAIT SUITE AU PRÉCÉDENT, AVEC D'AUTRES ÉVÉNEMENTS
CURIEUX

Dieu fit le matin, et nous nous mîmes fous les armes. J'étais déjà auffi accoutumé avec eux que s'ils euffent été mes frères. — Cette intimité et cette affection apparente font très ordinaires lorfqu'il s'agit du mal. — Il fallait voir l'un fe mettre fa chemife en douze fois, ou en douze morceaux, récitant une prière à chacun comme le prêtre qui s'habille;

l'autre qui égarait une jambe dans les défilés de ſes chauſſes, et qui la retrouvait dans des endroits où il convenait le moins qu'elle ſe montrât; un autre demandait un guide pour entrer dans ſon pourpoint, et

en une demi-heure il n'en pouvait trouver le véritable chemin.

Cela fait, et ce ne fut pas petit spectacle, tous prirent des aiguilles et du fil, l'un pour reprendre une déchirure au pourpoint d'un autre, l'autre pour se recoudre lui-même un accroc sous le bras. Tel à genoux, courbé comme un Z, raccommodait ses chausses; tel encore, qui se mettait une pièce entre les jambes, était roulé comme un œuf et la tête entre les cuisses. Jamais Bosco[1] ne peignit de plus étranges postures. Ils cousaient, et la vieille leur donnait des matériaux, des chiffons, des pièces de toutes couleurs dont elle avait fait collection. L'heure du rapiéçage passée, — c'est ainsi qu'ils l'appelaient, ils se passèrent en revue les uns les autres, afin de reconnaître ce qui était mal réparé; puis ils se disposèrent à sortir. Je demandai alors qu'on me désignât un costume, désirant y consacrer les cent réaux que j'avais et me débarrasser de ma soutane. « Non pas, dirent-ils; votre argent sera versé à la caisse; nous trouverons un costume pour vous dans notre réserve, et nous vous assignerons un quartier de la ville dans lequel vous seul aurez le droit de quêter et de gruger. »

Je trouvai la proposition bonne; je déposai l'argent, et en un instant ma soutane fut coupée, raccourcie et transformée en un pourpoint de deuil; mon manteau fut diminué de moitié, et, en échange de tous les morceaux, on me donna un vieux chapeau reteint, auquel on mit pour ornement quelques cotons d'encrier fort coquettement arrangés. On m'enleva mon collet, puis mes culottes vallonnes, à la place desquelles on me fit mettre des chausses lacées ornées de crevés qui n'étaient pas par devant; les côtés et le fond étaient garnis en chamois. On me donna des demi-bas de soie qui étaient tout au plus des quarts de bas; car ils m'arrivaient à grand'peine à quatre doigts du genou, et ces quatre doigts étaient couverts par une botte juste. On m'ajusta un col décoré d'une foule de jours naturels. « Ce col est défectueux par derrière et sur les côtés, me dit-on en me le mettant. Si une personne seule vous regarde, tournez-vous vers elle comme si elle était le soleil et que vous fussiez l'héliotrope ; si elles sont deux, battez en retraite et faites face ; pour celles qui sont derrière vous, ayez toujours votre chapeau sur l'occiput, de sorte que ses ailes vous couvrent les épaules et vous découvrent le front ; si quelqu'un vous demande pourquoi vous vous mettez de la sorte, répondez que vous voulez être pour tout le monde à visage découvert. »

On ajouta à mon équipement une petite boîte contenant du fil noir, du fil blanc, de la soie, de la ficelle, une aiguille, un dé, un peu de drap, de toile, de satin et d'autres chiffons, puis un couteau. On me fourra dans la ceinture une rapière, puis de l'amadou et un briquet dans une bourse de cuir. « Avec cette boîte, me dit-on, vous pouvez parcourir le monde sans avoir besoin ni d'amis, ni de parents ; elle renferme toutes nos ressources ; prenez et gardez-la. »

On m'assigna le quartier de San-Luis, pour y chercher ma vie, et j'allai y faire ma première journée, mais, comme j'étais novice, on me donna pour initiateur et pour parrain, comme au prêtre qui dit sa première messe, le cavalier qui m'avait enrôlé et introduit.

Nous quittâmes le logis à pas lents, nos rosaires à la main, et nous prîmes le chemin du quartier qui m'était assigné, faisant des politesses à tout le monde. Aux hommes nous ôtions le chapeau, — nous eussions mieux aimé leur ôter le manteau ; aux femmes, nous faisions de profondes révérences. Les femmes aiment les révérences et les paternités encore plus. Mon brave Mentor, disait à l'un : « Demain on m'apporte de l'argent. »

A l'autre : « Ayez patience un jour encore ; mon banquier me paie en paroles. » Celui-ci lui demandait son manteau, celui-là lui réclamait fa ceinture, à quoi je reconnus combien il était l'ami de fes amis, et qu'il n'avait rien qui fût à lui.

Nous allions en ferpentant d'un côté à l'autre de la rue, afin de ne point paffer devant la boutique de quelque créancier. L'un réclamait à don Toribio le loyer de

fon appartement, l'autre le loyer de fon épée, tel celui de fes draps ou de fes chemifes ; à quoi je vis qu'il était un cavalier de louage, comme les mules. Au détour d'une rue, nous vîmes venir de loin un homme qui, au dire de mon parrain, lui arrachait les yeux pour certaine dette, faute de pouvoir lui arracher de l'argent. Afin de n'en être pas reconnu, il amena en avant fes cheveux, qu'il portait derrière les oreilles, se mit un emplâtre sur un œil, et me parla en italien. Il eut le temps de faire tout cela avant l'arrivée de l'autre, qui ne l'avait pas aperçu, étant occupé à bavarder avec une vieille. J'eus grande peur lorsque je vis cet homme tourner autour de mon guide comme un chien qui quête, et faire plus de signes de croix qu'un enchanteur; puis il s'en alla en disant : « Jésus! je croyais que c'était lui. Qui a perdu ses bœufs les reconnaît partout. »

Je mourais de rire à voir la figure de mon ami; il entra sous une porte pour replacer sa chevelure et retirer son emplâtre. « Ceci, me dit-il, est un moyen d'éviter un créancier; apprenez, frère; vous en verrez bien d'autres. »

Nous allâmes plus loin, et au coin d'une rue, comme il était matin, une brave femme nous donna à chacun et gratis, après avoir souhaité la bienvenue à mon professeur, une tranche de conserve et un verre d'eau-de-vie. « Avec cela, me dit-il, un homme au dépourvu peut se passer de manger aujourd'hui, toute la journée; au moins ceci ne nous manque pas. »

Je me sentis fort triste de voir notre nourriture mise en question, et je répondis que j'en étais affligé pour le compte de mon estomac. « Vous avez bien peu de foi, me répondit-il; le Seigneur ne manque jamais ni aux corbeaux, ni aux geais, ni même aux greffiers; pourquoi manquerait-il aux pauvres diables qui ont faim? Vous êtes un homme de peu d'estomac. — C'est vrai, lui dis-je; mais encore faut-il y mettre quelque chose, et je crains d'y mettre moins que rien.

Sur ces entrefaites, midi sonna quelque part, et comme j'en étais à mes premières études du métier, mes entrailles ne se trouvèrent pas suffisamment garnies par la conſerve, et j'avais faim comme ſi je n'euſſe

rien mangé. Ce ſouvenir me revenant, je me tournai

vers mon ami et je lui dis : « Frère, la faim eſt un cruel noviciat; j'étais accoutumé à manger plus qu'une engelure, et vous m'avez réduit à faire vigile; vous pouvez ne pas ſentir la faim; il n'y a rien d'étonnant qu'élevé avec elle depuis votre enfance, comme certain roi avec la ciguë, elle vous ſerve de nourriture; je ne vous vois pas vous occuper le moins du monde de notre nourriture; auſſi je vous préviens que je vais faire comme je pourrai. — Corps-Dieu! répondit-il, il n'eſt que midi; pourquoi tant d'empreſſement? Vous avez un appétit bien exaƈt! Il faut l'habituer à ſupporter avec patience quelques paiements en retard; voulez-vous donc faire comme les bêtes, manger tout le jour? Je n'ai lu nulle part qu'un cavalier de notre ordre ait jamais eu une indigeſtion. Je vous ai déjà dit que Dieu ne fait défaut à perſonne. Si vous êtes ſi preſſé, venez avec moi, je vais à la ſoupe de San-Geronimo ; je connais là quelques bons frères, gras comme chapons, et j'y trouverai à me garnir le jabot. Si vous voulez me ſuivre, venez ; ſinon, chacun pour ſon compte. — Adieu, lui dis-je; mes beſoins ne ſont pas aſſez petits pour que je me contente des reſtes des autres; à chacun ſon quartier. »

Mon ami s'en alla d'un pas aſſuré, regardant à ſes pieds; il tira des miettes de pain dont il avait toujours proviſion dans une petite boîte, et dont il ſaupoudra ſa barbe et ſes vêtements de manière à faire croire qu'il avait mangé. Moi, je m'en allai en touſſant, et en regardant à droite et à gauche, cherchant à diſſimuler ma faibleſſe, friſant ma mouſtache, enveloppé de mon manteau, dont le pan me retombait ſur l'épaule gauche, et me jouant par contenance avec mon roſaire. A tous ceux qui me voyaient, je faiſais l'effet d'un homme bien repu. Je me fiais toutefois aux petits écus que j'avais en poche, et j'avais hâte d'en finir avec mon jeûne; mais non fans remords d'enfreindre les ftatuts de l'ordre en vivant aux dépens de moi-même.

J'arrivai ainfi au coin de la rue San-Luis, où fe trouvait un pâtiffier. Sur l'étalage fe prélaffait un pâté de deux réaux, tout doré, et le parfum du four me monta au nez. Je me mis foudain en arrêt comme un chien devant une perdrix, le regard fixe et tellement ardent, que le pâté s'en defsécha. Il fallait voir les plans que je formais pour le voler, et à d'autres moments je me décidais à le payer. Une heure fonna; j'étais tellement agité que je fongeai à me réfugier dans une taverne, et déjà j'en prenais le chemin, lorfque, — ce fut la volonté de Dieu, — je me trouvai nez à nez avec un certain licencié nommé Flechilla, mon ami, qui defcendait la rue en courant, la figure toute rouge et le vêtement un peu en lambeaux. Il s'arrêta en me voyant, et, arrangé comme j'étais, ce fut beaucoup qu'il me reconnût. Je l'embrafsai, il me demanda comment je me portais. « Comment, c'eft vous, feigneur licencié? m'écriai-je; que de chofes j'ai à vous dire, et combien je fuis peiné de devoir partir ce foir! — J'en fuis peiné aufsi, me dit-il, et, s'il n'était tard, je m'arrêterais, mais je vais bien vite dîner, je fuis attendu par une mienne fœur et par fon mari. — Comment, repris-je, la feñora Ana eft ici? Courons, je vous prie; dufsé-je tout quitter, je veux remplir auprès d'elle les devoirs d'un galant homme. »

J'avais ouvert les yeux en entendant qu'il n'avait pas mangé, je partis avec lui, et, chemin faifant, je lui contai que j'avais découvert dans Madrid une petite femme dont il avait été fort amoureux à Alcala, et je m'engageai à le préfenter chez elle. Cette confidence lui alla droit au cœur; c'était chofe habile que de lui parler de ce qui devait lui être agréable. Nous arrivâmes ainfi à fon logis, où nous entrâmes. Je fis à fa fœur et à fon beau-frère toutes les politefses pofsibles, et eux, ne fe doutant pas du véritable motif de ma vifite, me répondirent que, s'ils avaient prévu la venue d'un hôte aufsi aimable, ils eufsent fait quelques difpofitions pour le recevoir. Je m'emparai de l'occafion, et je m'invitai en répondant que j'étais un ancien ami, prefque de la maifon, et que ce ferait me faire injure que de me traiter avec cérémonie. On fe mit à table, et je fis de même. Pour calmer le licencié, qui ne m'avait aucunement invité et que mon aplomb déconcertait, je me mis à l'entretenir tout bas de la jeune fille, à lui dire qu'elle l'aimait toujours, et autres menfonges de même nature. Pendant ce temps, je ne perdais pas un coup de

dent; je répandis le carnage au milieu des entrées; j'avalai prefque tout le bouilli en deux bouchées et fans malice, mais avec tant de hâte, qu'on eût pu croire que je n'étais pas fûr de ma conquête, même lorfque je la tenais entre les dents. Dieu m'eft témoin que le caveau commun de l'*Antiqua* de Valladolid n'engloutit pas un corps avec plus de promptitude que je n'expédiai l'ordinaire de ces braves gens[2]. Ce fut avec plus de hâte que n'en met un courrier extraordinaire. Ce dut être pour eux un fpectacle inaccoutumé que le rapide paffage du bouillon par ma gorge, et ma manière de nettoyer une affiette, et la perfécution que je fis fubir aux os, et le ravage que je fis parmi la viande; j'eus même grand foin, dans les intervalles, s'il faut dire toute la vérité, d'enfoncer dans mes poches bon nombre de rogatons. On deffervit, je pris le licencié à l'écart, et je continuai à l'entretenir de fa belle, et des moyens que je pouvais avoir de l'introduire chez elle. Enfin, comme nous étions à parler près d'une fenêtre, je feignis de m'entendre appeler dans la rue. « Je fuis à vous, feigneur, m'écriai-je; je defcends. » Je demandai l'agrément de mes hôtes, difant que j'allais revenir à l'inftant. Ils ont attendu jufqu'à aujourd'hui que j'aille les remercier du pain que j'ai mangé chez eux, et m'excufer de leur avoir fauffé compagnie. J'ai rencontré Flechilla bien d'autres fois, et je me fuis excufé auprès de lui, en prétextant de mille empêchements dont le récit importe peu en ce moment.

J'allai, en fortant de là, à travers les rues jufqu'à la porte de Guadalajara, et je m'inftallai fur un banc comme les marchands en ont devant leurs boutiques. Dieu voulut bien amener de ce côté deux belles dames, de celles qui empruntent fur leur bonne mine, à demi voilées, fuivies d'une duègne et d'un petit page. Elles demandèrent au marchand s'il avait quelque velours de façon extraordinaire. Pour engager la converfation, je me mis à jouer fur les mots, riant, plaifantant et ne laiffant plume ou aile à la raifon. L'aifance avec laquelle j'agiffais leur fit penfer que j'étais quelque chofe dans la maifon, et comme je n'avais rien à rifquer, je leur fis les plus belles offres de fervice. Elles firent des façons, prétendant qu'elles n'acceptaient rien d'une perfonne qu'elles ne connaiffaient pas. J'infiftai, je leur dis que le tort ferait de ne rien leur offrir, et les priai de me permettre de leur envoyer des toiles qu'on m'avait apportées de Milan, et que je ferais remettre chez elles le foir par mon page. J'indiquais, en parlant ainfi, un page qui nu-tête, au milieu de la rue, attendait fon maître, occupé dans une boutique voifine. Afin de me donner de l'importance, j'ôtai mon chapeau à tous les auditeurs et à tous les cavaliers qui paffaient, et, fans en connaître aucun, je leur fis les plus grandes politeffes, comme fi j'euffe été leur ami le plus familier. A tout cela et à un écu d'or que je tirai de ma poche, avec mine de faire l'aumône à un pauvre, mes deux belles dames eurent lieu de juger que j'étais un cavalier diftingué.

Il fe faifait tard; elles fe mirent en devoir de partir, et m'en demandèrent la liberté, en me recommandant de n'envoyer mon page chez elles qu'avec précaution. Je les priai, par faveur et par fouvenir, de me laiffer un rofaire monté en or, que portait la plus jolie des deux, le demandant comme gage de l'entrevue qu'elles me promettaient pour un autre jour fans faute. Elles héfitèrent, je leur offris en garantie mes cent écus d'or; elles voulurent bien ne pas les accepter, tout en penfant fans doute qu'elles tireraient un jour de moi bien davantage, et me laiffèrent le chapelet. Elles m'indiquèrent leur demeure, et me demandèrent la mienne, en ajoutant que mon page ne pouvait entrer chez elles à toute heure, parce qu'elles étaient dans une maifon importante.

Je les reconduifis par la rue Mayor, et à l'entrée de la rue de Las Carretas je choifis la maifon qui me fembla la plus belle et la plus grande. Devant la porte fe trouvait un carroffe fans chevaux. Je leur dis que c'était là ma demeure, et que la maifon, le carroffe et le maître étaient à leur fervice; j'ajoutai qu'on me nommait don Alvaro de Cordoba, et, prenant galamment congé d'elles, je me dirigeai vers la maifon, où j'entrai.

Il faut que j'ajoute qu'en fortant de la boutique j'appelai de la main avec autorité un des pages qui fe trouvaient là, comme pour le charger de dire aux autres de m'attendre, et en réalité je lui demandai s'il n'appartenait pas au commandeur mon oncle. Il me répondit non, et alors j'adreffai un figne de politeffe aux autres ferviteurs, comme doit le faire tout bon gentilhomme.

CHAPITRE XVI

DANS LEQUEL PABLO CONTINUE LE MÊME RÉCIT JUSQU'A
LA MISE EN PRISON DE TOUTE LA BANDE

Quand la nuit fut venue, nous revînmes tous au logis. J'y trouvai le foldat aux guenilles portant une torche de cire qu'on lui avait donnée pour accompagner un défunt, et qu'il avait gardée.

Ce foldat fe nommait Magazo, naturel d'Olias; il avait été capitaine dans une comédie, et s'était battu contre les Maures dans une parade. Quand il parlait avec des gens venant de Flandre, il difait qu'il avait été en Chine; à ceux qui arrivaient de Chine, il parlait de la Flandre. Il difait avoir campé ici et là; il s'entendait mieux à décamper. Il parlait de châteaux : de ceux qu'on fait avec des cartes. Il profeffait un grand culte pour la mémoire du prince don Juan, et je l'entendis dire maintes fois qu'il avait été honoré de l'amitié de Luis Quijada. Il parlait de Turcs, de galions et de capitans, en homme qui connaiffait par cœur tous les couplets populaires où il en eft queftion. De la mer, il n'en favait pas un mot, car il n'avait de naval que fon goût pour les navets, et il difait, en racontant le combat livré par don Juan à Lépante, que ce Lépante était un Maure d'une grande bravoure, ce qui nous fit paffer un bon moment.

Nous fûmes rejoints par mon camarade don Toribio, qui arriva le nez poché, la tête emmaillotée, couvert de fang et de boue. Queftionné fur la caufe de ce traitement, il nous raconta qu'il avait été à la foupe de San-Geronimo et qu'il avait demandé une double portion, difant que c'était pour des perfonnes honorables et pauvres. On en priva d'autres mendiants pour la lui donner, et ceux-ci, fort colères, fe mirent à le fuivre. Au détour d'une rue, ils le virent fe cacher derrière une porte et y avaler réfolument fes deux portions. On commença par lui reprocher d'avoir trompé pour fe faire nourrir au préjudice des autres; des paroles on paffa aux coups; après les coups vinrent les contufions, puis les boffes au front. Sa pauvre tête fut battue avec deux pots de terre, et une écuelle de bois lui mit le nez en compote, parce qu'on la lui fit flairer plus vivement qu'il ne convenait. On lui prit son épée, et le portier du couvent, qui accourut au bruit, eut peine à mettre le holà.

Enfin, notre pauvre frère se vit dans un tel péril, qu'il offrit de rendre ce qu'il avait mangé. Mais ce n'était pas là ce qu'on voulait de lui; on lui reprochait surtout d'avoir demandé pour les autres.

« Voyez ce monceau de guenilles, » s'écria un méchant étudiant, mendiant et parafite, « voyez cette poupée d'enfants, plus trifte qu'une boutique de pâtiffier en carême; plus trouée qu'une flûte, plus tachetée qu'une pie, plus bigarrée que le jafpe, plus barbouillé qu'un livre de mufique, et il ofe partager la foupe du faint avec nous, avec moi, gradué bachelier ès arts à Siguenza[1], moi qui puis être évêque un jour, ou dignitaire de l'État.... — Moi, difait un petit vieux dans la foule; quoique je vienne à la foupe du couvent, je defcends du Grand Capitaine et j'ai des ancêtres. »

Le brave portier fut obligé de fe jeter au milieu de la foule; mais cela n'alla pas plus loin, parce que notre ami les planta là en jouant des jambes.

Merlo Diaz, l'un de nos frères, qui rentra quelques inftants après, avait fa ceinture garnie d'un chapelet de petits pots et de verres dont il s'était emparé, fans crainte de Dieu, en demandant à boire à tous les tours des couvents de nonnes.

Don Lorenzo del Pedrofo obtint plus de fuccès que Diaz : il arriva avec un très bon manteau qu'il avait échangé dans une falle de billard contre le fien, qui n'avait poil ni plume. Don Lorenzo avait coutume, en arrivant dans un billard, d'ôter fon manteau fous prétexte de vouloir jouer, et le mettait avec les autres; puis, ne s'engageant pas dans la partie, il retournait aux manteaux, prenait le meilleur et s'en allait. Pedrofo avait pour quartier les jeux de bague et de boule.

Tout cela n'était rien; lorfque parut don Cofme. Il était efcorté d'une troupe d'enfants déguenillés, boiteux, bleffés, manchots. Don Cofme avait choifi le métier d'empirique, avec des fignes de croix et des oraifons qu'une vieille de fes amies lui avait apprifes[2]. Il gagnait à lui feul plus que tout le monde; car fi le confultant n'apportait pas quelque chofe fous fon manteau, fi l'argent ne réfonnait pas dans fa poche, fi quelques poulets ne piaulaient pas dans le fac, le mal était déclaré incurable. Il exploitait ainfi la moitié du royaume. Il faifait croire tout ce qu'il voulait, d'autant qu'il était des plus forts en

menfonge, au point qu'il ne pouvait plus dire la vérité, même par mégarde. Il invoquait toujours l'enfant Jéfus; il entrait dans les maifons en difant un *Deo gratias* et « le Saint-Efprit foit avec vous; » il portait toujours fon meuble d'hypocrite, un rofaire dont les grains étaient gros comme des noix[3]. Il avait bien foin de laiffer voir fous fa cape un bout de difcipline taché de fang de poulet; il donnait à croire, quand il fe grattait, que ces démangeaiſons provenaient d'un cilice, et quand il avait

faim, que c'était un jeûne volontaire. Il racontait ſes tentations. Quand il nommait le diable, il ajoutait : « Dieu nous en délivre et nous en garde. » Il baifait la terre en entrant dans une églife ; il fe difait indigne ; il ne levait jamais les yeux fur les femmes ; mais il leur levait quelquefois les jupons. Avec toutes ces grimaces, il impofait au peuple de telle forte, que chacun fe recommandait à lui; c'était fe recommander au diable...

Après don Cofme, vint Folanco, faifant grand bruit et parlant bien haut ; il portait une beface, une grande croix, une longue barbe poftiche et une clochette. Son métier était de parcourir les rues la nuit en pfalmodiant fur un ton lugubre :

> Penfez à la mort, mes frères,
> Donnez pour les trépaffés !

Il recueillait de la forte beaucoup d'aumônes. Quand il voyait une maifon ouverte, il y entrait ; s'il était fans témoins et fans empêchement, il volait tout ce qu'il trouvait ; s'il apercevait quelqu'un, il faifait fonner fa clochette et répétait de fa voix de pénitent :

> Penfez à la mort, mes frères.

En un mois paffé au milieu de ces aventuriers, je fus au fait de toutes ces manières extraordinaires de voler.

Je racontai à mes nouveaux amis mes aventures de la matinée, et je leur fis voir le rofaire que j'avais conquis. Ils m'adreffèrent beaucoup de félicitations, et le rofaire fut remis à la vieille gouvernante, qui fut chargée de le vendre. La bonne vieille s'en allait de maifon en maifon ; elle difait que cela provenait d'une pauvre demoifelle qui fe défaifait de tout pour avoir du pain ; pour chaque chofe elle avait un prétexte et une hiftoire. Elle pleurait, croifait les mains, foupirait profondément, et appelait chacun mon enfant. Elle portait pour vêtement — par-deffus une très bonne chemife, un jupon,

une robe de deffous, une robe de deffus et une mante—
certain fac de bure déchiré, qui lui provenait, difait-
elle, d'un bon ermite de fes amis retiré dans les monta-

gnes d'Alcala 4. C'était la directrice, la confeillère et la
receleufe du logis.

Le diable, qui ne fe tient jamais en repos et qui fe
mêle toujours des affaires de fes ferviteurs, voulut, un
jour qu'elle était allée vendre je ne fais quelles guenilles
dans une maifon, que quelqu'un les reconnût pour être
à lui. On alla chercher un alguazil, on s'empara de la

vieille, qui fe nommait la mère Lebrufca. Elle avoua tout, déclara comment nous vivions, et que nous étions les chevaliers de la rapine.

L'alguazil la laiffa dans la prifon, et s'en vint à notre logis, où il trouva tous mes compagnons, et moi avec eux. Il avait avec lui une demi-douzaine de recors, des bourreaux à pied, à l'aide defquels il conduifit tout notre collège de vauriens en prifon, ce qui mit la chevalerie en grand danger.

CHAPITRE XVII

DESCRIPTION DE LA PRISON. DE QUELLE MANIÈRE ILS EN SORTENT, LA VIEILLE FOUETTÉE, LES AVENTURIERS EXPOSÉS, ET PABLO ACQUITTÉ

JE ne vous dis pas quels rires nous accueillirent dans la rue et à la priſon. Nous étions tous attachés et bouſculés, les uns avec nos capes, les autres ſans capes, laiſſant à découvert des vêtements rapiécés de blanc et de noir. Un recors, voulant ſaiſir l'un de nous d'une manière ſolide, et ne rencontrant que des haillons en charpie, chercha à l'empoigner par la peau ; mais il ne trouva rien à prendre, tant le pauvre diable était deſſéché par la faim. D'autres laiſſaient entre les mains des recors des morceaux de leurs pourpoints et de leurs grègues, et la corde qui les attachait emporta le reſte lorſqu'on la retira.

On mit, en entrant, à chacun de nous deux paires de fers, l'une aux mains, l'autre aux pieds, et on nous deſcendit dans un cachot. En me voyant ſur ce chemin, je ſongeai à tirer parti de l'argent que j'avais ſur moi. Je pris un ducat et m'approchai du geôlier. « Veuillez m'entendre en ſecret, ſeigneur, lui dis-je, en laiſſant briller mon écu à ſes yeux. » En le voyant, il me tira à l'écart. « Je vous en ſupplie, repris-je, ayez pitié d'un homme de bien ! » Je lui pris la main, et, comme ſes doigts étaient habitués à porter ſemblables bagues, il ſe laiſſa mettre celle-là, et me dit : « J'examinerai la maladie, et, ſi elle n'eſt pas ſérieuſe, vous deſcendrez avec les autres. » Je compris la défaite, et baiſſai humblement la tête. Il me laiſſa à la porte, et conduiſit mes amis tout en bas.

Quand la nuit fut venue, on m'envoya coucher au premier étage, dans la ſalle commune. On me déſigna mon lit : il ſe compoſait d'un mauvais matelas jeté ſur la dalle, au milieu de vingt autres occupés par les priſonniers. Les uns étaient couchés tout habillés ; les autres avaient ôté d'un coup ce qu'ils avaient ſur le corps. Quelques-uns jouaient. On pouſſa les verrous ; on éteignit la lumière, et, au bout de quelques inſtants, nous oubliâmes tous nos chaînes.

Certain ſiège était auprès de la tête de mon lit. Vers le milieu de la nuit, les priſonniers commencèrent à y venir plus ou moins preſſés, apportant ſelles et harnais. Entendant le bruit, je penſai d'abord que c'était le tonnerre, et j'eus peur ; mais quand je ſentis l'odeur, je vis bien que ce n'étaient pas de vrais tonnerres. Cela sentait si mauvais, que je me bouchai le nez dans mon lit. A la fin, je fus obligé de demander que l'on portât la tinette ailleurs; cela occasionna une querelle, et j'envoyai ma ceinture par le visage de l'un des visiteurs. Celui-ci, en se levant précipitamment, renversa la tinette; le bruit réveilla toute la salle, on se battait à coups de ceinture dans l'obscurité, l'odeur devint insupportable, et tout le monde se leva en poussant de grands cris.

Le geôlier enfin, entendant tout ce tapage et craignant que ses vassaux ne s'évadassent, monta en toute hâte, armé, et suivi de ses suppôts. Il ouvre la salle, apporte sa lumière et s'informe. Tous mes compagnons rejettent sur moi la faute, et je perds mon temps à dire qu'ils ne m'ont pas laissé fermer les yeux de la nuit. Le geôlier, prévoyant d'ailleurs que, plutôt que de me laisser conduire dans quelque cachot, je lâcherais un second ducat, trouva l'occasion excellente et m'ordonna rudement de le suivre. J'étais décidé à me laisser faire plutôt que de me faire pincer davantage le gousset, et je fus conduit dans la salle basse, où mes camarades et amis me reçurent avec plaisir et acclamation.

Je passai assez mal le reste de la nuit. Le Seigneur fit le jour; on ouvrit le cachot; nous nous vîmes en face les uns des autres, et la première chose qui nous fut signifiée, ce fut d'avoir à donner pour le nettoyage, sous peine d'anguillade[1]. Je déboursai à l'instant six réaux; mais les pauvres camarades n'avaient rien à donner, et ils furent ajournés au soir même.

Il y avait parmi les doyens du logis un garçon borgne, grand, moustachu, de très mauvaise mine, et les épaules aplaties, sans doute à coups de bâton. Il portait sur lui plus de fer qu'il n'y en a en Bifcaye, deux paires de menottes et des chaînes à chaque pied. On le nommait le Géant; il prétendait avoir été emprifonné pour une

queftion de grammaire. D'abord je crus qu'il s'agiffait de quelque manière de vol; mais lorfqu'on infiftait, il s'en défendait fort. Il avouait alors que c'était pour avoir pris au mafculin ce qui ne doit être pris qu'au féminin. Je compris enfin qu'il était de Sodome. Je vous laiffe à penfer la peur que nous avions de lui et des précautions que nous prenions[2]. Nous en avions une telle crainte, que nous portions tous des colliers garnis de pointes là où les chiens ont la queue et nous avions foin de toujours le regarder en face. Le Géant avait pour ami un individu du nom de Robledo, que l'on furnommait le Poulin ; celui-ci difait avoir été pris pour excès de libéralité : c'étaient fes mains qui étaient libérales et qui pêchaient tout ce qu'elles touchaient. Il avait reçu plus de coups en fa vie qu'un cheval de pofte, et tous les bourreaux s'étaient fait la main fur lui. Il avait le vifage couvert d'eftafilades ; fes oreilles étaient en nombre impair et fon nez recollé.

Avec eux étaient quatre vauriens, rampants comme lions d'armoiries, tous quatre enchaînés, et condamnés à ramer autre chofe que des choux. Ils difaient qu'ils pourraient fe vanter d'avoir fervi le roi fur terre et fur mer. Ils attendaient avec une grande impatience leur prochain départ.

Mécontents de voir que mes compagnons ne pouvaient contribuer, ces fix mauvais drôles fe concertèrent pour leur donner le foir une folide anguillade avec une corde qui fervait à cet ufage. La nuit venue, on nous cantonna à l'endroit le plus reculé de la maifon ; on éteignit les lumières, et alors j'allai bien vite me fourrer fous le lit de camp. Bientôt on entendit deux coups de fifflet, puis des coups de corde. Mes bons hidalgos, voyant que l'affaire allait commencer, ferraient tellement leurs pauvres chairs déjà tant réduites par le jeûne, par la gale et par la vermine, qu'ils tenaient tous dans un recoin fous le lit. Ils étaient là comme des lentes dans des cheveux ou comme des punaifes dans un lit ; les coups réfonnaient fur les planches, et les pauvres diables ne difaient rien. Les vauriens, n'entendant pas de plaintes, ceffèrent d'envoyer des coups de corde, et fe mirent à jeter des pierres, du plâtre, des morceaux de brique. Un de ces projectiles atteignit don Toribio à la tête et lui fit une ouverture à loger deux doigts.

Alors il fe mit à crier à l'affaffin. Les affaillants, pour qu'on n'entendît pas fes plaintes, chantaient tous enfemble et faifaient grand bruit avec leurs fers. Toribio, pour mieux fe cacher, cherchait à fe fourrer fous fes camarades; il fallait entendre, aux efforts qu'ils faifaient, leurs os fonnant comme cliquettes de ladre. Ce fut la fin des hardes; il ne refta pas un haillon en place. Les pierres et les gravois arrivaient fi dru, que don Toribio eut bientôt plus de boffes à la tête qu'il n'y a de crevés dans un pourpoint. Ne pouvant fe mettre à l'abri de cette grêle, fe voyant près de mourir martyr, fans la moindre condition, ni de fainteté, ni de bonté, il demanda qu'on le laiffât fortir, promettant de payer et de donner fes habits en gage. Les prifonniers confentirent, et, malgré les autres qui fe cachaient derrière lui, il fe leva tout meurtri, comme il put, et paffa de mon côté. Les autres furent bien obligés de faire la même promeffe; ils avaient fur la tête plus de tuileaux que de cheveux. En paiement de la patente ils offrirent leurs vêtements, comprenant qu'il valait mieux refter au lit faute de pouvoir s'habiller, que d'être mis en morceaux. On les laiffa tranquilles le refte de la nuit, et le matin venu on leur dit de fe déshabiller. Et de tous leurs vêtements réunis il ne fe trouva pas de quoi faire une mèche à une lampe.

Ils fe tinrent au lit, enveloppés dans une couverture; mais la couverture fervait à ceux qui s'épouillent; bientôt ils fentirent qu'elle était habitée, tout ce qui s'y trouvait mourait de faim et mordait à belles dents. Peu s'en fallut que les malheureux ne fuffent dévorés. Ils jetèrent bas la couverture, maudiffant leur mauvaife fortune et fe déchirant à grands coups d'ongles.

Je pris alors le parti de laiffer là mes pauvres amis

auxquels je demandai pardon de ne pas tenir plus longue compagnie, n'ayant nul plaifir à refter davantage avec eux, et j'allai de nouveau graiffer la patte au geôlier avec trois réaux de huit [3]. Ayant appris quel était le greffier chargé d'inftruire notre procès, je priai le geôlier de l'envoyer chercher par un gardien. Le greffier venu, je le tirai à l'écart, et, après l'avoir mis au fait de notre affaire, je lui confiai que j'avais quelque argent; je le priai de me le garder, et lui demandai de prendre les intérêts d'un malheureux gentilhomme compromis par mégarde, et fort innocemment, dans cette déplorable aventure. « Vous n'ignorez pas, feigneur cavalier, me dit-il, quand il eut pêché fa mouche, que tout, en pareil cas, dépend de nous, et qu'il peut arriver malheur à celui qui n'agit pas en homme de bien. J'en ai plus envoyé aux galères, à titre gratuit, qu'il n'y a d'articles dans la loi. Fiez-vous à moi, et foyez certain que je vous tirerai de là fain et fauf. »

Il s'en alla là-deffus, et à peine arrivé à la porte, il revint à moi pour me demander quelque chofe en faveur du bon Diego Garcia, l'alguazil, auquel il était convenable de mettre un bâillon d'argent; puis en faveur de je ne fais quel rapporteur, afin de l'aider à avaler tout l'article qui me concernait. « Un rapporteur, feigneur cavalier, me dit-il, eft homme à anéantir un chrétien d'un froncement de fourcils, d'un éclat de voix, ou d'un coup de pied frappé fur le fol, afin de réveiller l'attention diftraite de l'alcade, ce qui arrive quelquefois. »

Je compris, je me le tins pour dit, et j'ajoutai cinquante autres réaux. En retour, le greffier m'engagea, d'un air dégagé, à redreffer le collet de mon manteau, qui était de travers, et m'indiqua deux remèdes contre la toux que m'avait donnée la fraîcheur de la prison. « N'ayez aucun souci, ajouta-t-il en s'éloignant, et ne négligez pas votre geôlier ; avec huit réaux vous obtiendrez de lui toutes les douceurs et tous les allégements possibles ; ces gens-là n'ont de vertu et de bonté que par intérêt. »

Je compris l'avertissement : le geôlier reçut un écu, m'enleva tous mes fers, et me permit d'entrer dans son logis. Il avait pour femme une baleine, et pour filles

deux diablesses, laides, méchantes, et menant, en dépit de leur visage, assez joyeuse vie. »

Il arriva un soir, pendant que j'étais là, que le seigneur Blandones de San-Pablo, le susdit geôlier, rentra pour souper. Il paraissait préoccupé, de fort mauvaise humeur, et ne voulut pas manger. Sa femme doña Ana

Moraes, que cette disposition de son mari paraissait inquiéter, s'approcha de lui et le pressa de telle sorte, qu'il se décida à parler. « Il y a, lui dit-il, que ce fripon d'Almendros l'aposentador [4] m'a dit, pendant que nous nous disputions pour le fermage, que vous n'étiez pas propre. — L'insolent! répondit-elle, a-t-il donc ébarbé les émèchures de mes jupons? Sur les jours de mon aïeul! tu n'es pas un homme, si tu ne lui as pas arraché la barbe. Faut-il pas qu'il m'envoie ses valets pour me nettoyer? Dieu me soit en aide, ajouta-t-elle, en se tournant vers moi, il ne pourra pas dire que je suis juive comme lui; on sait que, s'il vaut vingt maravédis, il en a dix de vilain et deux fois cinq d'hébreu. Sur ma parole, seigneur don Pablo, c'est lui qui est un porc, et si je l'entendais, je lui rappellerais la croix de Saint-André qui marque ses épaules [5]. — Allons, allons, calmez-vous, femme, reprit le geôlier, il n'a pas dit porc pour vous faire injure, mais pour vous reprocher de n'en pas manger. — Bon Dieu, il a dit que j'étais juive, et, vous me répétez cela de sang-froid! C'est ainsi que vous soutenez l'honneur de doña Ana Moraes, fille de Stefania Rubio et de don Juan de Madrid, au su de Dieu et de tout le monde! — Comment, interrompis-je, fille de Juan de Madrid? — Oui, Juan de Madrid, naturel d'Auñon... Je vous jure que l'homme qui a osé parler de moi de la sorte est un juif et un malotru. — Juan de Madrid, que Dieu ait son âme, dis-je au geôlier d'un air grave, était le frère aîné de mon père; je prouverai ce qu'il est et ce qu'il mérite. Cela me regarde, et si je sors de prison, je forcerai cet insolent à se désavouer cent fois. J'ai dans mon pays un titre au nom de mon père et au sien, en lettres d'or. »

La découverte d'un nouveau parent causa une grande

joie à mes hôtes, et surtout l'histoire du titre de famille que je n'avais pas, et que je ne connaissais pas. Le mari voulut avoir des détails plus précis sur notre parenté ; et, de crainte d'être pris en flagrant délit de mensonge, je jouai le courroux, la colère, l'indignation. Tous deux alors se mirent à me calmer, me priant de n'y pas penser davantage ; mais rien n'y faisait, et de temps en temps j'éclatais : « Juan de Madrid, disais-je, je prouverai le respect qui lui est dû.....! » Puis, un instant après : « Juan de Madrid, l'aîné !... dont le père, Juan de Madrid, avait épousé Ana de Acevedo, la petite grosse... » Et je me taisais encore un instant.

Il en résulta que le geôlier me donna un lit chez lui, et que j'étais bien nourri. Puis le bon greffier, sollicité par mon cousin et encouragé par quelques nouveaux écus, fit si bien, qu'au bout de quelque temps la vieille fut mise dehors sur un palefroi gris à longues oreilles, conduit par la bride et précédé d'un crieur. Celui-ci disait : « Cette femme est une voleuse. » Le bourreau la suivait en lui caressant les côtes, selon l'ordre qu'il en avait reçu des juges[7]. Mes compagnons venaient ensuite dans une tenue fort décolletée, sans chapeau et la figure à découvert. On allait les exposer, et ils ne demandaient pas mieux ; ils l'étaient moins que dans la prison. Puis on les exila pour six ans.

Je sortis acquitté par la grâce du greffier et du rapporteur, qui, pour tenir la promesse faite, changea de ton, parla bas, sauta plus d'une phrase, et avala maint article, lorsqu'il fut question de moi.

CHAPITRE XVIII

PABLO S'INSTALLE DANS UNE HOTELLERIE. IL LUI ARRIVE
DE NOUVELLES DISGRACES

Quand je fus forti de prifon, je me trouvai bien ifolé fans mes amis. Je n'ignorais pas qu'ils avaient pris le chemin de Séville aux frais de la charité publique; mais je tenais peu à les fuivre. Je pris le parti d'aller m'inftaller dans une hôtellerie. J'y trouvai une jeune fille blonde et blanche, éveillée, clignotante, un peu rieufe, un peu coquette. Elle zézayait quelque peu, elle avait peur des fouris, et fe piquait d'avoir de jolies mains; auffi, pour les faire voir, elle mouchait très fouvent les chandelles, et découpait à table. A l'églife, elle avait toujours les mains jointes; dans les rues, elle avait fans ceffe à défigner la maifon de celui-ci ou de celui-là; chez elle, c'était à tout moment une épingle à prendre dans fa chevelure. Si elle jouait c'était, de préférence aux dames; elle faifait fans ceffe femblant de bâiller afin de montrer fes dents, et de fe faire des croix fur la bouche[1]. Enfin toute la maifon n'était occupée que de fes mains, et fes parents eux-mêmes en étaient ennuyés.

Je fus très bien reçu dans cette maifon, où il y avait du linge très propre. Nous étions trois locataires, moi, un Portugais et un Catalan, qui m'accueillirent fort bien. Je jugeai que la jeune fille ferait pour moi une diſtraction agréable ; et il me ſembla très commode d'être dans la même maiſon. Je jetai donc les yeux ſur elle ; je lui faiſais des contes que j'imaginais à plaiſir ; je lui apportais toutes les nouvelles de la ville, vraies ou fauſſes ; et je lui rendais, en un mot, une foule de petits ſervices qui ne me coûtaient rien. Je lui fis croire, à elle et à ſa mère, que je ſavais faire des enchantements, que j'étais nécromancien, que je pourrais, ſi je voulais, faire diſparaître la maiſon, ou la faire paraître en feu, et mille autres choſes dont elles ne doutaient pas, car elles étaient des plus crédules. J'acquis bientôt de la ſorte les bonnes grâces de la jeune fille, mais ce n'était pas ſon amour. Il eſt vrai que je n'étais pas des mieux vêtus. Mon couſin le greffier, que je viſitais ſouvent, par reconnaiſſance du pain que j'avais mangé à ſa table, m'avait aidé, il eſt vrai, à améliorer ma garde-robe ; mais mes hôteſſes n'avaient pas encore de moi toute la bonne opinion convenable. Afin de me faire paſſer pour riche, je diſais que j'en voulais faire un ſecret, et j'envoyais des amis me demander quand je n'y étais pas. L'un d'eux un jour alla s'informer du ſeigneur don Ramiro de Guzman ; c'était le nom que je m'étais donné, mes amis m'ayant convaincu qu'il n'en coûtait rien de ſe choiſir un nom, et que cela pouvait être fort utile. Il demanda don Ramiro, un homme d'affaires fort riche, occupé pour le moment à contracter avec le roi deux traités importants. Les hôteſſes ne me reconnurent pas à ce portrait, et répondirent qu'il ne demeurait chez elles qu'un don Ramiro de Guzman plus râpé que riche, petit de corps, laid de figure et pauvre. « C'eſt celui-là même que je cherche, répliqua l'autre, et je ne demanderais rien à

Dieu, ſi j'avais toutes les rentes qu'il poſſède au delà de deux mille ducats. »

Cette confidence et quelques autres firent un grand effet ſur les pauvres femmes, et mon officieux ami leur laiſſa, en les quittant, une fauſſe lettre de change de neuf mille écus, qu'il les pria de me remettre afin que je l'acceptaſſe. La mère et la fille ne doutèrent plus de ma fortune, et jetèrent tout de ſuite leur dévolu ſur moi pour en faire un mari. Je rentrai de l'air d'un homme qui ne s'attend à rien, et elles me remirent tout auſſitôt la lettre de change. « Seigneur don Ramiro, me dirent-elles, il eſt deux choſes qu'on cache difficilement : la fortune et l'amour. Pourquoi Votre Grâce, qui ſait combien nous lui ſommes dévouées, nous a-t-elle fait un ſecret de ſa poſition ? » Je feignis d'être fort contrarié qu'on eût laiſſé cette lettre de change, et je montai à ma chambre.

Dès le moment qu'elles me crurent de l'argent, tout ce qui venait de moi fut trouvé charmant. Elles applaudiſſaient à toutes mes paroles ; perſonne n'avait meilleur air que moi. Quand je les vis ſi bien amorcées, je fis ma déclaration à la petite, qui m'écouta avec une grande joie, et me répondit d'une manière charmante. Un ſoir, afin de les confirmer dans leur opinion ſur ma fortune, je m'enfermai dans ma chambre, qui n'était ſéparée de la leur que par une cloiſon très mince, et tirant de ma ceinture cinquante écus, je les comptai tant de fois, qu'elles purent calculer juſqu'à ſix mille. Ce fut là ce que je pouvais déſirer de mieux ; car voyant une ſomme ſi grande à leurs yeux, elles ne ſongeaient plus qu'à me ſervir et à m'entourer de ſoins.

Mon voiſin le Portugais ſe nommait o Senhor Vaſco de Meneſès, chevalier de l'ordre du Chriſt. Il portait le

manteau noir, les bottes, le petit collet et d'immenfes
mouftaches. Il fe confumait d'amour pour doña Berengère de Robolledo, c'était le nom de notre jeune hôteffe; et quand il était affis auprès d'elle, il foupirait
plus qu'une béate à un fermon de carême. Il chantait
d'une manière pitoyable ; il paffait une partie de fa vie
à jouer au pharaon avec le Catalan. Celui-ci était la
créature la plus trifte et la plus miférable que Dieu eût
jamais créée. Il mangeait à la tierce, c'eft-à-dire un jour
fur trois, un pain tellement dur, qu'un médifant eût eu
peine à y mordre[2]. Il faifait le brave, et il ne lui manquait cependant que de pondre des œufs pour être une
poule complète, car il était vaniteux comme nul au
monde.

Quand ils s'aperçurent tous deux que j'allais fi vite en
affaires, ils fe mirent à dire du mal de moi. Le Portugais m'appelait pouilleux, fripon et déguenillé; le Catalan me traitait de lâche et de débauché. Tout cela, je
le favais, je l'avais entendu plus d'une fois, mais je ne
tenais pas à y répondre. La petite me parlait, elle recevait mes billets, commençant tous par les phrafes d'ufage : « Je prends la hardieffe... » — « Votre divine
beauté...; etc. » Je parlais de ma peine, du feu qui me
brûlait, je m'offrais comme efclave, et je fignais avec un
cœur percé d'une flèche. Nous en vînmes bientôt au *tu*,
et un jour, pour entretenir la haute opinion que j'avais
donnée de ma qualité, je fortis de la maifon, je louai
une mule, je me déguifai complètement, et je revins à
l'hôtellerie. Là, changeant ma voix, je me demandai
moi-même. « N'eft-ce pas ici, dis-je, que demeure Sa
Grâce le feigneur don Ramiro de Guzman, feigneur de
Valcerrado et Vellorote? — Il y a ici, répondit la jeune
fille, un cavalier de ce nom, de petite taille... — C'eft

bien lui, répondis-je. Voulez-vous avoir la bonté de lui dire que Diégo de Solorzano, ancien intendant de ſes rentes, paſſant par ici pour des recouvrements, eſt venu lui baiſer les mains? »

Cela dit, je m'en allai, et je revins au bout de quelques inſtants. On me reçut avec encore plus de prévenances que de coutume; et, tout en me faiſant la commiſſion de l'intendant, on me demanda pourquoi j'avais caché que j'étais ſeigneur de Valcerrado et de Vellorote.

Cette comédie acheva la jeune fille ; elle eut envie d'un mari auſſi riche, et nous convînmes que la nuit ſuivante, vers une heure du matin, j'irais lui parler en paſſant par un corridor qui aboutiſſait à un toit où donnait la fenêtre de ſa chambre. Mais le diable, qui eſt toujours aux aguets, voulut être de la partie. Je traverſe le corridor, j'arrive au toit; mais le pied me manque, je gliſſe et je m'en vais tomber ſur le toit d'un voiſin, un greffier, ſi lourdement, que je briſai toutes les tuiles, dont les morceaux s'imprimèrent ſur mes côtes.

Le bruit réveilla la moitié de la maiſon; on crut que c'étaient des voleurs,—les gens de cette profeſſion ne rêvent pas d'autre choſe. — On monta ſur le toit. Voyant cela, je cherchai alors à me cacher derrière une cheminée, mais ce mouvement ne fit qu'accroître les ſoupçons. Le greffier, deux ſerviteurs et ſon frère me rouèrent de coups, et me garrottèrent ſous les yeux de ma belle, ſans me donner le temps de me reconnaître. L'innocente fille riait comme une folle, parce que, comme je lui avais dit que je faiſais des enchantements, elle penſait que ma chute n'était qu'une plaiſanterie, et elle me faiſait ſigne de monter, que c'était ſuffiſant. Mais, hélas ! c'était bien moi qui recevais les coups de poing et les coups de bâton ; je criais, et elle riait toujours.

Enfin le greffier, féance tenatne, et fans perdre de temps, fe mit à verbalifer; et comme il entendit fonner des clefs dans ma poche, il écrivit, malgré l'évidence, que c'étaient des roffignols et des crochets. Je lui dis que j'étais don Ramiro de Guzman, et il fe mit à rire. Fort trifte d'avoir été battu devant ma belle, pris fans raifon, injuftement accufé, je ne favais plus que devenir. Je me mis à genoux devant le greffier, je le priai, je le conjurai au nom de Dieu; mais rien ne fit, et il ne voulut pas me relâcher. Tout cela fe paffait fur le toit, et je compris qu'à tout en ce monde, même à des tuiles, on peut faire porter faux témoignage. Enfin, on me fit defcendre, par une lucarne, dans une pièce qui fervait de cuifine.

CHAPITRE XIX

OU PABLO CONTINUE ET RACONTE D'AUTRES AVENTURES

JE ne fermai pas les yeux de toute la nuit, fongeant à mon malheureux fort, qui n'était pas tant d'être tombé fur un toit, que de me trouver entre les mains féroces du greffier. Quand je fongeais aux crochets qu'il prétendait avoir trouvés dans ma poche, aux pages qu'il avait écrites fur ce point, je reconnaiffais avec douleur que rien ne grandit autant en ce monde que délit en puiffance de greffier.

Je paffai la nuit à faire des projets ; un inftant je fongeai à le conjurer au nom de Jéfus-Chrift ; mais je fus arrêté par le fouvenir de ce que les fcribes avaient fait fouffrir au Fils de Dieu[1]. Plufieurs fois je tentai de me délier ; mais le traître m'entendait auffitôt, et s'en venait examiner mes liens. Il était plus occupé du bon procès qu'il allait me faire, que je ne l'étais moi-même de ma délivrance. Il fe leva au point du jour, s'habilla à la hâte et le premier de la maifon, puis il reprit fa courroie et vint me repaffer les côtes, tout en me faifant un long difcours fur le péché de vol, avec l'éloquence d'un homme qui s'y connaît.

Nous en étions là, lui me donnant force coups, moi, fort tenté de lui offrir de l'argent, qui eft l'élément avec lequel on amollit la dureté de ces diamants, lorsque, sollicités par les amoureuses prières de ma bien-aimée, qui m'avait vu battre et qui comprenait qu'il ne s'agissait pas d'enchantement, mais qu'il y avait un malheur, survinrent le Portugais et le Catalan. En les voyant me parler, le greffier les prit pour mes complices et dégaina sa plume pour les inscrire au procès. Le Portugais ne s'y prêta pas, et malmena fort le greffier. « Apprenez, lui dit-il, que je suis un noble cavalier, gentilhomme de la chambre du roi ; le seigneur que voici, ajouta-t-il en me désignant, est un noble hidalgo ; et le tenir attaché est le fait d'un coquin. »

Alors, et malgré le greffier, qui hurlait comme un Maure et appelait à l'aide, il se mit en devoir de me délier. Aux cris de leur patron accoururent les deux clercs — demi-recors, demi-crocheteurs. — Ils foulèrent aux pieds leurs propres capes, chiffonnèrent leurs collets, comme ils agissent toujours, pour faire croire aux coups de poing qu'ils n'ont pas reçus ; puis ils criaient et demandaient secours au roi. Mes deux voisins finirent par me détacher, et le greffier, ne se voyant pas secouru : « Je jure devant Dieu, s'écria-t-il, qu'on n'agit pas de la sorte avec moi, et si vous n'étiez pas ce que vous êtes, seigneurs cavaliers, il pourrait vous en coûter cher. Veuillez désintéresser ces témoins, et reconnaître que je n'y ai point d'intérêt. »

Je compris à l'instant, et lui mis huit réaux dans la main. J'étais tenté de lui rendre les coups de bâton qu'il m'avait donnés ; mais comme il eût fallu reconnaître que je les avais reçus, je l'en tins quitte et m'en allai avec mes voisins, que je remerciai, — le visage meurtri de gourmades, et les épaules quelque peu moulues de coups de gaule, — de ma délivrance et de la liberté que je leur devais. Le Catalan riait comme un fou et conſeillait à Berengère de m'épouſer ſur-le-champ, afin de renverſer le proverbe, et de faire dire que j'étais battu, puis cocu, et non pas cocu et battu. Le lourdaud ne me ménageait pas les équivoques. Dès que j'entrais chez mes voiſins, il n'était queſtion que de gaule, de manche à-balai, de bois vert.

Ainſi pourſuivi, perſécuté, forcé de rougir ſans ceſſe, je me propoſai de quitter la maiſon ; mais afin de ne payer ni le logis, ni le lit, ni la table, qui montaient à quelques réaux, et de retirer ce qui m'appartenait, je m'entendis avec un licencié, nommé Brandalangas, naturel de Hornillos, et avec deux de ſes amis. Un ſoir ils arrivèrent tous les trois, demandèrent l'hôteſſe et lui déclarèrent qu'ils venaient pour m'enlever ſecrètement, au nom du ſaint office. Cette déclaration l'effraya, parce que je m'étais fait paſſer pour nécromancien. Lorſqu'on m'emmena, elle n'oſa rien dire ; mais lorſqu'elle vit qu'on enlevait auſſi mes effets, elle voulut y mettre oppoſition et les retenir, en garantie de ce que je devais ; mais les braves familiers déclarèrent que cela appartenait à l'Inquiſition. A pareille réponſe il n'y avait mot à ſouffler ; elle laiſſa faire, ſe bornant à dire qu'elle s'y était toujours attendue. Elle affirma au Catalan et au Portugais que ceux qui étaient venus me chercher étaient des démons, que j'avais un démon familier ; que l'argent qu'on m'avait entendu compter paraiſſait de l'argent et n'en était pas. Mes deux commenſaux n'héſitaient pas à la croire.

En ſomme, je ſauvai mes habits et ma bourſe. Une fois hors de là, d'accord avec mes libérateurs, je réſolus de changer de vêtements, et de prendre le coſtume à la mode, chauſſes de cuir fauve, grand collet relevé, plus un laquais, c'eſt-à-dire deux petits laquais, ce qui était en ce moment l'uſage. Mes amis prétendaient que le plus ſûr effet de cette réſolution, qui me donnerait l'apparence d'un riche cavalier, ferait un brillant mariage, réſultat très commun à Madrid ; ils me promirent même de me chercher un parti convenable et quelque bon

moyen pour réuſſir. Cette idée de pêcher une femme me ſouriait, et je l'adoptai à l'inſtant.

Toutefois je jugeai convenable de faire quelques recommandations à mes amis.

« Un inſtant, leur dis-je en ſouriant. Puiſque Vos Seigneuries veulent bien faire pour moi l'office d'agents matrimoniaux, il eſt de toute juſtice qu'elles connaiſfent mes principes à ce fujet. Dès le moment que je fuis un noble cavalier, il m'eft permis de dire quelles conditions je défire chez la femme qui deviendra la mienne. Écoutez-moi donc :

« Je défire qu'elle foit noble, vertueufe et intelli-
« gente; car fi elle eft fotte, elle ne faura ni conferver
« ni utilifer les deux autres qualités. Dans la nobleffe,
« je ne veux point de morgue. Je veux qu'elle ait la
« vertu d'une femme mariée, et non pas celle d'une er-
« mite, d'une béate ou d'une religieufe. Son meilleur
« miffel doit être fon mari, et fes prières feront fes
« devoirs.

« Je ne la veux ni laide ni belle. Laide, ce n'eft pas
« une compagnie, mais un ennui ; belle, ce n'eft pas un
« plaifir, mais une follicitude. S'il me faut choifir entre
« ces deux conditions, je l'aime mieux belle que laide,
« parce qu'il vaut mieux avoir follicitude qu'ennui, et
« avoir à garder qu'avoir à fuir.

« Je ne la veux ni riche ni pauvre; je veux qu'elle ait
« de l'aifance ; je ne veux pas qu'elle m'achète et ne veux
« pas l'acheter.

« Gaie ou trifte; je l'aime mieux gaie ; car, un jour
« ou l'autre, la trifteffe ne nous manquera pas. Prendre
« une femme foucieufe, boudeufe, cherchant les petits
« coins comme une araignée, pleureufe comme un
« oignon, c'eft époufer un perpétuel compliment de
« condoléance.

« Je veux qu'elle ait de l'élégance pour ma fatisfac-
« tion, non pour celle des oififs; elle doit adopter une
« tenue décente, et non celle qu'inventera la coquetterie
« des autres femmes. Elle ne doit pas faire ce que font
« quelques-unes, mais ce que toutes doivent faire ; je

« l'aime mieux avare que prodigue; car, de la prodiga-
« lité il y a tout à craindre; de la parcimonie il y a beau-
« coup à efpérer. La trouver libérale ferait un bonheur
« extrême.

« Qu'elle foit blanche ou noire, brune ou blonde, je
« n'y mets ni importance ni préférence ; je veux feule-
« ment, fi elle eft noire, qu'elle ne cherche pas à fe faire
« blanche. De pareils menfonges rendent défiant plutôt
« qu'amoureux.

« Petite ou grande, peu m'importe.

« Graffe ou mince : je déclare que fi elle n'eft entre-
« lardée, c'eft-à-dire entre gras et maigre, je l'aime
« mieux mince. Je préfère une âme dans un rofeau
« ou des os habillés de peau, qu'une cuve fur des tré-
« teaux.

« Je ne la veux ni jeune ni vieille; ce ferait le ber-
« ceau ou la tombe ; j'ai oublié les chanfons à en-
« dormir les enfants, et je n'ai pas encore appris les
« répons. Je veux une femme faite ; fi elle eft jeune, tant
« mieux.

« Je défirerais beaucoup qu'elle n'eût pas de trop jolies
« mains, de trop jolis yeux, ou une trop jolie bouche.
« Quand ces trois chofes arrivent à la perfection, elles
« rendent infupportable celle qui les poffède ; elle gefti-
« cule pour qu'on voie fes mains, elle fait des mines pour
« qu'on voie fes yeux, et elle fourit toujours pour qu'on
« admire fes dents. L'afféterie gâte les perfections, la
« fimplicité fait oublier les défauts.

« Je ne la veux pas orpheline, parce que je hais les
« anniverfaires, les bouts de l'an et les commémorations;
« je ne lui veux pas, non plus, d'une parenté au grand
« complet. Je lui défire un père et une mère, parce que
« je ne les redoute pas. Les tantes, je les verrai avec

« plaifir au purgatoire, et je ferai dire des meffes pour
« elles tant et plus.

« J'adrefferais à Dieu bien des actions de grâces fi elle
« était fourde et bègue, deux inconvénients qui mettent
« un frein aux converfations et qui rendent les vifites
« difficiles. Si elle était de moyenne qualité, ce ferait
« une affaire d'or, car une femme de haute condition
« dépenfe l'année entière en paroles, en vifites reçues
« et rendues. Bègue et fourde, rien de tout cela n'eft à
« craindre.

« Encore un mot : j'aurai grande eftime pour la
« femme qui fera comme je la défire; et je faurai fup-
« porter celle qui fera comme je la mérite. Je puis bien
« accepter d'être marié fans bonheur, mais je ne veux
« pas être mal marié.

« Tels font, feigneurs, mes défirs et ma volonté, et
« maintenant je me recommande à vous [2]. »

Ceci dit, je vifitai toutes les friperies, et je m'achetai
un coftume de bon goût. Je cherchai enfuite un loueur
de chevaux, j'en choifis un fur lequel je me redreffai de
mon mieux; mais je ne pus trouver un laquais. J'allai
dans la rue Mayor et je m'arrêtai devant une boutique de
harnais, en ayant l'air d'en choifir un.

Survinrent, au bout de quelques inftants, deux cavaliers, bien montés; ils me demandèrent fi j'avais intention d'acheter un harnais garni d'argent, que j'exa-
minais. Je profitai de l'occafion, et leur fis mille politeffes
en liant avec eux la converfation. L'un d'eux portait fur
la poitrine une broderie d'ordre, l'autre une chaîne de
diamants que je reconnus pour les fignes diftinctifs d'un
ordre et d'une commanderie. Ils me dirent qu'ils allaient
fe promener au Prado, et je leur demandai la permiffion

de me joindre à eux. Je priai le marchand, s'il voyait venir mes pages et mon laquais, de les envoyer au Prado, et je lui indiquai ma livrée ; puis je me plaçai entre les deux cavaliers et nous nous mîmes en chemin. Cet arrangement m'enchantait d'autant plus, que, pour ceux qui nous voyaient paſſer, il était impoſſible de déterminer à qui appartenaient ces pages et ces laquais, pas plus que de déſigner celui de nous trois qui n'en avait pas. Je me mis à parler longuement du carrouſel de Talavera ; d'un cheval couleur de porcelaine que je poſ-ſédais ; et je leur vantai un autre cheval rouan qu'on devait m'amener de Cordoue. Dès que je rencontrais un page ou un laquais conduiſant un cheval, je le faiſais arrêter, je lui demandais à qui était la bête, j'en exami-nais les marques, et je demandais ſi elle était à vendre. Je priais qu'on lui fît faire ſous mes yeux deux tours de rue ; et eût-elle été parfaite, j'avais toujours ſoin de lui trouver quelque défaut, et j'indiquais le moyen de le corriger. Le bon haſard voulut qu'il ſe préſentât plu-ſieurs occaſions de ce genre ; mes compagnons étaient tout interdits et ſemblaient ſe demander quel était ce diable d'écuyer. Je leur dis que j'étais à la recherche de bons chevaux pour moi et pour un mien couſin, pour une fête à laquelle nous étions invités. Nous arrivâmes de la ſorte au Prado. En y entrant, je dégageai mon pied de l'étrier, je portai le talon en arrière, et mettant mon cheval au pas, je parcourus lentement la promenade. J'avais mon manteau rejeté ſur l'épaule, mon chapeau à la main. Tout le monde me regardait ; l'un diſait : « Je l'ai vu à pied ; » un autre : « Le drôle en prend à ſon aiſe. » Je faiſais ſemblant de ne rien entendre et je continuais ma promenade. Nous joignîmes une voiture dans laquelle étaient des dames, et les deux cavaliers me proposèrent de leur faire notre cour. Je leur cédai le côté des plus jeunes, et me plaçai à la portière des deux plus âgées, qui étaient la mère et la tante.

Ces dames étaient fort aimables : l'une avait environ cinquante ans, l'autre un peu moins. Je leur dis mille choses tendres qu'elles écoutèrent, car il n'y a femme au monde, quelque vieille qu'elle foit, qui ait autant d'années que de préfomption. — Je leur demandai de leur faire agréer quelque préfent; je leur demandai quelle était la pofition des jeunes dames : elles me répondirent qu'elles étaient demoifelles — on le jugeait, du refte, à les entendre. — Je répliquai, ce qui eft d'ufage en pareil cas, que je leur fouhaitais vivement de les voir colloquées comme elles le méritaient. Le mot colloquées parut leur faire grand plaifir. Elles me demandèrent enfuite à quoi je m'occupais à Madrid. « Je fuis, leur dis-je, un père et une mère qui voudraient me marier, contre mon gré, avec une femme laide, fotte et mal née, mais poffédant une grande dot. Et moi, mefdames, j'aime mieux une femme à peau blanche, qu'une juive brodée d'or; par la bonté de Dieu, mon majorat vaut quarante mille ducats de rente, et fi je fors victorieux d'un procès qui eft en ce moment en bonne voie, je n'aurai befoin de rien. — Ah! feigneur, combien je vous approuve! me dit la tante avec vivacité; ne vous mariez que felon votre goût et avec une femme de race..... Quoique je fois peu riche, je n'ai pas encore voulu marier ma nièce — et il s'eft préfenté pour elle de riches prétendants — parce qu'aucun n'était de qualité. Elle eft pauvre, elle n'a que fix mille ducats de dot, mais elle ne doit rien à perfonne fous le rapport du fang. — Je vous crois, madame, lui répondis-je. »

En ce moment les deux demoifelles mirent fin à la

converfation en demandant à mes amis de leur faire fervir quelque collation. Tous deux fe regardaient avec embarras, et leurs barbes en tremblaient. Je devinais que les deux nobles chevaliers étaient pris à court; et, m'emparant de l'occafion, je m'écriai que je regrettais l'abfence de mes pages, que j'euffe envoyés à l'inftant chez moi prendre des caiffes de confitures que je venais de recevoir. On me remercia de ma gracieufe intention, et je fuppliai ces dames de venir le lendemain à la Cafa del Campo ³, où je ferais bien heureux de leur offrir une collation. Elles acceptèrent à l'inftant, m'indiquèrent leur demeure, et me demandèrent la mienne ; puis leur voiture les emmena. Je repris avec mes compagnons le chemin de la ville. Mon empreffement à l'endroit de la collation m'avait acquis leur affection; et pour m'être agréables, ils me fupplièrent de venir fouper avec eux. Je me fis un peu prier, puis je montai à leur logis, de temps à autre envoyant pour chercher mes valets, et jurant de les chaffer le lendemain. Quand dix heures fonnèrent, je leur dis que j'avais un rendez-vous galant, et leur demandai la permiffion de me retirer. Je les quittai, et nous convînmes de nous retrouver le lendemain foir à la Cafa del Campo.

J'allai rendre mon cheval au loueur, et je rentrai chez moi, où je trouvai mes deux compagnons jouant au quinola. Je leur racontai mon aventure ; nous tînmes confeil, et il fut arrêté que nous ferions fervir la collation, et que nous y confacrerions deux cents réaux ; cela convenu, nous nous mîmes au lit. J'avoue que je ne pus dormir de toute la nuit, en fongeant à ce que je ferais de la dot. Ce qui me fouriait le plus était de faire bâtir une maifon ou de la placer en rentes ; je ne favais trop ce qui ferait le meilleur, ni ce qui me rapporterait le plus.

CHAPITRE XX

CONTINUATION DES AVENTURES DE PABLO ; NOUVEAUX SUCCÈS ET NOTABLES DISGRACES

IL fit jour le lendemain, et nous nous levâmes tous pour nous occuper des valets, de la vaiſſelle et de la collation. Comme l'argent a pouvoir ſur tout, qu'il n'eſt perſonne qui lui manque de reſpect, je m'abouchai avec un chef d'office de grande maiſon, qui, pour une bonne ſomme, mit à mes ordres de l'argenterie, trois valets, et ſe chargea de ſervir la collation. La matinée ſe paſſa à tout diſpoſer, et, le ſoir, j'allai louer un nouveau cheval. A l'heure convenue, je me dirigeai vers la Caſa del Campo. J'avais ma ceinture garnie de papiers et de mémoires, ſix boutons de mon pourpoint déboutonnés, et d'autres papiers apparaiſſaient par cette ouverture. J'avais été précédé par les dames et par les cavaliers. Les dames me reçurent avec toutes les marques poſſibles d'affection, les cavaliers me dirent *vous* au lieu de *Votre Grâce*, en ſigne de familiarité [1]. J'avais dit que je me nommais don Felipe Triſtan, et ce ne fut, pendant toute la journée, que don Felipe par-ci, don Felipe par-là. Je m'excuſai d'être arrivé le dernier, ſur les occupations que me donnaient le ſervice de Sa Majeſté et les comptes de mon majorat ; j'ajoutai que j'avais eu un inſtant la crainte de manquer au rendez-vous, et j'engageai mes invités à ſe diſpoſer, ſans plus tarder, pour la collation.

Un inſtant après moi, arriva le chef d'office avec ſon attirail, ſon argenterie et ſes valets; mes conviés ne faiſaient que me regarder et ne ſavaient que dire. Je lui donnai ordre d'aller au cabinet de verdure, d'y dreſſer ſon ſervice, et je propoſai, en l'attendant, d'aller viſiter les pièces d'eau. Les vieilles vinrent à moi pour me faire toutes ſortes de cajoleries, et je pus enfin voir les jeunes perſonnes à viſage découvert. Jamais, depuis que Dieu m'a octroyé mes entrées dans ce monde, je n'ai vu choſe plus gracieuſe et plus parfaite que celle vers qui je braquais mes eſpérances matrimoniales. Elle était blanche, blonde, roſe; ſa bouche était petite, ſes dents menues et bien rangées, ſon nez bien fait, ſes yeux grands, bien fendus et verts; elle était grande, elle avait de jolies petites mains, et l'accent un peu zézayant. L'autre n'était pas mal, mais elle avait une tournure plus délibérée, et elle portait le nez trop en avant. Nous parcourûmes les jardins, viſitant les pièces d'eau, et je découvris, pendant ce peu de temps, que ma fiancée en eſpérance eût couru de grands dangers du temps d'Hérode par excès d'innocence : elle ne ſavait rien. Du reſte, je ne demande pas une femme pour me conſeiller ou pour me faire rire, mais bien pour vivre avec moi. Si elle eſt laide et ſpirituelle, c'eſt la même choſe que coucher avec Ariſtote, avec Sénèque ou avec un livre. J'aime mieux qu'elle ſoit bien pourvue pour l'attaque et pour la défenſe. Cette penſée me conſola.

Nous nous dirigeâmes vers le cabinet de verdure, et, en paſſant près d'un buiſſon, une branche accrocha la garniture de mon col et me le déchira un peu. Ma prétendue accourut, me l'attacha avec une épingle d'argent, et la mère me dit d'envoyer le col chez elle le lendemain, et que doña Ana — c'eſt ainſi que ſe nommait ſa fille — me le raccommoderait. Tout allait à ravir, mes amours auſſi bien que la collation, et tout fut trouvé à merveille, les fruits, les confitures et les ſucreries.

Au moment où l'on deſſervait, je vis venir à travers le jardin un cavalier, ſuivi de deux laquais, et je reconnus en lui, au moment où je m'y attendais le moins, mon ancien maître et ami, don Diégo Coronel. Il s'arrêta devant moi et regarda alternativement mon coſtume et ma figure. Il s'approcha des dames, qu'il appela ſes couſines, et pendant tout ce temps ne ceſſa de porter ſes regards ſur moi. Je parlais au chef d'office, et mes deux convives, qui paraiſſaient être les amis de don Diégo, étaient en grande converſation avec lui. Il leur demanda mon nom, ainſi que je le reconnus depuis; ils répondirent que je me nommais don Felipe Triſtan, que j'étais un cavalier fort honorable et fort riche. Je le voyais ſe ſigner. Enfin, en préſence de ces dames, de tout le monde, il vint à moi. « Que Votre Grâce me pardonne, me dit-il. Dieu m'eſt témoin qu'avant qu'on m'eût appris votre nom, je vous prenais pour tout autre que vous n'êtes. Jamais je n'ai vu quelqu'un qui reſſemblât autant à un valet nommé Pablillos, que j'avais à Ségovie, et qui était fils d'un barbier de la même ville. »

Tous ſe mirent à rire, et je me tins à quatre pour qu'un peu d'embarras ne vînt pas me trahir. Je lui répondis en ſouriant que j'avais le plus grand déſir de voir cet homme auquel on m'avait dit pluſieurs fois que je reſſemblais beaucoup. « Jéſus ! beaucoup ! reprit don Diégo, il ne peut y avoir de reſſemblance plus frappante. La taille, l'organe, la tournure. En vérité, feigneur, j'en fuis tout ébahi; je n'ai jamais rien vu de femblable. »

Les deux dames, la mère et la tante fe récrièrent, et prétendirent qu'il était de toute impoffibilité qu'un cavalier d'autant de diftinction pût avoir quelque chofe de commun avec un femblable valet. « Je connais fort bien le feigneur don Felipe, ajouta l'une d'elles — fans doute pour fe juftifier de toute complicité dans les foupçons de don Diégo; — c'eft lui qui voulut bien, à la prière de mon mari, nous donner l'hofpitalité à Ocaña. »

Je compris, et je répondis avec un profond falut que ma plus ardente volonté était et ferait toujours de fervir ces dames en toute occafion, felon mes faibles moyens. Don Diégo me fit mille proteftations de dévouement, et me demanda vivement pardon de l'offenfe qu'il m'avait faite en me prenant pour le fils d'un barbier. « Vous ne voudrez pas le croire, feigneur, ajouta le traître, fa mère était forcière, fon père filou, fon oncle bourreau, et lui-même était le plus mauvais garnement, l'homme le plus pervers que Dieu ait mis fur terre. »

Je n'en pouvais plus d'entendre en face des chofes auffi honteufes. J'étais, quel que fût mon courage, fur des charbons ardents.

Enfin, on parla de rentrer. Je remontai à cheval avec les deux autres cavaliers, et don Diégo prit place dans la voiture de ces dames. Il leur demanda qui avait fait fervir la collation et comment elles me connaiffaient. La mère et la tante répondirent que j'étais un riche héritier de bon nombre de ducats, et que je paraiffais vouloir époufer Anita; elles l'engagèrent à prendre des informations qui lui prouveraient, fans nul doute, que j'étais un parti non feulement convenable, mais même fort honorable pour toute la famille. Ces dames rentrèrent ainsi à leur maison, qui était dans la rue de l'Arenal, près San-Felipe. De notre côté, nous montâmes, comme la veille, au logis qu'occupaient mes deux amis. Ils me proposèrent de jouer, sans doute dans l'intention de me plumer ; je devinai la ruse, et néanmoins je consentis. Ils prirent des cartes : elles étaient dressées et façonnées comme des petits pâtés ; je perdis un tour et feignis de vouloir partir ; puis je leur gagnai environ trois cents réaux, avec lesquels je pris congé d'eux pour rentrer chez moi.

J'y trouvai mes deux camarades, le licencié Brandalangas et Pero Lopez, qui étudiaient, avec des dés, quelque merveilleuse tricherie. Dès qu'ils me virent, ils quittèrent tout pour me demander le récit de mes aventures de la journée. Je leur racontai tout de suite comment la rencontre de don Diégo m'avait mis dans une cruelle perplexité, et ce qui s'était passé entre lui et moi ; ils me consolèrent, me conseillant de dissimuler toujours, et de ne reculer en aucune manière, ni pour aucune raison. Nous sûmes alors qu'on jouait au lansquenet, ce soir-là, chez un apothicaire voisin ; j'étais devenu raisonnablement habile sur ce jeu, et j'en connaissais à merveille toutes les ruses. Nous résolûmes d'aller y faire un mort — c'est-à-dire y enterrer une bourse — et j'envoyai mes deux amis m'annoncer.

Ils demandèrent humblement qu'on voulût bien admettre à la partie un frère de Saint-Benoît, qui était malade, et qui, venu à Madrid chez une parente pour se soigner et se guérir, était muni d'une passable quantité de réaux de huit et d'écus. Cette confidence fit ouvrir de grands yeux. « Bravo ! s'écria-t-on de toutes parts ; que le frère soit le bienvenu. — C'est un homme fort considéré dans l'ordre, reprit Pero Lopez, et pendant qu'il en eft momentanément dehors, il veut caufer à fon aife ; c'eft furtout dans ce but qu'il défire être admis. — Qu'il vienne, qu'il vienne, et qu'il en foit felon fon gré. — Et pour la bienvenue ? demanda Brandalangas. — Nous n'en parlerons pas, » dit vivement le maître du logis.

Mes acolytes vinrent me rejoindre ; j'étais déjà traveſti. J'avais un mouchoir autour de la tête, un vêtement complet de bénédictin, que je m'étais procuré par hafard il y avait quelque temps, et des lunettes. Ma barbe, coupée court, ne nuifait nullement. J'entrai d'un air très humble, je m'affis. Le jeu commença et s'engagea bien : tous s'entendaient comme larrons en tripot. Mais ils eurent beau s'entendre, j'en favais plus qu'eux ; je les menai bon train, et leur donnai de tels coups de griffe que, dans l'efpace de trois heures, j'amenai à moi plus de treize cents réaux. Je dépofai mon étrenne, murmurai d'un air contrit un « Loué foit le Seigneur, » et je priai mes victimes de ne pas fe fcandalifer de me voir jouer, ajoutant que c'était un paffe-temps et rien de plus. Les autres, qui avaient perdu tout ce qu'ils avaient, fe donnaient à tous les diables ; je pris congé d'eux et nous nous retirâmes.

Il était une heure et demie du matin quand nous rentrâmes au logis; nous partageâmes le gain et nous couchâmes. Le lendemain, entièrement raffuré fur mes craintes de la veille, je m'habillai de bonne heure et allai chercher mon cheval; je n'en trouvai pas un à louer, ce qui me fit reconnaître qu'il y avait bien d'autres cavaliers de mon efpèce. Il eft de fi mauvais ton d'aller à pied ! Je le fentais encore mieux maintenant que j'y étais contraint. J'allai vers l'églife de San-Felipe, et j'aperçus le laquais d'un licencié tenant un cheval par la bride, et attendant son maître, qui était descendu pour aller écouter la messe. Je lui mis quatre réaux dans la main, et lui demandai, pendant que son maître était à l'église, de me laisser faire deux tours dans la rue de l'Arenal; c'était là que demeurait ma dame. Il y consentit; je montai, et fis deux tours dans le haut de la rue, deux tours dans le bas, sans voir personne; au troisième, doña Ana parut. Dès que je l'aperçois, je veux faire caracoler mon cheval : mais je ne connaissais pas ses habitudes et je n'étais pas excellent cavalier; je lui donne deux coups de cravache, je relève la main : il se cabre, puis, lançant deux ruades, il se met à courir et se jette avec moi, les oreilles en avant, dans un tas d'ordures. Me voyant dans cette situation en présence de ma dame, entouré de tous les enfants du quartier : « Fils de garce! m'écriai-je tout haut, maudit soit celui de qui je te tiens! On m'avait averti de tes caprices; j'ai eu tort de vouloir les combattre. » Le laquais avait couru à son cheval, qui s'était arrêté de suite; je me remis en selle, et au même moment, attiré par le bruit, parut à la fenêtre don Diégo Coronel, qui se trouvait dans la même maison que ses cousines. Sa vue manqua me faire perdre contenance. Il me demanda si je m'étais blessé : je lui répondis que non, bien que j'eusse une jambe contusionnée. Le laquais me priait tout bas de laisser là le cheval, de crainte que je fusse aperçu par son maître, qui allait bientôt sortir pour se rendre au palais. Le malheur me poursuivra partout! Au moment même l'avocat arrive par derrière, s'empare de son valet, l'accable de coups de poing, et lui reproche à très haute voix d'avoir prêté son cheval. Il ne s'en tient pas là : il vient tout droit à moi, et m'invite, d'un air fort courroucé et en jurant Dieu, à mettre pied à terre.

Tout cela fe paffait fous les yeux de ma dame, et en préfence de don Diégo. Jamais homme roué de coups n'eut fi grande honte. J'étais accablé, et ce n'était pas à tort, d'être, à deux pas de diftance, la victime de deux difgrâces auffi humiliantes. A la fin il me fallut defcendre; l'avocat reprit fa place et s'en alla. Pour donner une défaite paffable, je m'adreffai à don Diégo depuis la rue. « Jamais, lui dis-je, je n'ai monté de ma vie une plus mauvaife bête. J'ai ici, à San-Felipe, un cheval aubère, fort emporté et très coureur. Je difais à mes amis comment je le fais courir et s'arrêter; ils me répondirent qu'ils en connaiffaient un que je ne dompterais pas auffi facilement : c'était celui de ce licencié. Je voulus l'effayer. Vous ne pouvez vous imaginer combien il a les hanches dures, et c'eft miracle qu'avec une auffi mauvaife felle je ne me fois point tué. — C'eft la vérité, répondit don Diégo, et il me paraît que Votre Grâce s'eft bleffée à la jambe. — En effet, repris-je; auffi vais-je retrouver mon cheval et regagner mon logis. »

Doña Ana parut auffi fatisfaite de me voir hors de danger qu'elle avait été émue et effrayée de ma chute ; mais don Diégo conferva un foupçon de l'affaire du lettré et de ce qui s'était paffé dans la rue.

Un malheur ne vient jamais feul ; il m'en arriva bien davantage. Le plus grand, qui entraîna les autres, fut qu'en rentrant chez moi, je courus rendre vifite à un coffre dans un coin duquel j'avais dépofé tout l'argent qui me reftait de mon héritage, et mon gain de la nuit précédente, moins cent réaux que j'avais fur moi; tout avait difparu : le bon licencié Brandalangas et fon ami Pero Lopez s'en étaient chargés et n'étaient pas rentrés. Je reftai comme mort, et ne fachant comment remédier à cette terrible perte. « Malheur, me dis-je tout bas, à qui se fie sur un bien mal acquis ; il s'en va comme il est venu ! Malheureux que je suis ! Que ferai-je ? Vais-je me mettre à leur poursuite ? Irai-je porter plainte à la justice ? Si je veux les poursuivre, où les trouverai-je ? S'ils sont pris, ils dénonceront mes fredaines, ils parleront de mon déguisement, et m'enverront mourir à la potence. »

Tout bien calculé, pour ne pas perdre encore le mariage que j'espérais — et je comptais sur la dot pour réparer toutes mes pertes, — je me résolus à rester et à en presser la conclusion. Je dînai, et le soir j'allai louer mon cheval et me promener dans la rue de ma belle. Comme je n'avais pas de laquais et que je ne voulais pas paraître n'en pas avoir, j'attendis au coin de la rue, que je visse passer quelque homme qui en eût l'apparence, et je le précédai, le mettant ainsi à mon service à son insu. Arrivé au bout de la rue, je m'arrêtais jusqu'à ce qu'il en vînt un autre, et je faisais ainsi un autre tour.

Don Diégo cependant conservait la persuasion que j'étais bien le fripon qu'il avait connu autrefois ; il ne se payait pas trop de l'histoire de mon cheval aubère, et mon aventure avec le laquais de l'avocat lui semblait fort mal expliquée. Il se mit à m'épier, à s'informer de moi et de la manière dont je vivais. En même temps je cherchais à presser notre conclusion, et ces dames, qui voulaient en finir, pressaient don Diégo. Il fit tant enfin, qu'il sut la vérité de la manière du monde la plus imprévue. Il rencontra un jour le licencié Flechilla — le même chez qui je m'étais invité à dîner lorsque je vivais avec les chevaliers d'industrie — et celui-ci, me gardant rancune de n'être pas retourné le voir, se plaignit à don Diégo, dont il savait que j'avais été le valet; il lui raconta comment et dans quelle tenue je l'avais accosté un jour, comment il m'avait reconnu la veille à cheval sous un costume fort élégant, et comment je lui avais raconté que j'allais faire un très riche mariage. Don Diégo n'en demanda pas plus long et retourna chez lui. Près de la Puerta del Sol, il aperçut nos deux amis, le commandeur et le chevalier de Santiago : il courut à eux, leur conta l'aventure, et les engagea à venir me guetter le soir même dans la rue de l'Arenal, afin de m'y laver la tête. Il les prévint qu'ils me reconnaîtraient à son manteau, qu'il me ferait prendre. Les cavaliers acceptèrent la partie avec empressement. Vers la fin de la journée je les rencontrai tous les trois : ils dissimulèrent de telle sorte que je ne pouvais croire avoir jamais eu de meilleurs amis. Nous tînmes conseil sur ce qu'il serait convenable de faire en attendant l'*Ave Maria*. Puis les deux cavaliers nous quittèrent et descendirent la rue; don Diégo et moi restés seuls, nous nous dirigeâmes vers San-Felipe. A l'entrée de la rue de la Paz, don Diégo m'arrêta. « Sur mon âme, don Felipe, me dit-il, changeons de manteau; il faut que je passe dans cette rue, et je ne veux pas être reconnu. — Avec grand plaisir, lui répondis-je. » Je pris son manteau bien innocemment, je lui donnai maladroitement le mien et je lui offris mes services, s'il avait besoin d'un coup d'épaule; mais comme c'était aux miennes qu'il en voulait, il me témoigna le désir d'être seul, et je m'en allai.

Je l'avais à peine quitté, avec son manteau, que deux sacripans qui l'attendaient pour lui administrer une correction au nom de quelque petite femme, me prenant pour lui à son manteau, m'assaillirent et firent pleuvoir fur moi une grêle de coups de plat d'épée ; je criai, ils reconnurent à ma voix que j'étais un autre, et s'enfuirent, me laiſſant ſur les épaules la créance de don Diégo, et ſur la figure trois ou quatre contuſions. Je m'arrêtai un inſtant, n'oſant plus paraître dans la rue.

Cependant, à minuit, heure à laquelle je venais cauſer avec doña Ana, j'arrive à ſa porte, je m'annonce par le ſignal accoutumé ; au même inſtant l'un des deux cavaliers qui me guettaient pour don Diégo me barre le paſſage, m'aſſène deux coups de bâton ſur les jambes et me renverſe ſur le ſol ; l'autre arrive et me fait une ſaignée d'une oreille à l'autre. Puis ils m'enlèvent ma cape et me laiſſent dans la rue en me diſant : « C'eſt ainſi qu'on punit les fripons et les impoſteurs de bas étage. »

Je me mis à crier et à demander confeſſion ; et comme j'ignorais par qui j'avais été aſſailli, je penſai que ce pouvait être l'hôte de chez qui j'étais ſorti à l'aide de l'Inquiſition, ou le geôlier dont je m'étais joué, ou les camarades qui m'avaient volé ; enfin, j'attendais cette correction de tant de côtés à la fois, que je ne ſavais à qui je devrais en tenir compte. Mais je ne ſoupçonnai un inſtant ni don Diégo ni ſes amis. J'appelai, je criai au voleur, à l'aſſaſſin ; la juſtice accourut et me releva. Me voyant ſans cape, avec une rigole longue d'une palme à travers la figure, on m'enleva pour me faire ſoigner. On me porta chez un barbier qui me panſa, puis on me demanda où je demeurais, et l'on m'y conduiſit. Je me couchai et je paſſai une nuit bien triſte et bien agitée ; j'avais le viſage diviſé en deux régions, le corps contuſionné, les jambes tellement meurtries de coups de bâton que je ne pouvais me tenir debout. J'étais bleffé, volé, défiguré; je ne pouvais plus revoir mes amis ni pourfuivre mon mariage; je ne pouvais refter à Madrid ni en fortir.

CHAPITRE XXI

PABLO SE GUÉRIT ET COURT D'AUTRES AVENTURES

Le lendemain, dès l'aube, j'aperçus au chevet de mon lit l'hôtesse de la maison. C'était une vieille de bien, de plus de cinquante-cinq ans, avec un grand chapelet, et un visage sec et ridé comme une coquille de noix. Sa réputation était grande dans le quartier; elle en prenait son parti avec ceux qui s'en occupaient. Elle aimait à satisfaire les désirs, elle prêtait la main aux plaisirs. On la nommait le Guide; elle louait sa maison, et s'employait à louer les autres. Dans toute l'année son logis n'était jamais vide. Il fallait voir comment elle enseignait aux jeunes filles à mettre leur voile, leur indiquant surtout ce qu'elles devaient laisser voir de leur visage. A celle qui avait de belles dents, elle conseillait de rire toujours, même en pleurant; à celle qui avait de jolies mains, elle donnait des leçons d'escrime; elle enseignait à la blonde de laisser flotter ses cheveux en boucles sous la toque et sur la mante; à celle qui avait de beaux yeux, elle apprenait tous ces mouvements langoureux, ces clignotements des prunelles, ces élans vers le ciel. Elle en remontrait dans l'art de composer des fards; une femme venait, noire comme un corbeau, elle la blanchiffait de telle forte, que le mari ne la reconnaiffait plus lorfqu'elle rentrait chez elle. Mais ce en quoi elle était le plus habile, c'était à ces reftaurations où excellait ma mère [1]. En huit jours que je paffai chez elle, je la vis faire tout cela; et pour comble, elle apprenait aux femmes comment on s'y prend pour plumer une victime, et quels petits difcours il faut employer. Elle profeffait les différentes manières d'entortiller un galant : les fillettes, par gentilleffe; les jeunes filles, par faveur, et les vieilles, par dévouement. Elle difait comment il faut demander de l'argent, comment on demande une chaîne ou des bagues. Elle citait pour exemple la Vidaña, fa rivale d'Alcala, et la Planofa, fon émule de Burgos, des femmes à qui rien ne réfiftait.

J'ai cru ce portrait néceffaire, afin qu'on ait de moi quelque pitié en fongeant aux mains dans lefquelles j'étais tombé, et on comprendra mieux les difcours que me tint mon hôteffe, qui ne parlait que par proverbes; ainfi qu'on peut en juger.

« A toujours prendre et ne rien mettre, mon fils don Felipe, me dit-elle, on voit bientôt le fond du fac; felon la pouffière la boue; felon la noce le gâteau. Je ne te comprends guère, mon fils, et je ne fais pas ta manière de vivre; tu es jeune, auffi je ne m'étonne pas que tu faffes fauffe route, fans penfer que tout en dormant nous marchons vers la tombe. Je ne fuis plus qu'un tas de terre, mais je puis, mon enfant, t'indiquer ton chemin. Il m'eft revenu que tu as dépenfé beaucoup de bien fans favoir comment; qu'on t'a vu, ici, tantôt étudiant, tantôt coquin fieffé, tantôt cavalier, et tout cela au profit des autres. Dis-moi qui tu hantes, mon fils, je te dirai qui tu es; la brebis recherche fa pareille; mais sache que de la main à la bouche se perd souvent la soupe ². Allons donc, nigaud ! Si les femmes te mettent martel en tête, n'oublie donc pas que je suis sur cette terre l'inspectrice perpétuelle de cette sorte de marchandise, que je vis des services que je rends, que je fais leur éducation, que je les forme et qu'il y en a toujours dans la maison. Au lieu de t'adresser à moi, tu t'en vas, avec un fripon et un autre fripon, à la poursuite d'une poupée d'amidon et d'une fine mouche qui t'en a donné à retordre. Sur ma foi, mon fils tu eusses épargné bien des ducats si tu te fusses adressé à moi, car moi je ne tiens pas à l'argent : je le jure sur les âmes de ceux que j'ai perdus, et puisse aussi bien m'échoir une bonne fin, je ne te demanderais pas, à l'heure qu'il est, un maravédis de ce que tu me dois pour ton logement, si je n'en avais pas besoin pour acheter des bougies et quelques simples. » La bonne femme pratiquait les simples et pensait m'exploiter. Elle se graissait les mains et s'en allait quelquefois par le chemin de la fumée ³.

Je remarquai qu'elle finissait son discours ou son sermon en me demandant de l'argent ; c'est d'ordinaire par là que les autres commencent. Elle ne m'avait du reste encore fait cette demande qu'une fois depuis que j'étais son hôte, et ce jour-là elle était venue me donner des explications sur je ne sais quelle imputation de sorcellerie à la suite de laquelle on avait voulu la prendre, et elle s'était cachée. Elle m'expliqua le fait, et me dit qu'il s'agissait d'une autre portant le même surnom. Il ne faut pas nous étonner si nous sortons de la bonne voie avec de tels guides.

Je lui comptai son argent, et j'en étais là lorsque le malheur, qui jamais ne m'oublie, et le diable, qui toujours pense à moi, voulurent que des recors fussent envoyés pour l'arrêter fous accufation de concubinage, et on favait que fon complice était dans la maifon. Ils entrèrent dans ma chambre; me voyant au lit et elle auprès de moi, deux d'entre eux fe jetèrent fur moi, me lancèrent quatre ou fix bourrades et me tirèrent hors du lit. Les deux autres, pendant ce temps, s'emparèrent de l'hôteffe, en l'appelant forcière et m....... 4. Pouvait-on penfer cela d'une femme qui menait la vie que j'ai dite? Au bruit qu'ils firent, et à mes plaintes, l'amant de la belle, qui était un fruitier, et qui fe trouvait dans une pièce voifine, chercha à s'échapper. Les recors, qui l'aperçurent, et à qui un autre habitant du logis avait appris que je n'y étais pour rien, coururent après lui, l'empoignèrent et me laiffèrent là, fort meurtri et fort maltraité, mais riant, malgré ma douleur, de tout ce qu'ils débitaient à l'hôteffe. « Qu'une mitre vous ira bien, la mère, difait l'un, et que je ferai heureux de voir mettre trois mille navets à votre fervice 5. — Les feigneurs alcades, difait l'autre, vous ont déjà choifi des plumes afin que vous foyez bien parée. » Enfin, ils les attachèrent tous deux, me demandèrent pardon, et me laiffèrent feul.

Je me fentis un peu d'aife d'apprendre que les affaires de ma bonne hôteffe n'étaient pas en fi mauvais état, et je n'eus plus d'autre fouci que de me lever le plus tôt poffible, afin de lui venir en aide, bien que, d'après ce que me dit une fervante qui était reftée dans la maifon, j'euffe quelque inquiétude fur les fuites de fon emprifonnement, car celle-ci parlait de vol et d'autres chofes qui fonnaient mal.

Je reftai huit jours encore à me foigner dans cette maifon et ne pouvant fortir. On m'avait fait une douzaine de points fur la figure, et il me fallut prendre des béquilles. De plus, je me trouvai fans argent ; je venais de dépenfer le dernier de mes cent réaux à payer l'hôteffe, le logis et la nourriture. Ne pouvant faire plus de dépenfes, puifque je n'avais pas d'argent, je pris le parti d'aller, avec mes béquilles, vendre ma défroque, mes pourpoints, mes cols, mes chauffes ; tout cela était fort bon encore. De l'argent que j'en tirai, j'achetai un vieux colletin de cuir de Cordoue, un large pourpoint de toile d'étoupe, un gaban de pauvre rapiécé, mais propre, des guêtres et de vaftes fouliers. Je me renverfai fur la tête le collet de mon gaban, je pendis à mon cou un chrift de cuivre, et un rofaire à mon côté. Je cachai dans la doublure de mon pourpoint foixante réaux qui me reftaient, puis je me fis pauvre, confiant en ma bonne langue. Un pauvre, qui favait parfaitement fon état, m'apprit à donner à ma voix un ton douloureux, m'enfeigna quelques phrafes bien larmoyantes. Je me traînai pendant huit jours par les rues de la ville. « Donnez, bon chrétien, difais-je d'une voix exténuée : donnez, ferviteur de Dieu, au pauvre eftropié : il eft fans reffource et il a faim. »

C'était là ma formule de la femaine ; mais, pour les jours de fête, j'en débitais une autre fur un ton différent. « Fidèles chrétiens, difais-je, dévots du Seigneur, au nom de la reine des anges, mère du Chrift, faites l'aumône au pauvre perclus, frappé par la main de Dieu. » Je m'arrêtais un inftant, chofe des plus importantes, et je reprenais : « Le mauvais air et une heure fatale m'ont frappé pendant que je travaillais dans une vigne, et mes membres font reftés perclus. Je me fuis vu fain et robufte comme vous tous, et comme je demande à Dieu qu'il vous conferve..... Loué foit le Seigneur ! »

Là-deffus pleuvaient les doubles maravédis, et je gagnais beaucoup d'argent. J'euffe gagné bien davantage, fi je n'avais eu un concurrent redoutable. C'était un gros garçon, laid comme le péché, manchot des deux bras, eftropié d'une jambe, qui parcourait les mêmes rues que moi dans une charrette, et recueillait beaucoup plus d'aumônes parce qu'il parlait fort mal. « Prenez pitié, ferviteurs de Jéfus-Chrift, difait-il d'une voix rauque, en terminant par un cri de fauffet, prenez pitié des maux que le Seigneur m'a envoyés pour mes péchés. Donnez au pauvre, c'eft Dieu qui recevra. Donnez au nom du bon Jéfu..... »

Il récoltait en abondance. Je remarquai qu'il ne difait pas Jéfus : il ôtait l's ; cela donnait plus de componction à fa prière. Je compris fa leçon, je changeai mes phrafes, et ma recette augmenta merveilleufement.

Du refte, j'étais digne de compaffion avec mes deux béquilles, et mes deux jambes étaient enveloppées, attachées enfemble, enfermées dans un fac de cuir. Je paffais la nuit fous la porte d'un chirurgien avec un pauvre du quartier — l'un des plus effrontés coquins que Dieu ait créés. — Il était fort riche, et nous le confidérions comme notre recteur ; il gagnait plus que tous les autres. Il fe ferrait le haut du bras avec un cordon, de forte que fa main était gonflée et fon bras tout enflammé ; il avait près de lui un couffin fur lequel repofait ce bras malade et immobile, et il fe tenait la tête baffe. « Confidérez difait-il d'une voix dolente, les afflictions que Dieu envoie au chrétien ! » Si une femme paffait : « Belle dame, lui criait-il, Dieu conduife votre âme. » Et toutes les femmes du quartier paffaient à deffein devant lui, bien que ce ne fût pas leur chemin, et lui faifaient l'aumône pour être appelées belle dame. S'il voyait venir un foldat : « Ah ! feigneur capitaine ! » Si c'était un homme, mal ou bien mis : « Ah! seigneur cavalier! » A ceux qui passaient en voiture, il disait : « Votre Seigneurie. » Au clerc qui venait sur une mule : « Seigneur archidiacre. »

En un mot, il flattait d'une manière terrible. Il avait une manière différente de demander selon les saints du jour. Je me liai avec lui d'une telle amitié, qu'il me confia un secret avec lequel nous fûmes riches en deux jours. Le voici : Il avait trois petits enfants qui s'en allaient par les rues demandant l'aumône, et volant tout ce qu'ils pouvaient. Ils lui rendaient compte et il gardait tout. Il y avait deux enfants de chœur avec lesquels il partageait les saignées qu'ils parvenaient à faire aux troncs des églises. Avec les conseils et les leçons d'un si bon maître, j'acquis bientôt un talent égal, et j'exploitai aussi à merveille toute cette petite engeance. En moins d'un mois j'étais possesseur de plus de deux cents réaux. Plus tard, il me confia une nouvelle invention pour laquelle nous nous associâmes. Jamais mendiant n'eut une idée plus industrieuse. Nous enlevions chaque jour, à nous deux, quatre ou cinq enfants; on les faisait réclamer à son de trompe; nous allions, l'un ou l'autre, en demander le signalement. « En vérité, disions-nous, c'est celui-là même que j'ai recueilli à telle heure, et sans moi un carrosse l'écrasait; il est dans mon logis. »

Nous rendions l'enfant, et on nous donnait la récompense. L'affaire fut excellente et nous enrichit de telle sorte, que j'amassai cinquante écus d'or. Pendant ce temps mes jambes s'étaient guéries, bien que je les tinsse toujours enveloppées. Je résolus alors de quitter Madrid et de m'en aller à Tolède, où je ne connaissais personne, en même temps que personne ne me connaissait. J'achetai un habillement gris avec l'épée et le petit collet, et je pris congé de mon ami Valcazar — le pauvre dont je viens de parler — pour chercher dans les hôtelleries une occasion d'aller à Tolède.

CHAPITRE XXII

PABLO SE FAIT COMÉDIEN, POÈTE, GALANT DE NONNES. DES AVANTAGES DE CHAQUE PROFESSION

JE trouvai dans une auberge une compagnie de comédiens qui s'en allaient à Tolède. Ils avaient trois charrettes. Dieu voulut qu'au milieu d'eux je reconnuffe un de mes anciens camarades d'études d'Alcala, qui avait renié pour fe faire hiftrion. Le brave garçon eut d'abord grand'peine à fe fouvenir de moi à caufe de ma balafre ; mais enfin, après maints fignes de croix, il me tendit la main et nous renouâmes connaiffance. Je lui dis comment il m'importait de quitter Madrid et d'aller à Tolède, et il me fit l'amitié, pour mon argent, d'obtenir pour moi de fes confrères d'aller avec eux. Nous nous entaffâmes tous pêle-mêle, hommes et femmes. L'une d'elles, la danfeufe, qui faifait en même temps les reines et les rôles graves de la comédie, me parut très féduifante. Il fe trouva que fon mari était à côté de moi, et, fans favoir à qui je parlais, pouffé par le défir d'amour, je lui dis : « Cette femme eft bien belle. Comment pourrait-on lui parler et lui propofer de dépenfer vingt écus avec elle ? — Il ne me va guère de vous en indiquer les moyens ni de traiter l'affaire avec vous, me répondit mon voifin, puifque je fuis fon mari ; mais je puis avouer fans vanité comme fans paffion — car je n'en ai aucune — qu'on peut bien dépenfer quelque argent avec elle, car on ne rencontre pas fouvent une telle fraîcheur ni un femblable enjouement. »

Cela dit, il fauta hors du chariot et s'en alla monter dans un autre, fans doute pour me laiffer libre de parler à la princeffe. Le procédé du mari me fembla fort plaifant, et me prouva qu'on peut bien dire que ces gens-là ont des femmes comme s'ils n'en avaient pas. Je profitai de l'occafion ; la danfeufe me demanda où j'allais, s'informa de mes reffources, de mon exiftence ; en un mot, après une longue et agréable converfation, nous remîmes jufqu'à notre arrivée à Tolède le refte de l'affaire.

Pendant le trajet, nous nous amufâmes beaucoup, je me mis à réciter un paffage de la comédie de faint Alexis, que j'avais apprife quand j'étais enfant, et je le récitai de telle forte, que mes compagnons de voyage en furent ébahis. Comme ils favaient quelque chofe de mes difgrâces et de mes ennuis, d'après ce que j'avais dit à mon camarade d'Alcala, ils s'en vinrent me propofer de me mettre en danfe avec eux. Cette vie de farandole me tenta tellement, et j'avais d'ailleurs un tel penchant pour la danfeufe et un tel befoin d'attachement, que je confentis. Je m'engageai pour deux années avec l'auteur [1] ; nous fignâmes un traité ; il m'affigna ma part, me défigna un emploi, et nous arrivâmes à Tolède.

J'eus de fuite à apprendre trois ou quatre prologues et de petits rôles choifis felon ma taille et felon ma voix ; je le fis avec zèle, et enfin vint le jour de mon début. J'entrai en fcène : il était queftion d'un navire — il n'y a pas de prologue fans navire ; — ce navire arrivait défemparé et fans provifions ; j'eus à dire : « Voici le port ; » j'appelai « fénat » les gens qui fe trouvaient là, je demandai pardon des fautes ², je me tus et je m'en allai. Il y eut des bravos, et, à dater de ce jour, j'eus des fuccès au théâtre.

On mit à l'étude une comédie compofée par un de nos camarades ; je fus fort furpris que les comédiens fuffent poètes ; je croyais que ce titre n'appartenait qu'à des hommes doctes et favants, et non à des êtres auffi complètement ignorants. Mais cela eft venu à un tel point, qu'il n'y a pas un chef de troupe qui n'écrive des comédies, pas un comédien qui ne faffe fa farce de Maures et de chrétiens ; et je me fouviens cependant que dans le principe il n'y avait de comédies que celles du bon Lope de Vega et de Ramon ³.

Enfin nous repréfentâmes notre comédie, et perfonne n'y comprit rien ; nous la recommençâmes le lendemain. Elle débutait par une bataille ; j'entrais en fcène armé de toutes pièces, avec la rondache ; et fans cette circonftance, j'euffe fuccombé fous la pluie de coings, de concombres et de trognons de toute efpèce qui nous arriva. Jamais on ne vit un tourbillon femblable, et la comédie le méritait bien. On y voyait un roi de Normandie qui, hors de tout propos, fe faifait ermite ; puis un intermède compofé de deux laquais bouffons, et enfin, au dénoûment de l'intrigue, tout le monde fe mariait... et bonfoir ! Nous n'avions que ce que nous méritions.

Nous traitâmes fort mal notre camarade le poète ; et comme je lui remontrais à quel danger nous avions échappé, il me répondit qu'il n'y avait rien de lui dans cette comédie ; qu'en prenant à l'un un morceau, à l'autre un autre, il avait fabriqué du tout un manteau de pauvre, et que tout le mal venait de ce que les coutures avaient été mal faites. Il m'avoua que les comédiens-poètes étaient tous sujets à restitution, parce qu'ils profitaient des rôles qu'ils avaient joués ; que l'appât de deux ou trois cents réaux rendait communs ces petits larcins. Puis, quand une compagnie voyage, il ne manque pas sur son chemin de gens qui viennent lui offrir des comédies ; on les prend pour les lire et on ne les rend pas ; on y ajoute une niaiserie, on retranche quelque chose de bien dit, et l'on s'en déclare l'auteur. « Jamais comédien, ajouta-t-il, n'a fait un acte d'une autre manière. »

Cette manière d'agir ne me parut pas des plus mauvaises ; je fus tenté d'en essayer, et je me sentis tout à coup le feu sacré de la poésie. Je connaissais quelques-uns de nos poètes ; j'avais lu Garcilaso ; j'en savais assez pour pratiquer l'art avec succès ; je résolus de me mettre à l'œuvre, et je passai ainsi ma vie entre la poésie, l'amour de la danseuse et les représentations. Au bout d'un mois de séjour à Tolède, nous avions joué beaucoup de bonnes comédies et obtenu le pardon de nos erreurs passées ; j'avais déjà une certaine réputation ; on me nommait Alonsete, du nom d'Alonso que j'avais pris dès mes débuts [4], et on me surnommait le Cruel, du titre d'un rôle que j'avais rempli à la grande satisfaction du parterre et de la populace. Ma fortune marchait : j'avais déjà trois habillements complets, et les directeurs de plusieurs compagnies voulaient me débaucher. Je faisais l'entendu ; je critiquais les comiques en renom ; je reprenais Pinedo sur ses gestes : je donnais mon approbation au jeu naturel de Sanchez ; je disais de Morales qu'il était délicieux [5] ; on me demandait mon avis pour les décorations et pour la mise en scène. Si quelqu'un proposait de lire une comédie, c'était moi qui l'écoutais. Enfin, infatué de ces fuccès, je donnai ma virginité de poète en effayant quelques ftances, puis un intermède qui ne fut pas trouvé mauvais. Cela fait, j'ofai une comédie, et, afin qu'elle ne pût manquer d'être une chofe divine [6], je pris pour titre *Notre-Dame du Rosaire.* Elle commençait par la fymphonie de rigueur ; on y voyait les âmes du purgatoire et les démons parlant le langage reçu — bou... bou... ou... ou, en entrant en fcène, et ri... ri... i... i... i, en fortant. Ma comédie eut du fuccès ; on applaudit furtout des ftrophes où j'avais mis le nom de Satan, et des ftances où je racontais fa chute du ciel et le refte.

Je n'eus bientôt plus affez de mains pour compofer ; j'étais affailli par tous les amoureux ; les uns voulaient des couplets fur des fourcils, les autres fur des yeux ; celui-ci à propos de mains, celui-là des ftances pour les cheveux. J'avais un prix fixe pour chaque chofe ; et comme il y avait d'autres boutiques, je travaillais à bon marché, afin d'achalander la mienne. Je fourniffais de cantiques les facriftains et les fœurs converfes ; les aveugles feuls m'euffent fait vivre en oraifons, qu'ils payaient huit réaux la pièce. C'eft alors que je fis celle du *Jufte Juge,* qui était grave, harmonieufe et pleine d'action, et que j'écrivis pour un aveugle, qui fe les eft attribuées, ces fameufes ftrophes qui commencent ainfi :

>Mère du Verbe incarné,
>Fille du divin Père,
>Fais-moi la grâce virginale, etc.

Je fus le premier qui mis à la mode de terminer les ftrophes comme on termine les fermons, en y plaçant d'abord « la grâce, » puis « la gloire, » comme dans ce couplet d'un captif de Tétuan :

> Demandons avec confiance
> Au divin roi, Dieu tout-puiſſant,
> Qui voit notre perſévérance,
> De nous accueillir en ſa grâce,
> Puis à la gloire des cieux. Amen

J'avais le vent en poupe, j'étais riche, heureux, et déjà j'aſpirais à être directeur. Mon logis était bien meublé ; j'avais acheté dans une vente d'un tavernier une tapiſſerie à bon marché, et je l'avais pendue à la muraille ; cela m'avait coûté vingt-cinq à trente réaux, elle faiſait plus d'effet qu'aucune de celles que le Roi poſſède et où l'on voit des déchirures ; à la mienne on ne voyait rien. Il m'arriva, un jour, à ce propos, une aventure originale que je vais vous raconter, bien qu'elle ſoit un peu à ma honte. Lorſque j'écrivais une comédie, je me retirais dans ma chambre, j'y mangeais, une ſervante m'apportait mon repas et me le laiſſait. J'avais l'habitude, quand je compoſais, de me promener dans ma chambre et de réciter toutes mes tirades comme ſi j'euſſe été au théâtre. Ce jour-là donc, j'écrivais une ſcène de chaſſe ; la ſervante du logis montait l'eſcalier, qui était étroit et obſcur, avec la ſoupe et les plats. Le diable voulut qu'elle arrivât à la porte de ma chambre au moment même où je récitais avec de grands cris cette ſtrophe de ma ſcène :

> Fuyez ! fuyez ! gardez-vous de cet ours,
> Il m'a bleſſé, il eſt furieux,
> Et va ſe précipiter ſur vous !

La brave fille m'entend : elle était Galicienne, et partant des plus ſimples ; croyant que je l'avertis de ſe ſauver, elle veut fuir; dans le trouble elle marche fur fes jupes, et roule dans l'efcalier; elle renverfe la foupe, brife les plats, et fe fauve dans la rue en criant : « A l'aide, un ours eft dans la maifon, il a tué un homme ! »

J'entends fes cris, je defcends, et je trouve tous les voifins demandant où eft l'ours. Alors je leur racontai la caufe de la peur de la fervante, et j'eus beaucoup de peine à les perfuader. Je fus obligé de jeûner ce jour-là, et pour comble d'ennui l'aventure fut connue de mes camarades et devint en un inftant la fable de toute la ville.

Quelques aventures de ce genre m'arrivèrent pendant que je faifais le métier de poète, et il furvint une cataftrophe qui m'acheva. Mon auteur — ils font tous de même — avait des créanciers, lefquels, fachant qu'il avait fait à Tolède d'affez bonnes affaires, le firent exécuter et mettre en prifon. Cet événement mit le défordre parmi nous, et chacun s'en alla de fon côté. Quant à moi — je dois dire la vérité, — les camarades voulurent m'entraîner dans quelque autre compagnie, je n'y tenais guère, n'étant venu avec eux que par néceffité. Je me voyais riche, en bon chemin : je ne fongeai plus qu'à vivre joyeufement. Je pris congé de tous et les laiffai partir.

Comptant quitter à tout jamais la mauvaife vie en ceffant d'être comédien, je devins — je prie vos feigneuries de ne pas s'offenfer de ce que je vais dire — je devins amoureux de parloirs et de grilles; je prétendis à l'Antéchrift, c'eft-à-dire que je me fis galant de nonnes. Ce qui me mit fur ce chemin, c'eft que j'avais comparé à la déeffe Vénus une nonne à la prière de laquelle j'avais fait un grand nombre de cantiques. Elle m'avait pris en affection, après m'avoir vu repréfenter faint Jean l'Évangélifte dans une comédie divine. Je lui avais confié que j'étais le fils d'un noble cavalier, et elle me comblait de bontés;

mais elle m'avait dit qu'elle était peinée de me voir comédien. Je lui écrivis la lettre fuivante 7 :

« C'eft bien plus pour vous plaire, plutôt que pour
« mes intérêts, que j'ai quitté ma compagnie. Toute
« autre que la vôtre eft pour moi la folitude, et je ferai
« d'autant plus à vous que je ferai plus à moi. Faites-
« moi favoir quand il y aura parloir, et je faurai en
« même temps quand j'aurai le bonheur, etc. »

Une converfe porta mon billet. Rien ne peut dépeindre la joie de l'excellente nonne, quand elle apprit mon changement d'état. Elle me répondit de la forte :

« C'eft à moi de recevoir et non pas d'envoyer des
« félicitations fur l'heureux fuccès dont vous me faites
« part ; j'en éprouverais de la peine, fi je pouvais croire
« que ma volonté et votre profit ne foient pas tout un.
« Nous pouvons dire que vous êtes revenu à vous-même.
« Il ne vous faut plus maintenant qu'une perfévérance
« égale à celle que j'aurai. Je doute qu'il y ait parloir
« aujourd'hui, mais ne manquez pas de venir aux vê-
« pres ; nous nous y verrons, puis enfuite à la grille, et
« peut-être pourrai-je tromper la furveillance de l'ab-
« beffe. Adieu. »

Cette lettre me combla de joie, car la nonne était réellement belle et intelligente. Je dînai, je revêtis le coftume avec lequel je jouais les galants à la comédie, et me rendis à l'églife. Je priai, puis je me mis à examiner tous les jours et toutes les ouvertures de la grille, pour voir fi elle viendrait. Enfin, par la grâce de Dieu et pour mon bonheur — je devrais dire plutôt pour mon malheur et par la malice du diable, — j'entendis le fignal d'ufage ; elle commença à touffer : mais c'était une toux de Barrabas ; je répondis de même : c'était un catarrhe, et on eût dit qu'on avait femé du poivre dans l'églife. Enfin, j'étais fatigué de touffer, quand je vis paraître à la grille une vieille afthmatique. Je compris alors ma méprife.

C'eft là le dangereux réfultat des fignaux de couvent ; ce qui eft un fignal pour la jeuneffe eft une habitude chez les vieilles, et l'homme prend pour l'appel d'un roffignol le fifflement de la chouette.

J'attendis longtemps dans l'églife et jufqu'au commencement des vêpres ; je les écoutai tout au long, et c'eft pour cela qu'on nomme les galants de nonnes des amoureux folennels ; d'abord parce qu'ils font grands confommateurs de vêpres ; en fecond lieu, parce que rarement ils en fortent contents : l'heureux jour n'arrive jamais [8]. J'entendis des vêpres par paires ; j'avais le cou plus long d'une aune qu'au commencement de ces amours, à force de me détirer pour regarder ; j'étais le camarade du facriftain et de l'enfant de chœur, et le vicaire, qui était un homme de bonne humeur, m'avait pris en amitié. J'en étais devenu raide comme barre ; on eût dit que je déjeunais de broches et que je dînais de javelots.

Après vêpres, j'allais fous les fenêtres du couvent ; elles donnaient fur une grande place, et néanmoins il fallait envoyer retenir fa place, dès midi, comme pour une comédie nouvelle ; il y avait queue de dévots. Je me plaçais où je pouvais ; et c'était un fpectacle curieux que les différentes poftures des amants qui venaient là : celui-ci regardait fans cligner de l'œil ; celui-là prenait pofition, une main fur fon épée et l'autre fur fon rofaire, comme une figure de pierre fur un tombeau ; tel levait les mains et tendait les bras d'un air féraphique ; tel autre, ouvrant la bouche plus qu'une quêteufe, ne difant mot, femblait montrer fon cœur à fa bien-aimée à travers fa gorge ; l'un, collé contre la muraille, moleftant les briques, paraiffait vouloir marquer fa mefure fur la pierre ; l'autre fe promenait, pour faire juger de fon allure, fans doute, comme on fait d'un mulet. Tel encore fe tenait, un leurre à la main, comme un chaffeur à la plume, et femblait appeler le faucon. Les jaloux formaient bande à part ; on en voyait qui, réunis en petits comités, riaient en regardant vers le couvent ; d'autres qui lifaient ou apprenaient des ftances ; celui-ci, pour tourmenter fa belle, paffait fur la terraffe en donnant le bras à une femme ; celui-là caufait avec une fervante qui lui remettait un meffage. Tout cela fe paffait en bas, de notre côté ; mais en haut, où fe trouvaient les nonnes, c'était chofe plus curieufe encore. Leur galerie était une tourelle pleine de barbacanes, avec une muraille percée de petites lucarnes, qui lui donnaient quelque reffemblance avec une poivrière ou une boule à odeurs. A toutes ces ouvertures on apercevait des fignaux ; c'était un abatis de toutes fortes de chofes ; ici une main, là un pied ; d'un autre côté, des chofes du fabbat, des têtes, des langues, peu de cervelles ; plus loin, tout un étalage, le rofaire de l'une, le mouchoir de l'autre, le gant de celle-ci, le ruban vert de celle-là. D'une lucarne il partait quelques mots dits tout bas, à l'autre on touffait ; quelque autre agitait un chapeau comme fi elle eût voulu chaffer une araignée.

L'été, les pauvres cavaliers fe rôtiffent, fe bruniffent au foleil fans fe plaindre, et c'eft chofe plaifante que de voir ces dames fi blanches, et leurs adorateurs fi riffolés. L'hiver, l'humidité qui fe glace nous fait venir du givre à la figure, et des arbres sur le corps, nous ne manquons pas un flocon de neige; il n'est pas une pluie dont nous n'ayons notre part; et tout cela, au bout du compte, pour voir une femme à travers un grillage ou une vitre, comme l'ossement d'un saint; autant vaut s'amouracher d'une grive en cage, pourvu qu'elle parle, ou d'un portrait, si elle ne parle pas. Les faveurs qu'on obtient de ces dames sont un doigt qu'on ne parvient jamais à toucher, une chiquenaude qu'on ne peut jamais recevoir, un signe de tête derrière le grillage, des soupirs qui s'arrêtent aux embrasures des lucarnes; elles aiment à cache-cache. Pour les voir parler tout bas et en mesure, il faut supporter la colère de quelque vieille, les boutades d'une portière, ou les mensonges d'une tourière; puis, ce qui est mieux, souffrir leur jalousie, leur entendre dire que leur amour est le seul véritable, et supporter les inventions diaboliques qu'elles imaginent pour le prouver. J'en étais arrivé à dire Madame à l'abbesse, Mon Père au vicaire, et Frère au sacristain. C'est à cela que le temps et la force des choses peuvent conduire un homme désespéré !

Cependant les nonnes qui m'appelaient et les tourières qui m'éconduisaient commencèrent à m'ennuyer. Je me mis à calculer tout ce que me coûtait un enfer que tant d'autres reçoivent gratis et auquel on arrive en cette vie par tant de chemins. J'étais condamné à un régime de misère; j'allais en enfer pour la faute d'un seul sens, celui du toucher. Ainsi, si je parlais, et si je ne voulais pas être entendu des autres, j'appuyais tellement ma tête sur les grilles, que j'en gardais l'empreinte pendant deux jours. Je parlais si bas, qu'il fallait un cornet pour me comprendre. Personne ne me rencontrait sans me dire : « Maudit sois-tu, coureur de nonnes, » et bien autre chose.

Tout cela me défenchanta; je me réfolus à quitter ma nonne, et je pris cette détermination le jour de faint Jean Évangélifte; j'en favais affez fur ce monde. Je ne vous dis pas combien les Baptiftines s'enrouèrent à force de crier par chagrin; au lieu de chanter la meffe, elles la gémirent; elles ne fe lavèrent plus le vifage, et prirent de vieux vêtements. Cependant, avant de quitter la mienne, je lui tirai, fous prétexte de les mettre en loterie, une provifion de colifichets de prix, des bas de foie, des fachets d'ambre, des friandifes, dont la valeur allait bien à cinquante écus, et je pris le chemin de Séville, où je comptais trouver plus d'efpace pour courir l'aventure. Je vous laiffe à penfer combien la nonne donna de regrets et de larmes, plutôt à ce que j'emportais qu'à moi-même.

CHAPITRE XXIII

PABLO EST A SÉVILLE ET VA S'EMBARQUER POUR LES INDES

Je fis de Tolède à Séville un voyage profpère; je jouais, et comme j'étais paffé maître au métier de joueur, comme j'avais une bonne provifion de dés pipés, de cartes préparées, et tout ce qu'il me fallait pour duper le Maure, faigner le chrétien, et plumer la poule, il ne m'échappait rien de l'argent qui venait fur la table. Je ne veux pas donner le détail de toutes ces fleurs d'habileté, car on me prendrait plutôt alors pour un bouquet que pour un homme. Je ne veux pas d'ailleurs divulguer des fecrets qu'il eft bon de tenir cachés, ni profeffer des vices qu'il eft bon de fuir. Cependant, fi je fais connaître quelques-unes des rufes les plus pratiquées, et quelques mots du langage ufité, je rendrai peut-être fervice à d'honnêtes ignorants, et ceux qui auront lu ce livre ne feront plus trompés que par leur faute.

Ainfi donc, ne quittez jamais votre jeu de cartes, finon on vous le changera tout en mouchant la chandelle.

— Gardez pour vous les cartes dont les coins font ufés ou brunis, — c'eft à cela qu'on reconnaît les as.

— Si vous jouez avec des gens du peuple, n'oubliez pas que dans les cuifines et dans les écuries on pique les as avec une aiguille, ou bien on en plie les coins afin de les reconnaître.

— Si vous jouez avec d'honnêtes gens, gardez-vous des cartes imprimées ; l'impreffion a été inventée pour nos péchés, elle traverfe le papier, et elle fait deviner le jeu.

— Ne vous fiez pas aux cartes blanches : elles fe faliffent trop, et pour celui qui tient le jeu la moindre tache fuffit.

— Quand vous jouez au jeu d'écart, furveillez celui qui tient les cartes ; s'il fait des cornes aux figures, c'eft comme s'il vous les faifait à vous-même, et votre argent n'eft plus à vous.

Je ne vous en dirai pas plus long ; ceci fuffira pour vous prouver que vous devez agir prudemment. Soyez certain que le nombre des manigances que je vous cache eft immenfe.

Paffons au langage maintenant. *Donner la mort* fignifie gagner l'argent ; on appelle *reflux* un mauvais coup joué à un ami. Les fimples d'efprit étant notre meilleure reffource, nous appelons *doubles*, par oppofition, ceux qui les raccolent. *Blanc* eft le fynonyme de l'homme fans malice, bon comme le pain ; *noir*, la qualification de celui qui a oublié la délicateffe.

Je vécus de ce langage et de ces artifices jufqu'à Séville, gagnant, avec l'argent des camarades, le loyer de mes mules, mon logis, ma nourriture, et l'argent des hôtes des auberges. A Séville, j'allai loger à l'hôtellerie du Maure, où je rencontrai un mien condifciple d'Alcala, qui s'était nommé Mata, mais qui, trouvant fon nom peu fonore, fe faifait appeler Matorral. Il faifait commerce de vies, et était marchand de coups de couteau [1], commerce dont il paraiffait fort fatisfait. Il en portait la preuve fur fon vifage, et par les balafres qu'on lui avait faites. Il di-

fait : « Il n'y a meilleur maître que celui qui eſt bien
couturé. » Sa figure était un plaſtron, lui-même était une
outre ². Il m'engagea à aller dîner avec lui et d'autres camarades, et me promit de me ramener enſuite à l'hôtellerie. Arrivés à ſa demeure : « Allons, me dit-il, abaiſſez
votre cape, et montrez que vous êtes un homme ; vous
verrez ce ſoir tous les bons fils de Séville, et, afin qu'ils
ne vous prennent pas pour une poule mouillée, abattez-
moi ce col, courbez les épaules, ayez la cape traînante
— nous avons toujours la cape traînante. — Défaites-
vous de cette bouche qui fait la moue ; prenez un air délibéré, des geſtes à droite, des geſtes à gauche ; parlez gras ;
en Andalouſie il faut avoir le jargon des Andalous. » Ma
leçon faite, il me prêta une dague longue comme une épée
et large comme un coutelas. « Buvez maintenant, ajouta-
t-il, cette demi-meſure de vin pur ³ ; ſi vous n'avez pas
une pointe, vous n'aurez pas l'air vaillant. »

J'étais tout étourdi de ce qu'il venait de me faire boire,
lorſque entrèrent quatre gaillards qui avaient pour viſage
des ſouliers de goutteux ⁴. Ils marchaient comme des ba-
lançoires, leurs capes drapées ſur les reins, leurs chapeaux
perchés ſur le front, les ailes de devant relevées en forme
de diadème, des dagues et des épées avec des grilles pour
gardes ; le fourreau relevant le manteau, le jarret tendu,
les yeux fixes et flambants, les mouſtaches cirées et formant les cornes, les barbes à la turque, et les cheveux de
même.

Ils nous firent en entrant une grimace de la bouche.
« Seiteur, ſeur compère ⁵ ! » dirent-ils d'une voix mauſſade
et brève. Matorral leur répondit.

Ils prirent place, et pour demander qui j'étais, l'un d'eux,
ſans dire un mot, regarda mon condiſciple, ouvrit la
bouche, allongea vers moi ſa lèvre inférieure en me défi-

gnant. Mon maître répondit fur le même ton, en empoignant fa barbe et en regardant en bas. Après ce muet colloque, ils fe levèrent d'un air joyeux, m'embraffèrent, me firent mille amitiés, que je leur rendis de mon mieux, et à la manière de chacun. C'était comme fi j'euffe goûté de quatre vins différents. L'heure du dîner étant venue, la table fut dreffée par de grands vagabonds que ces bravos appellent des canons. Nous prîmes place tous enfemble. On fervit d'abord les câpres ; puis, pour fêter ma bienvenue, on but à mon honneur, et jamais, à en juger par ce qu'il fit boire, je n'aurais cru que j'en avais tant. Vinrent le poiffon, la viande, tout cela affaifonné de foif[6]. Au milieu de la pièce était une auge pleine de vin, devant laquelle fe mettait à genoux celui qui voulait faire raifon ; je me contentai d'une écuelle. Après deux vifites, pas un des convives ne put reconnaître les autres. On fe mit à caufer métier ; les jurons arrivèrent à la file, les fantés furent abattues par vingt ou trente fans confeffion. On voua mille coups de poignard à l'affiftant de Séville[7], on but à la mémoire de Domingo Tiznado et de Gayon, on répandit du vin en quantité pour le repos de l'âme d'Efcamilla[8]. Ceux qui avaient le vin trifte verfèrent des larmes en fouvenir de l'infortuné Alonfo Alvarez. Tout cela dérangea les rouages de la tête de mon ami Matorral, qui fe leva foudain, prit un pain des deux mains, regarda la lumière, et dit d'une voix enrouée : « Sur ce pain qui eft l'image de Dieu, fit-il, fur cette lumière qui eft fortie de la bouche de l'ange, fi vous voulez, enfants, nous irons cette nuit donner une leçon au recors qui a arrêté notre pauvre Alonfo. » Il s'éleva alors parmi eux une affreufe clameur, ils tirèrent leurs dagues, poférent leurs mains fur les bords de l'auge au vin, et jurèrent folennellement. Puis, fe mettant à genoux : « De même que nous buvons ce vin, s'écrièrent-ils, de même nous boirons le fang des efpions. — Quel eft, demandai-je, cet Alonfo Alvarez dont la mort caufe tant de regrets ? — Jeune homme, me répondit l'un d'eux, c'était un brave combattant, une main habile et un bon compagnon. Allons, hâtons-nous, les démons m'entraînent. »

Nous fortimes enfemble de la maifon pour faire la chaffe aux recors. Le vin avait fini par me monter à la tête : je lui avais abandonné ma raifon, et je ne fongeais plus au danger auquel je m'expofais.

Arrivés à la rue de la Mar, nous nous trouvons nez à nez avec la ronde. Tout auffitôt que nous l'apercevons nous mettons l'épée à la main et nous attaquons; je fais comme mes compagnons, et au premier choc nous débarraffons deux corps d'archers de leurs méchantes âmes. L'alguazil demande aide à la loi, et remonte vers le haut de la rue, en jetant des cris. Ne pouvant le pourfuivre, parce que nous fommes trop chargés fur le devant [9], nous gagnons la cathédrale, où nous nous mettons à l'abri, et où nous dormons le temps néceffaire pour diffiper les fumées du vin qui nous obfcurciffaient le cerveau.

Revenu à mon bon fens, je m'effrayai de voir qu'il avait fuffi d'une grappe de raifin, car nous n'étions pas autre chofe, pour tuer deux recors et mettre en fuite un alguazil.

Cependant nous vivions dans l'églife d'une manière agréable, parce que, flairant les réfugiés, des nymphes étaient accourues, qui nous donnèrent leurs vêtements pour nous aider à nous déguifer. L'une d'elles, nommée la Grajalès, me plut tout auffitôt, et je revêtis avec empreffement fes couleurs. Cette vie me féduifit plus que toutes les autres, et je me promis de naviguer déformais avec la Grajalès jufqu'à la mort. J'appris l'argot, et en peu

de jours je devins le rabbin de ces rufians. La juſtice ne ſe
laſſait pas de nous guetter; elle gardait la porte; mais,
malgré tout, pendant la nuit nous nous échappions et nous
courions la ville, déguiſés. Je trouvai cependant que cette
ſituation ſe prolongeait trop; j'étais fatigué de voir la Fortune me pourſuivre, et, non pas que je fuſſe corrigé, car
je n'étais pas aſſez ſage, mais parce que j'étais fatigué,
reſtant pécheur obſtiné, la penſée me vint, de concert avec
la Grajalès, de paſſer aux Indes avec elle, afin de voir ſi,
dans un autre pays et dans un autre monde, j'améliorerais ma poſition. Mais ce fut pis, car pour améliorer ſon
état, il ne ſuffit pas de changer de lieu, il faut auſſi changer de vie et de principes [10].

« Je renonce à vous dire comment Matorral et ſes compagnons, furieux de ma fuite, me déclarèrent l'unique auteur du meurtre des deux recors et obtinrent leur liberté
à la condition de me livrer à la juſtice; comment je fus
arrêté; comment je n'évitai la torture qu'en avouant ce
meurtre, et comment je fus condamné à être ramené de
Séville à Ségovie pour y être pendu.

« C'était mon oncle, Alonſo Ramplon, qui devait accomplir à mon égard cette dernière volonté de la juſtice
humaine; les Dieux ſeuls peuvent ſavoir comment, lorſque mon heure eut ſonné, il s'eſt trouvé à ma place. Je
ſais qu'un orage a éclaté; un éclair a brillé; un nuage a paſſé
ſur mes yeux. J'ai entendu un grand cri, et j'ai vu mon
pauvre oncle au-deſſus de ma tête. Il eſt vrai qu'il était
pris de vin; il aura perdu l'équilibre; il ſe ſera entortillé
dans ſa corde en cherchant à ſe retenir, et ſe ſera pendu,
alors que du même coup j'étais renverſé.

« C'eſt ainſi, Seigneurs..... »

« C'eſt bien, fit Jupiter, tout préoccupé, nous aviſerons. Pablo ſalua et ſe retira, reconduit par Mercure. — Retournons là-haut, fit Jupiter, nous délibérerons.

« L'aſſemblée remonta, en un inſtant, prendre place au lieu ordinaire de ſes ſéances.

« — Qu'eſt-ce que cela prouve ? dit Bacchus en ſe frottant les yeux et en ſe détirant. A boire ! j'ai la gorge ſèche d'avoir tant écouté. Où diable eſt Ganymède ? Ce garçon n'eſt jamais là ; j'aimerais mieux Hébé. A boire !

« — Silence ! cria Jupiter, qui retomba tout auſſitôt dans une profonde méditation. Le maître du tonnerre préparait le réſumé de la cauſe.

« — En conſcience, dit Vénus, ce pauvre Pablo a été plus étourdi que méchant, plus entraîné que vicieux ; il a la tête faible, mais le cœur bon.

« — Je t'y attendais, interrompit Mercure en éclatant de rire ; voici venir, ſans doute, un pendant à l'hiſtoire de maître Pâris ; dès le moment que ce petit vaurien s'eſt aviſé de te trouver belle, ce ne peut être qu'un fort honnête garçon. A d'autres, chère amie, allez vendre ailleurs vos coquilles. »

« Vénus devint toute rouge. Mercure allait continuer, mais Mars touſſa, et le meſſager des dieux jugea prudent de ſe taire.

« — Cela prouve, dit Vulcain, que l'enfance n'eſt pas aſſez ſurveillée, et que la jeuneſſe eſt trop ſouvent abandonnée à elle-même. Elle eſt comme l'airain chauffé à blanc, le moindre coup de marteau y laiſſe une trace ineffaçable.

« — Bravo ! fit une voix.

« — Or, reprit Vulcain encouragé, les pères font leurs fredaines par-ci, les mères prennent leurs ébats par-là, et..... (ici le dieu Terme lui donna un coup de coude) et..... et.....

« — Et quoi? cria Neptune; achève donc!

« — Enfin, fi Pablo eût été moins négligé dans fa jeuneffe, et furtout moins perfécuté, il fût refté bon fujet; mais il jura qu'il fe vengerait un jour de toutes les tribulations dont il était victime, et la vengeance..... (Bravo! bravo!)

« — Eft le plaifir des dieux? murmura Junon en regardant Ganymède qui verfait à boire à Bacchus.

« — Point du tout, fit le Soleil, c'eft l'amour-propre qui l'a perdu comme il perdit Narciffe, Icare et mon pauvre Phaéton. On a ri de fes premières efpiégleries, on l'a mis au défi de mieux faire, on l'a excité, on l'a lancé, et une fois en bon chemin, il a couru jufqu'à la potence. Chacun là-bas a fon mauvais génie; celui de Pablo, c'eft don Diégo, fon maître.

« — Pourquoi? demanda Pluton.

« — Parce que don Diégo a applaudi aux fottifes de fon valet, plutôt que de l'en châtier.

« — Alors pendez Diégo, et n'en parlons plus. Mais l'oncle Alonfo, me direz-vous pourquoi?...

« — Ceci, dit Minerve, doit être une allégorie.

« — Et que fignifierait cette allégorie?

« — Qu'en pendant un homme vous amufez la populace; vous faites gagner une vacation au bourreau, une haute paye aux alguazils, des rôles au greffier, une extinction de voix au crieur public. Vous donnez une leçon aux gens qui n'en ont pas befoin; mais vous mettez le criminel hors d'état de la recevoir et de s'amender.

« — Alors, dit Argus, on pendra les oncles pour corriger les neveux.

« — Tu es un niais, répondit Pallas irritée.

« — Mais enfin, reprit Pluton, dites-moi pourquoi Alonfo s'eft trouvé à la place de Pablo; il n'y a plus de forciers, que diable! nous ne ſommes plus au temps des métamorphoſes, et tout eſcamotage a ſon explication. Nous étions ſi loin, que nous n'avons pas bien vu.

« — Si on recommençait? » demanda naïvement le vieux Silène.

« Toute l'aſſemblée partit d'un immenſe éclat de rire.

« Jupiter ſe réveilla. Il touſſa, ouvrit et ferma les yeux, pria Mercure de réclamer le ſilence, et prit la parole.

« Il fit une rapide analyſe de l'hiſtoire de Pablo, depuis ſa naiſſance juſqu'à la pendaiſon de ſon oncle; il paſſa légèrement ſur les détails oiſeux, appuya ſur les circonſtances dignes d'une appréciation morale. Semblable à l'ingénieur chargé d'exploiter une terre nouvelle, il planta çà et là des jalons pour indiquer la route que ſon auditoire devait ſuivre avec lui; il tonna avec indignation, au ſujet des hidalgos d'induſtrie, contre les travers, les fautes et les crimes des humains. Puis, reprenant toute ſa fermeté et réſumant la cauſe avec une grande netteté et une ſagacité remarquable, il déclara Pablo coupable de bien des fredaines; mais innocent du meurtre des deux archers de Séville; il émit l'avis que le jugement prononcé contre lui devait être caſſé, et que Matorral et conforts devaient être appréhendés au corps et mis en cauſe; enfin — ici redoubla l'attention de l'auditoire — quant à la pendaiſon d'Alonſo Ramplon, il déclara la choſe juſte, puiſque la roue de la Fortune l'avait voulu pendant l'heure de tous, et décida que, puiſque l'oncle avait pris la place de ſon neveu, il était bien qu'on donnât à celui-ci la ſucceſſion de ſon oncle : « Vous verrez, ajouta-t-il, qu'il s'amendera et qu'il vivra en honnête homme. »

ÉPILOGUE [11]

Les dieux avaient prêté une grande attention.

« L'heure eſt ſur ſa fin, dit le Soleil, et il s'en faut de rien que l'ombre du gnomon n'arrive au numéro cinq. Grand père de tous, c'eſt à toi de décider ſi, avant que l'heure s'achève, la Fortune doit continuer, ou ſi elle va ſe remettre à pirouetter, comme elle avait coutume.

— J'ai remarqué, répondit Jupiter, que pendant cette heure où chacun a été traité ſelon ſes mérites, ceux qui ſe trouvaient humiliés d'être pauvres et méconnus ſont devenus vaniteux et inſupportables; ceux que la richeſſe et la conſidération rendaient vicieux, arrogants, deſpotes, témoignent maintenant du repentir, de l'humilité et de la ſoumiſſion, depuis qu'ils ſont devenus pauvres et qu'ils ont été abaiſſés. Les hommes de bien ſe ſont faits vauriens; des vauriens ſont devenus hommes de bien. Cette courte épreuve ſuffit pour donner ſatisfaction aux plaintes des mortels, qui ſavent rarement ce qu'ils nous demandent; mais ce ſont gens ſans énergie : ils font le mal tant qu'ils peuvent; s'ils ceſſent de le faire, c'eſt qu'ils ne peuvent plus; ce n'eſt pas là du repentir, c'eſt de l'impuiſſance; abattus, miſérables, ils ſe ſoumettent; mais ils ne ſe corrigent pas. Les honneurs, la proſpérité qui leur ſurviennent leur font faire des choſes qu'ils auraient toujours faites s'ils les avaient toujours eus. Que la Fortune continue à faire rouler fa roue et fa boule par les vieilles ornières, qu'elle donne des récompenfes aux gens fages, des châtiments aux infenfés, fous la protection de notre Providence infaillible et de notre préfence fouveraine; que tous reçoivent ce qu'il lui plaira de leur diftribuer, faveurs ou dédains. S'ils ne font pas méchants, ils dédaigneront ceux-ci, ils accepteront celles-là; les unes comme les autres leur font également utiles. Dans tous les cas, il n'y a pas à fe plaindre de la Fortune; elle répand fes dons avec indifférence et fans y mettre de malice. Nous lui permettons, à elle, de fe plaindre des hommes qui la diffament et la maudiffent, parce qu'ils ne favent pas profiter des profpérités qui leur furviennent. »

En ce moment fonnèrent cinq heures, et l'épreuve ceffa. La Fortune, heureufe des paroles de Jupiter, changea de main, fe remit à brouiller les chances de ce monde, à refaire ce qu'elle avait défait, et, lançant fa boule, elle fe laiffa aller avec elle, et redefcendit fur la terre.

Vulcain, dieu des bigornes et profeffeur d'harmonie martelée, prit la parole. « Il fait faim, dit-il. Dans la précipitation que j'ai mife à obéir, j'ai laiffé à rôtir, fur ma forge, deux brochettes d'ail pour mon déjeuner. »

Le tout-puiffant Jupiter donna ordre qu'on fervît à manger; et tout auffitôt parurent Iris, la meffagère de la déeffe Junon, apportant le nectar, et Ganymède avec un vidercome d'ambroifie. Junon, le voyant à côté de fon mari, qui buvait des yeux l'échanfon bien plus que la liqueur, s'écria en fifflant de colère comme un dragon ou comme un ferpent : « — Ou ce bardache ou moi, l'un des deux quittera l'Olympe, finon je demande le divorce devant Hyménée [1]. » Le gamin était à cheval fur le dos de l'aigle, et fi celui-ci ne s'était échappé, Junon mettait le petit en miettes à belles dents. Jupiter foufflait fur fa foudre. « Je te la prendrai, s'écria Junon, pour brûler ton beau page. »

Minerve, fille du front de Jupiter, et qui ne fût pas née fi Jupiter eût manqué de toupet, s'empreffait auprès de Junon pour la calmer ; mais Vénus encourageait ces rancunes ; elle criait comme une poiffarde et eût malmené Jupiter fans l'intervention de Mercure. « Tout s'arrangera, dit celui-ci ; ne troublons pas le banquet célefte. »

Mars, le dieu des fanfarons et des vauriens, voyant apporter des flacons d'ambroifie : « A moi, des fioles ? dit-il ; donnez-les à boire à la Lune et à ces petites déeffes..... » Et, mêlant Neptune et Bacchus, il avala fes deux collègues à grandes gorgées ; puis, s'emparant du dieu Pan, il le mit en tranches, et de ces tranches faifant un hachis à coups d'eftocades, il l'engloutit en un clin d'œil. Saturne foupait d'une demi-douzaine d'enfants. Mercure s'était mis de moitié avec Vénus, qui s'enfeveliffait fous le nez des pleines poignées de petits gâteaux fecs et de confitures. Pluton tirait de fa beface des grillades que Proferpine lui avait données pour la route : ce que voyant, Vulcain, qui avait les dents longues, s'approchait de Pluton tout doucement avec force révérences, force écornifleries, et mordait à tout. Le Soleil, à qui appartient le foin des paffe-temps, accordait fa lyre et chantait un hymne à la louange de Jupiter, avec profufion de roulades.

Vénus et Mars s'aviferent de trouver à redire au ton de la mufique et à la vérité des paroles. Mars, avec deux tuiles envoyées à Phébus, lui arracha de la gorge une kyrielle de gémiffements, et Vénus, faifant claquer fes doigts en guife de caftagnettes, fe difloqua dans un pas orageux, agaçant et enflammant les cœurs des Dieux par fes frétillements [2]. Ce mauvais exemple les entraîna de telle forte, qu'on les eût dits faturés de vif argent. Jupiter, tout ébahi des hardieſſes de la déeſſe, était bouche béante et bavait. « Ceci, dit-il, c'eſt le moyen de faire fuir Ganymède, mais au moins ce ne ſont pas des réprimandes. »

Là-deſſus il leva la ſéance, et tous, contents et repus, gagnèrent au pied à qui mieux mieux, laiſſant le tout-puiſſant maître entre ſon vieil oiſeau et ſon jeune échanſon.

VIERGE
DANIEL URRABIETA.

NOTES

PROLOGUE.

P. ge 1. — Je rappelle que ce Prologue appartient à une autre œuvre de Quévédo, intitulée *la hora de Todos y la Fortuna con seso*. — « *Jupiter hecho de hieles se desganifava.... Marte, don Quixote de las deidades, intro con sus armas y capaçete, y la insignia de vinadero enristrada... el panarra de los Dioses, Baco, remostada la vista, en la boca lagar,.. la palabra bevida...*, etc. »

Cette remarquable fantaisie est très postérieure au *Buscon*, puisque Mars y est surnommé le don Quichotte des Déités. Le célèbre roman de Cervantès est de 1605. *La Hora de Todos* fut une œuvre posthume de Quévédo; écrite en 1635 et terminée en 1636. Elle fut imprimée beaucoup plus tard.

1. Page 2. — Le texte dit *remostada la vista*, le regard plein de moût Beaumarchais, recueillant un mot de Garrick à Préville, a dit : « Vos jambes un peu plus avinées. » Cette expression n'est pas moins heureuse que l'expression espagnole.

2. Page 2. — Cloper, vieux verbe presque inusité, dérivé du grec *cholopous*, boiteux, et qui ne s'emploie plus qu'au participe présent dans clopin-clopant. Le texte dit seulement *asomó*, parut.

3. Page 2. — Il y a dans le texte *no lo amanecia*; cette belle expression est intraduisible. *Amanecer* voudrait dire ici : faire matin sur les vêtements de Pluton.

4. Page 10. — Cette liste des caprices de dame Fortune est le ré-

sumé de *la Hora de Todos*. Tout cela est décrit en cent quatre-vingts pages au milieu des rapprochements les plus singuliers, et d'expressions originales dont Quévédo a seul le secret. L'épisode qui suit, indiqué par des guillemets, appartient au traducteur ; il forme l'introduction nécessaire de l'histoire de Pablo de Ségovie.

CHAPITRE I.

1. Page 15. — *Era hombre de buena cepa :* on dit en français, en pareil cas : « c'était un homme de bonne souche. »

2. Page 16. — Pablo affecte un air innocent qu'on lui retrouvera plusieurs fois, et dont le succès serait complet s'il avait affaire à un auditoire plus crédule. Il importe d'expliquer que tout ce qu'il vient de raconter de la promenade triomphale de son père n'est rien autre chose que l'appareil du supplice.

L'âne était la grande utilité de la pénalité espagnole ; il était le véhicule obligé des coupables condamnés au fouet, à l'emplumage, à la potence ; voleurs, escrocs, assassins ou gens de mauvaise vie. Le condamné, hissé sur son âne et nu jusqu'à la ceinture, était promené par les principales rues de la ville ; un alguazil ouvrait la marche du cortège ; des recors formaient la haie ; en avant du patient marchait un crieur public qui, d'instants en instants, proclamait à haute voix la faute et le châtiment ; et en arrière, armé d'un fouet en lanières de cuir, venait le bourreau. Au patient le plus pauvre ou le plus avare, l'âne le plus lent, le fouet le plus fourni marquant sans relâche, sur ses épaules, les temps forts de quelque seguidille chantonnée par le bourreau, *allegro vivace*. Pour un ducat, deux ducats, quatre, six ducats, et selon le chiffre, un âne plus jeune, un fouet plus maigre, et une chanson variant de l'*allegretto* à l'*andantino*, à l'*andante* ou au *largo*. Le métier de bourreau ne laissait pas que d'être fort lucratif.

Pablo raconte que lorsque son père fut relâché, il fut ramené chez lui par un cortège de deux cents cardinaux, qui n'étaient pas des monseigneurs. Le mot espagnol *cardenal* signifie à la fois cardinal, et cette meurtrissure rouge produite par un coup de fouet. On peut comprendre maintenant la nature de l'accompagnement de Clemente Pablo.

3. Page 16. — Le vêtement de plumes ou l'emplumage était un

châtiment réservé aux gens de mauvaises mœurs, et à ceux accusés de sorcellerie. L'âne remplissait son rôle accoutumé; les condamnés étaient nus jusqu'à la ceinture, enduits de miel et saupoudrés de plumes. Comme le fouet du bourreau eût dérangé l'harmonie de cet élégant costume, on permettait à la populace de faire provision de fruits, de trognons de légumes et d'en encenser le triomphateur.

Lorsqu'on promenait deux condamnés à la fois, on les plaçait l'un à la suite de l'autre, sur deux ânes, et tous deux se regardant; c'est-à-dire que le patient qui marchait le premier était placé à reculons et la face tournée vers la queue de sa monture.

4. Page 16. — Texte : *Hubo fama de que reedificava doncellas.* Suivant un vocabulaire ajouté à l'édition espagnole d'Anvers (1757), « pour l'intelligence de certaines expressions de Quevedo, » l'expression *algébriste d'amour* signifie « savant dans l'art d'assouvir les passions déréglées, comme les algébristes savent, à force de calculs, résoudre les problèmes. »

5. Page 17. — *Vivir con la barba sobre el hombro.* Il faut se garder de traduire *barba* par barbe; les Espagnols prennent ici la partie pour le tout, et *barba* s'entend de toute la partie inférieure du visage et non pas seulement de l'accessoire; cela donne à cette expression une originalité que la traduction exacte ne saurait atteindre. Le menton sur l'épaule est l'emblème le plus exact de la vigilance, et il manque à Argus, le surveillant de l'Olympe, d'être représenté « la barbe » sur l'épaule. Il ne suffit pas à l'homme prudent d'avoir, selon l'expression française, *l'œil et l'oreille au guet*, il faut encore, comme l'indique le mot espagnol, que son attention se porte sur ce qui se passe derrière lui.

Ce mot, *la barba sobre el hombro*, n'est pas de Quevedo; il appartient trop au caractère du peuple espagnol pour n'être pas l'un des plus anciens de la langue vulgaire. On le retrouve employé d'une manière assez plaisante dans la strophe suivante d'un poème du quinzième siècle sur la vie de Jésus-Christ :

> *Con temor de la maldad*
> *Del vicio qu'aquà no nombro*
> *En tal flaqua humanidad*
> *Siempre la virginidad*
> *Este la barba en el hombro;*
> *Cà las que quieren guardarse*
> *De suriar tan limpio nombre*
> *Ansi deven encerrarse*
> *Cuando vieren algun ombre.*

« Que la crainte d'un vice, qu'ici je ne nomme pas, porte toujours la virginité à vivre la barbe sur l'épaule, etc. »

(*Vita Christi trobada par Frayle Enyeguo Llopez de Mendoza, ffrayle menor de la observanza, a pedimento de duenya Joana de Cartagena, madre suya.*) (Biblioth. nation., mss. in-4.)

6. Page 18. — L'âne, c'est-à-dire la condamnation, le fouet et les autres appareils du châtiment.

CHAPITRE II.

1. Page 21. — Voici encore un mot plein d'originalité : *ronger les talons* à quelqu'un, c'est détruire, petit à petit, sa réputation et la miner lentement par la base; c'est le diffamer quand il a le dos tourné, médire de lui en arrière.

« Regarde, dit quelque part Quevedo (*El mundo por dedentro*), regarde ce courtisan, acolyte éternel des gens heureux; nous l'avons vu, en public, mendiant les regards du ministre, renchérissant sur les courbettes de ses rivaux au point qu'il frottait son menton sur la terre. Il marchait toujours la tête basse comme un homme qui reçoit des bénédictions, il répondait *amen*, à haute voix et avant tous les autres, à tout ce que disait le patron. Maintenant l'influence du ministre diminue, et notre homme lui *ronge les talons*, au point qu'on lui voit les os; ses flatteries de l'autre jour, ses adulations, ses câlineries ont fait place aux railleries, aux propos infâmes, à la diffamation; il ronge, il ronge. »

2. Page 21. — Il y a dans le texte : *rogué la que me dijese si me habia concebido à escote entre muchos*. Littéralement, Pablo demande si, lorsqu'elle le conçut, plusieurs y apportèrent leur écot.

3. Page 23. — Le jeu du taureau est un jeu semblable au cheval fondu ou au saut de mouton.

4. Page 24. — Ceci est un ancien usage des écoliers espagnols; le chef élu par eux portait le nom de roi des coqs, à cause des panaches qui ornaient sa tête.

5. Page 24. — Il se fait encore en Espagne, le vendredi saint, dans quelques villes, une magnifique procession où sont représentés tous les personnages et toutes les scènes de la Passion. C'est un souvenir des mystères du moyen âge.

6. Page 27. — « DON TORIBIO. Je ne puis déchiffrer ce billet parce que je ne sais pas lire l'écriture à la main, et qu'il me faudra bien deux ans pour l'apprendre.

DON ALONSO. Votre ignorance peut-elle arriver à ce point?

DON TORIBIO. Voyez-moi un peu le grand mal! Combien de gens qui ne savent pas lire et qui savent tout le reste ? »

(*Gardez-vous de l'eau qui dort.* — Comédie de Calderon.)

CHAPITRE III.

1. Page 30. — J'ai dit que le *Buscon* avait servi de modèle pour la plupart des ouvrages de la même famille publiés en Espagne, et que les auteurs de *Guzman d'Alfarache*, d'*Estevanille Gonzalès*, de *Marcos Obregon*, lui avaient emprunté plus d'une idée plaisante; je renvoie les lecteurs, pour preuve, au troisième chapitre d'Estevanille Gonzalès; le pensionnat du docteur Canizarès n'est qu'une faible copie de celui du licencié Cabra.

2. Page 30. — Régnier a dit (satire X) :

> Pour sa robe, elle fut autre qu'elle n'estoit
> Alors qu'Albert le Grand aux festes la portoit ;
> Une taigne affamée estoit sur ses épaules,
> Qui traçoit en arabe une carte des Gaules.
> Les pièces et les trous semez de tous costez
> Représentoient les bourgs, les monts et les citez.
> Les filets séparez, qui se tenoient à peine,
> Imitoient les ruisseaux coulans dans une plaine.
> . . . .
> Pour assurer si c'est ou laine, ou soye, ou lin,
> Il faut en devinaille estre maistre Gonin.

3. Page 32 (dernière ligne). — Le sens premier du mot excommunication est l'interdiction des biens spirituels de l'Eglise ou de la communion à la sainte table; c'est l'excommunication *mineure*. Le sens le plus étendu, — excommunication *majeure*, — est la défense de toute relation avec les fidèles : le coupable frappé de cette dernière peine ne devait obtenir de personne ni un regard, ni une parole, ni une place au feu ou à la table ; il était littéralement condamné à mourir de faim. Il s'agit donc ici d'excommunication majeure.

3. Page 35. — Il y a dans le texte : *un poco del nombre del maestro, cabra asada*, « un peu de quelque chose ayant le nom du maître, de la chèvre rôtie. » C'est un jeu de mots sur *Cabra* qui veut dire *chèvre*.

4. Page 37. — L'expression familière *echar gaitas*, employée par Quevedo pour désigner le remède universel mis en œuvre par la tante du licencié Cabra, porte une cruelle atteinte aux fastes scientifiques de l'Ecole polytechnique française, dont un membre inventa le *clysoir*. Les périphrases populaires à l'aide desquelles on déguise le terme propre du remède, se résument, dans l'espagnol, par ces mots qui signifient « pousser de la cornemuse. » Cela vient, dit le vieux dictionnaire de Sobrino, de ce qu'en quelques lieux le lavement se donne avec une bourse de cuir qui a un tuyau au bout en forme de cornemuse. » Je suis peiné, pour l'honneur de l'industrie française, d'avoir acquis la preuve que le clysoir, prétendue invention nationale, n'est qu'une importation espagnole. Mon impartialité me fait un devoir de cette déclaration ; puissent mes lecteurs ne pas m'en faire un reproche. La France a bien assez d'autres gloires.

Dans la préface qui précède les deux volumes des œuvres de Quevedo de la collection Rivadaneira, don Aureliano Fernandez Guerra, de l'Académie espagnole, dit que le Cabra du *Buscon* ne fut pas un personnage fantastique. Il se nommait don Antonio Cabreriza. Un ami de Quevedo lui écrivait en 1639 : « Tu l'as parfaitement dépeint ; mais aujourd'hui ta peinture serait bien infidèle, car le pauvre homme est tristement malade et bien près de la mort. Il ne peut entendre ton nom avec calme, depuis qu'on lui a dit que c'est lui que tu as pris pour héros de ton histoire, et il dit que tu aurais pu être plus aimable homme sans être ingrat. »

CHAPITRE IV.

1. Page 44. — On désignait sous le nom de *Morisques* les Maures qui restèrent en Espagne après la conquête du royaume de Grenade. Boabdil, le dernier de leurs rois, en traitant avec don Fernando le Catholique, pour la reddition des places qu'il possédait encore, obtint pour les vaincus le libre exercice de leur religion; mais bientôt on viola le traité. La force, la terreur, tous les moyens de persé-

cution furent employés pour amener les Maures à abjurer; ils se révoltèrent, et don Fernando marcha plus d'une fois contre eux. Charles-Quint, Philippe II, continuèrent la persécution organisée par Fernando; l'Inquisition, établie à Grenade, obtint de douteuses conversions, puis enfin, après une nouvelle insurrection qui dura deux ans au milieu des montagnes de l'Alpujarra, les Morisques furent entièrement chassés d'Espagne par Philippe III.

Les chrétiens donnaient aux Morisques le surnom de *chiens*; on a vu plus haut que, dans le langage populaire, *chat* était synonyme de fripon: de là la plaisanterie de Pablo sur l'hôtelier de Viveros.

2. Page 50. — Juan de Leganos était un savant mathématicien qui s'est rendu aussi célèbre en Espagne que Barême en France.

CHAPITRE V.

1. Page 53. — L'usage du billet de confession s'est maintenu longtemps en Espagne. On l'échangeait contre un billet de communion lorsqu'on s'approchait de la sainte table, et chaque année, pendant la semaine qui suivait le dimanche de *Quasimodo*, le curé passait une revue de ses fidèles, et affichait à la porte de l'église, à la suite des excommuniés, les noms de ceux qui n'avaient pas rempli pendant l'année leurs devoirs de chrétiens.

Le billet de confession était un moyen de persécution ajouté à ceux employés contre les Morisques, et dont j'ai parlé plus haut. Les règlements de l'Inquisition les obligeaient à présenter leur billet à toute réquisition d'un familier.

2. Page 56. — *Anguillade*, coup de peau d'anguille, et, par extension, coup de mouchoir roulé en forme d'anguille, coup de fouet, de lanières, etc.

Voir les Gloses d'Isidore, citées par Ducange dans son Glossaire latin: *Anguilla est qua coercuntur in scholis pueri, quæ vulgo scutita dicitur.*

On fouettait avec une peau d'anguille les jeunes gentilshommes romains qui étaient en faute (Pline, liv. IX, chap. 23).

« Adoncq, dit Rabelais (liv. II, chap. 30), le pastissier lui bailla l'anguillade, si bien que sa peau n'eust rien vallu à faire cornemuses.» Et liv. V, chap. 16 : « Je le renvoyerois bien d'où il est venu à grands coups d'anguillade. »

Régnier a dit aussi (satire VIII) :

> Ce beau valet à qui ce beau maître parla
> M'eust donné l'anguillade et puis m'eust laissé là.

CHAPITRE VI.

1. Page 70. — Le saint office choisissait ses familiers parmi les habitants notables de chaque ville. Il fallait, pour être apte à remplir ces fonctions, prouver que depuis quatre générations on n'avait aucun mélange de sang more ou juif. Ces preuves équivalaient à des titres de noblesse, et c'était là surtout ce qui faisait rechercher le titre de familier par tous ceux dont le nom n'était pas inscrit au nobiliaire. Les familiers prêtaient serment de fidélité à l'Inquisition, et étaient chargés d'exécuter tous les ordres émanés de son tribunal. On les reconnaissait à une croix qu'ils portaient à leur boutonnière ; une croix semblable était placée sur la porte de leur demeure. Les familiers avaient de nombreux privilèges, et entre autres celui de ne pouvoir être poursuivis pour dettes sans la permission du tribunal. Le saint office eut l'honneur de compter Lope de Vega parmi ses familiers.

2. Page 74. — Pendant les fortes chaleurs on distribuait dans tous les couvents de religieuses une boisson rafraîchissante dont chaque passant pouvait demander sa part. Les larcins semblables à ceux que commet Pablo devinrent si communs, que les nonnes furent obligés d'attacher avec des chaînes les tasses dans lesquelles elles donnaient à boire.

3. Page 74. — Antonio Perez est un des plus célèbres exemples des haines et des persécutions acharnées de l'Inquisition espagnole. Il était ministre et premier secrétaire d'Etat du roi Philippe II. Disgracié par son maître à la suite de quelques intrigues de confesseurs, et poursuivi par le saint office, il s'échappa de Madrid et passa en Béarn, où il obtint asile dans les domaines de Henri IV.

L'Inquisition le mit en cause, le déclara contumax, et le condamna à être exécuté en effigie ; ses biens furent confisqués, son nom voué à l'infamie, et des fanatiques à gages le suivirent et tentèrent de l'assassiner, soit à Londres, où la reine Elisabeth l'avait accueilli, soit à Paris, où il se retira plus tard.

Henri IV se déclara son protecteur, et lui offrit une pension de 12,000 livres, qu'il refusa « afin de prouver qu'il était fidèle à son roi. » Il mourut en 1611, et sa mémoire fut réhabilitée.

CHAPITRE VII.

1. Page 79. — *Guinder*, terme technique : hausser, élever à l'aide d'une machine. De là on appelle style guindé celui qui affecte un ton trop élevé, qui recherche des images tellement haut placées qu'on les perd de vue. — Avoir l'air guindé, c'est marcher avec raideur, la tête droite, le cou tendu ; Pablo dirait : un air de pendu dépendu.

2. Page 79. — Texte : *la de palo*, ou mieux, *la ene de palo*, l'*n* de bois. La potence espagnole est formée de deux montants réunis par une traverse, ce qui lui donne l'apparence d'un n romain.

3. Page 80. — C'était un préjugé fort répandu parmi le peuple que les pâtissiers se réservaient volontiers la meilleure part des criminels privés de sépulture.

CHAPITRE VIII.

1. Page 84. — Le siège fut mis devant Ostende par le marquis de Espinola, en 1601. La place fut bloquée pendant trois ans et fut prise enfin le 22 septembre 1604. L'action racontée par notre chapitre se passa par conséquent pendant le printemps de cette même année ou de l'année antérieure. C'est une indication qui peut aider à déterminer l'époque où le *Buscon* fut écrit.

2. Page 85. — Juanelo, savant mathématicien et habile architecte, est le constructeur d'une fameuse machine qui élevait les eaux du Tage à Tolède, et dont on admire encore aujourd'hui les ruines.

3. Page 88. — Don Aureliano Fernandez Guerra dit que l'on distinguait trois des blessures portées, par les noms de cercle entier, demi-cercle et quart de cercle, selon la partie de cercle que décrivait la pointe de l'épée.

4. Page 88. — Quevedo n'aime pas plus les médecins que Molière ne les aima; il ne se fait faute nulle part d'un coup de patte à leur adresse. — « Un homme, dit-il dans une de ses visions (*El alguacil alguacilado*), un homme fut amené devant le tribunal de Pluton et accusé de plusieurs homicides; on l'enferma avec les médecins. » — « Quiconque a été mon élève, dit ailleurs un maître d'armes, ne manque jamais de tuer son homme. On pourrait très convenablement m'appeler Galien, puisque j'enseigne l'art de donner la mort. »

5. Page 88 (dernière ligne de l'alinéa). — Ceci s'adresse à un écrivain espagnol nommé Estrella, auteur d'un livre intitulé *les Grandeurs des armes*. C'est en même temps une critique dirigée contre tous ceux qui prétendent donner la théorie d'un art qu'on ne doit enseigner et apprendre que par une pratique continuelle. C'est une fine et piquante satyre dit aussi M. Fernandez Guerra, contre don Luis Pacheco de Narvaez, dont le livre: *las Grandezas de la Espada*, est un ensemble d'extravagances comme celles que nous citons ci-dessus.

6. Page 91. — Le génie littéraire espagnol a introduit dans tous les écrits des seizième et dix-septième siècles deux caractères remarquables entre tous et d'une grande originalité : la duègne et le spadassin. Chaque écrivain les a mis en scène, chacun les a développés, et s'est complu à ajouter quelques coups de crayon aux figures si habilement esquissées par ses devanciers. Ces deux caractères sont arrivés jusqu'à nous avec toute la perfection d'une œuvre vingt fois retouchée.

Les sentiments dominants du caractère castillan des temps héroïques étaient l'esprit chevaleresque, héritage légué par les Maures aux descendants des Goths, un noble orgueil, une force redoutable, une bravoure à toute épreuve. De ces sentiments réunis, la légende a formé les beaux caractères du Cid, de Fernand Gonzalès, de Bernardo del Carpio. Il ne faut pas chercher l'origine du spadassin ailleurs que dans ces grandes figures. Avec les mêmes paroles, les mêmes armes, la même allure, il en est la copie maladroite, la ridicule parodie. Le noble orgueil est devenu chez lui une sotte vanité, la franche bravoure une audace sans résultat, une bravade sans effet. Vaniteux avant tout, fier de toutes ces grandes gloires des temps passés, dont il prétend avoir sa part par droit héréditaire, le *valiente* Castillan s'est cru la puissance d'essayer aussi de grandes choses; il a saisi la *Tisona* du Cid et l'a laissée retomber à terre; il a pris ses cuirasses toutes meurtries et s'est perdu au milieu d'elles, comme Sancho entre ses deux pavois; il lui restait les grandes paroles du *Campeador*, et sortant d'un si petit corps, d'une gorge si exiguë, ces grandes paroles sont devenues ridicules. Sans s'apercevoir de tout cela, il s'est posé fièrement, la jambe en avant, le poing sur la hanche, le chapeau sur l'oreille, la moustache menaçante à défaut du poignard; et il s'est cru, comme certain soldat que rencontre Pablo, bien plus grand que Ruy Dias, que Bernardo, que Garcia Paredes et tant d'autres. Il a mieux fait que de le croire, il l'a dit; car force, noblesse, fierté, bravoure, la parole chez lui remplace et résume tout cela.

Dans *la Célestine*, le premier roman et le premier drame de la vieille littérature espagnole, Centurion est la plus ancienne esquisse que nous connaissions de ce singulier caractère. « Son épée est la plus redoutable des épées présentes et passées; elle peuple les cimetières, elle fait la fortune des chirurgiens, elle brise les armures, les cottes de mailles les plus fines, et donne sans cesse de la besogne aux armuriers. Boucliers de Barcelone, morions de Calatayud, casques d'Almazan, rien ne lui résiste quand elle est conduite par le bras de son maître. Centurion tue de toutes les manières, ses clients peuvent choisir dans un répertoire de sept cent soixante-dix espèces de mort qui toutes lui sont familières; il lui est même arrivé quelquefois de tuer à coups de bâton pour laisser reposer son épée; mais qu'on ne lui demande pas de châtier seulement, il jure par le saint corps des litanies qu'il n'est pas plus possible à son bras droit de frapper sans tuer, qu'au soleil d'interrompre ses courses accoutumées dans le ciel. » On le prend au mot, il fuit.

— « Qu'importe qu'ils soient tous contre moi, si c'est moi qui me défends ! » dit Garcès, le soldat fanfaron d'une comédie de Calderon.

— « Vrai Dieu ! ceci est magnifique, dit aussi le bravache d'un célèbre sonnet de Cervantès, et qui dirait le contraire en a menti. — Et tout aussitôt, ajoute Cervantès, sans plus attendre, il enfonce son chapeau, cherche la garde de son épée, regarde de travers, s'en va... et il n'y eut rien. »

La verve comique et originale de Quevedo s'est complu à ce sujet toujours neuf et toujours fertile; il a semé de spadassins, d'alguazils et de maîtres d'escrime toutes ses œuvres facétieuses. Au milieu de la réunion de portraits bizarres et de piquantes ébauches dont notre auteur a composé ce livre, le portrait du spadassin n'est pas le moins piquant ni le moins original.

CHAPITRE IX.

1. Page 95. — Tout cela fait, de bon compte, quatre millions quatre cent mille vers. Lope de Vega, dont Quevedo plaisante ici l'abondante facilité, ne fit, à part un nombre infini d'écrits de toute espèce, en prose et en vers, que dix-huit cents pièces de théâtre. C'est encore loin de la fécondité du sacristain de Majalahonda. Don Aureliano F. Guerra se demande si Quevedo a voulu ici faire la charge d'un homme simple, candide et excellent poète, José de Valdivielso, qui fut, du temps de l'auteur, chapelain de la chapelle mozarabe de Tolède, et qui publia, en 1612, un curieux *Romancero spiritual* composé de lettres, chants, chansonnettes et couplets adressés au Saint-Sacrement.

2. Page 95. — On appelait comédies divines, actes sacramentels, les pièces de théâtre dont le sujet était pris dans l'Ancien Testament et dans l'Histoire sainte, et qui se jouaient à la Fête-Dieu et Noël. Lope de Vega en a fait un bon nombre, outre ses dix-huit cents comédies.

CHAPITRE X.

1. Page 100. — Texte : *Algun puto, cornudo, buxarron, judio ordeno tal cosa...*

2. Page 102. — Don Gabriel de Liñan, auteur de poésies fort estimées et d'un roman intitulé *el Zeloso*, le Jaloux, publié au commencement du dix-septième siècle. — Don Vicente Espinel, ami de Miguel Cervantès, a laissé une traduction en vers de l'*Art poétique* d'Horace, et un petit roman intitulé *la Vie de l'écuyer Marcos de Obregon*, dont Lesage a tiré grand parti en composant *Gil Blas.* Espinel avait inventé un modèle de guitare qui reçut son nom, *la espinela.*

Outre dix-huit cents comédies et quatre cents actes sacramentels, Lope de Vega a écrit dans tous les genres. Il ne savait pas se servir d'une plume, que déjà il dictait des vers. Homme universel, il essaya de tous les métiers; d'abord secrétaire du duc d'Albe, puis du comte de Lemos, il se fit soldat et combattit sur la grande Armada, sous les ordres du duc de Medina Sidonia. Deux fois marié et deux fois veuf, il embrassa l'état ecclésiastique, reçut les ordres à Tolède et devint supérieur de la congrégation des prêtres à Madrid, puis familier du saint office. Il n'en continua pas moins à faire des vers et des comédies, et le pape Urbain VIII lui envoya la croix de Malte. Il mourut à soixante-treize ans, riche et considéré.

Don Alonso de Ercilla, page de Charles-Quint et plus tard secrétaire intime de Philippe II, est l'auteur d'un célèbre poème épique intitulé *el Araucana*. Ce poème est le récit d'une guerre entreprise par l'ordre de Philippe II contre les sauvages de l'Arauco, contrée voisine du Chili. Ercilla assista à cette guerre comme volontaire, et quittant à chaque instant l'épée pour la plume et la plume pour l'épée, il écrivait le soir les événements de la journée. Lope de Vega a pris dans le poème d'Ercilla le sujet d'une pièce de théâtre intitulé *l'Arauco dompté*.

On a conservé de Figueroa un recueil de poésies remarquables. Lope de Vega lui a consacré plusieurs strophes dans un poème biographique intitulé *le Laurier d'Apollon*.

Don Pedro de Padilla, d'origine portugaise et chevalier de l'ordre de Saint-Jacques, fut un des poètes les plus célèbres du seizième siècle. Il a écrit un recueil de poésies, des églogues et une histoire anecdotique de la guerre de Flandre en 1583. Il se fit moine de l'ordre des Carmes de Castille, en 1585, et devint un prédicateur remarquable.

3. Page 102 (14ᵉ ligne, après « Guadarrama »). — Pablo, venu d'Alcala à Madrid par la vallée du Henarès, fit sans doute le tour de la capitale sans y entrer, pour prendre le chemin du port de Guadarrama, par lequel on parvient à Ségovie.

4. Page 104. — Anvers fut mis à sac le 18 novembre 1576. Les Etats rebelles s'étaient emparés de la ville; mais les Espagnols étaient restés maîtres de la citadelle. Ils firent une vive sortie, se précipitèrent sur la ville, conduits par de vaillants capitaines, au nombre desquels était Julian Romero, et firent un affreux carnage. Le pillage dépassa trois millions d'or. (F. Guerra.)

5. Page 106. — *L'huile de la lampe*, c'est-à-dire le produit du tronc consacré à l'entretien de l'autel et des lampes de l'église.

6. Page 110. — *Le précurseur des hautes œuvres*, c'est-à-dire le crieur public qui, ainsi que je l'ai dit dans une note précédente,

marchait en avant des criminels qu'on conduisait au supplice, et proclamait à haute voix, à tous les carrefours, l'arrêt prononcé contre eux.

7. Page 111. — Il y a dans le texte : *cinco laudes que llevaban sogas por cuerdas*, cinq luths qui avaient des cordes de pendus pour cordes harmoniques.

CHAPITRE XI.

1. Page 114. — Voir la note 2 du chapitre premier.

2. Page 121. — Voir le dernier paragraphe de la même note, à propos du mot *cardinal*.

CHAPITRE XII.

1. Page 127. — *Conde de Irlos*, sans doute le marquis de Carabas espagnol. — C'était le frère de Merian et de Durandart, et l'un des héros que chantèrent les romances des chroniques chevaleresques de Charlemagne et des douze pairs de France. (F. Guerra.)

2. Page 127. — *Casa y solar montañès*, manoir et souche montagnarde. On appelle la Montagne une partie de la Vieille-Castille comprise entre les Asturies et la Biscaye et formée par les territoires de Burgos et de Santander. Cette petite contrée renfermait les manoirs patrimoniaux de la plus ancienne noblesse espagnole. Etre de *casa y solar montañès* était le plus beau de tous les titres, et les descendants de ces antiques familles font sonner bien haut leur origine, encore aujourd'hui. Il est arrivé toutefois ce qui arrive toujours : c'est qu'à l'époque où vivait Quevedo, il n'y avait pas un mince *hidalgo* qui ne se prétendît issu d'un *solar* de la Montagne; de telle sorte que, quelque petits que fussent les domaines patrimoniaux, il eût fallu vingt fois les territoires de Burgos et de Santander pour les contenir tous.

L'*hidalgo montañès* est le type du pauvre gentilhomme n'ayant d'autres biens que son titre de noblesse et une bicoque en ruines ; mais il ne prend pas toujours son parti aussi bravement que celui que nous rencontrons ici. Les auteurs comiques espagnols, ayant à mettre en scène un gentilhomme ridicule et vaniteux, le font venir de la Montagne. Le don Toribio Quadradilles de Calderon (*Gardez-vous de l'eau qui dort*) est le hobereau niais et fat par excellence. Sa généalogie est la chose la plus précieuse du monde, il la porte partout avec lui dans un beau fourreau de velours cramoisi, et tous ses ancêtres y sont peints « comme de petits saints dorés. » Pourquoi sa femme irait-elle à la messe? Avec sa généalogie elle en a plus qu'il ne faut pour être une vieille chrétienne. Deux cavaliers se battent, on les sépare, et Toribio veut leur faire jurer la paix sur sa généalogie. Pour lui, sa généalogie est tout; il ne la lit jamais, car il ne connaît pas l'*écriture de main;* mais où est la nécessité? Une telle généalogie ne dispense-t-elle pas de toute science?

3. Page 127. — *Hidalgo*, mot formé par contraction de *hijo dalgo* ou mieux *hijo de algo*, fils de quelque chose. Deux mots, *hijo de algo* et *hijo de nada*, formaient les deux grandes divisions de la nation espagnole. On était fils de quelque chose ou fils de rien, gentilhomme ou roturier, noble ou vilain; il n'y avait pas de terme moyen, pas de *tiers-état;* il restait toutefois au fils de rien la ressource, fort rare à cette époque, de devenir fils de ses œuvres.

4. Page 127. — La lettre d'or, c'est-à-dire l'initiale, augmentait de beaucoup la valeur et l'importance d'une généalogie; ne l'avait pas qui voulait, et il fallait faire valoir d'immenses services et une origine bien illustre pour obtenir le droit d'orner un titre de noblesse d'une initiale dorée.

Le gargotier auquel s'adressa le pauvre hidalgo trouvait, à bon droit, qu'en échange de quelques vivres mieux valait un peu d'or que beaucoup de parchemins.

5. Page 128. — Le *don*, diminutif de *dominus*, seigneur, n'appartient qu'à la noblesse; mais par la même raison que le plus petit hobereau voulait être issu d'un *solar* de la Montagne, par la même raison que la mère de Pablo prétendait descendre des triumvirs romains, les gens du peuple, entre eux surtout, s'honorent du *don* et s'appellent *seigneur cavalier*. Tous, et surtout les Biscayens, les Navarrais et les Castillans, se disent nobles comme le roi, et malheur à qui en doute.

CHAPITRE XIII.

1. Page 129. — *Qui s'attend à l'écuelle d'autrui dîne souvent par cœur*, dit un proverbe français. *Si quieres ser bien servido*, dit un autre proverbe espagnol, *servite tu mismo; a lo que puedes solo, no esperes à otro*. La société, selon Chamfort, se compose de deux grandes classes d'individus : ceux qui ont plus de dîners que d'appétit, c'est le plus petit nombre; et ceux qui ont plus d'appétit que de dîners, c'est le plus grand.

2. Page 131. — Jamais mendiant ne mourut de faim en Espagne; on faisait chaque jour à tous les couvents de copieuses distributions de soupe, dont chaque passant affamé pouvait prendre sa part sans un certificat d'indigence. Les mendiants de profession, enrichis par les aumônes qu'ils demandaient au nom de Dieu, et qu'aucune âme dévote ne pouvait refuser, laissaient volontiers leur part de soupe à de plus misérables, et l'on voyait à la porte des couvents, à l'heure des distributions, plus d'étudiants ruinés, de filous maladroits et de chevaliers peu industrieux, que de véritables pauvres.

3. Page 131. — Textuellement *real de barato*. On appelait *barato*, en style de maison de jeu, ce que chaque joueur donnait sur son gain au spectateur placé près de lui, en récompense de quelques petits soins, de quelques conseils et surtout de ses félicitations.

4. Page 135. — *Blanc* était le nom de deux très petites monnaies espagnoles valant, l'une un demi-maravédi, c'est-à-dire la soixante-sixième partie du réal de veillon, un peu moins d'un denier de France; l'autre, la douzième partie du réal, ou cinq deniers.

L'ancienne monnaie française portant le même nom avait la même valeur que cette dernière.

CHAPITRE XIV.

1. Page 138. — Jargon de bohême, *germania ;* c'est le nom de ce langage sans origine, qui prend dans tous les pays le même rang honteux, et qui hante en Espagne, en France et ailleurs, les tripots, les francs tapis et les lieux de bas étage : l'argot.

2. Page 141. On appelait poires à poudre des manches fort larges à l'épaule, et se terminant en pointe au poignet.

3. Page 142. — Les Espagnols traduisent *se moucher* par *sonarse*, expression d'une naïveté tout à fait primitive, et dont je n'ai pas besoin de faire comprendre l'onomatopée.

Sonar signifie sonner, résonner, faire du bruit, éclater; *sonarse*, se sonner, se tirer du son.

CHAPITRE XV.

1. Page 146. — Bosco, le Callot espagnol.

2. Page 155. — Il y a ici une faute de typographie : il faut lire *Antigua*. L'*Antigua* est l'église métropolitaine de Valladolid. On n'ignore pas qu'il y avait dans les églises d'immenses caveaux où étaient déposés, comme dans les fosses communes des cimetières, les cercueils des morts appartenant à la classe moyenne.

CHAPITRE XVI.

1. Page 162. — On peut comparer l'université de Siguenza à quelqu'un de ces pensionnats de nos jours, qui portent sur un écriteau doré le titre pompeux d'*institution*, et qui comptent, dans les grandes occasions, cinq élèves pensionnaires et trois externes. Les écrivains du siècle où vivait Quevedo avaient un grand faible pour les plaisanteries de ce genre, et leur verve railleuse s'est maintes fois exercée sur le compte des universités *mineures* d'Espagne. Le bon curé Pero Perez, voisin et ami de don Quichotte, desservant de l'humble paroisse d'Argamasilla, dans la Manche, portait le titre de licencié en l'université de Siguenza; le docteur Pedro Recio de Tirteafuera, médecin *insulaire et gouvernemental*, attaché à la personne de Sancho Panza, avait reçu ses degrés en l'université d'Osuna; Lope de Vega lui-même publia quelques poésies burlesques, entre autres la célèbre *Gatomaquia*, sous le pseudonyme de Tome de Burguillos, docteur gradué à Oñate.

2. Page 162. — La science des *ensalmos* ou oraisons était une science importante dans laquelle prenaient des degrés toutes les duègnes, tous les mendiants, et dont les aveugles étaient les plus célèbres adeptes. Il y en avait pour tous les maux, pour toutes les affections, et leur succès était infaillible si elles étaient récitées avec componction, d'une voix grave et posée. L'oraison à sainte Apolline

était, entre toutes, d'une puissante efficacité, et dissipait à l'instant la rage de dents la plus opiniâtre ; le savant bachelier Samson Carrasco la conseilla à la gouvernante de don Quichotte ; et Célestine, portant un message d'amour, s'introduisit chez une jeune fille sous prétexte d'en demander copie. L'aveugle qui fit l'éducation de Lazarille de Tormes était un recueil vivant d'*ensalmos* : il en savait *cent et tant;* enfin, Pedro de Urdemalas, le héros d'une comédie de Cervantès, disait en passant en revue les plus célèbres :

Se la del anima sola,	Je sais celle de l'âme seule,
Se la de san Pancracio,	La prière de saint Pancrace,
La de san Quirce y Acacio;	De saint Quirce et de saint Acace ;
Se la de los sabanones,	Celle qui guérit l'engelure,
La de curar tericia	Celle qui guérit la jaunisse
Y resolver lamparones.	Et qui sèche les écrouelles.

Le savant P. Feijoo s'est donné la peine de prouver, dans son *Teatro critico universal*, que les *ensalmos*, les oraisons, les paroles, n'étaient d'aucune efficacité, et que les empiriques ou *saludadores*, qui en faisaient usage, ne méritaient aucune confiance.

3. Page 163. — Voici la quatrième fois au moins que Quevedo répète cette plaisanterie ; ce n'est pas la dernière. Je respecte cette petite incorrection : elle pourra servir de note à consulter sur les préférences de notre auteur.

4. Page 166. — L'ermite retiré dans les montagnes d'Alcala est une plaisanterie dont je n'ai pu trouver l'explication. Il n'y a point de montagnes autour d'Alcala, et partant point d'ermites.

CHAPITRE XVII.

1. Page 170. — *Anguillade*. Voir la note 3 du chapitre V.

2. Page 171. — Il est nécessaire ici de donner le texte, et non la traduction littérale : — *Decia que estava preso por cosas de ayre : y asi sospeche yo que era por algunos fuelles, chirimias, o albanillos : y a los que le preguntavan si era por algo desto, respondia que no, sino por pecados de atras, y pense que por cosas viejas queria decir, y al fin averigué que por puto..... Traiamos, todos con carlancas las traseras, como mastines, y no avia quien osase venteosar, de miedo de acordarle donde tenia las assentaderas.*

3. Page 174. — Le réal de huit, *real de à ocho*, valait huit réaux d'argent, 2 francs.

4. Page 176. — *Aposentador*, fourrier, maréchal des logis, titre d'un employé de palais, de couvent ou d'hôpital, chargé d'assigner les logements.

5. Page 176. — *Aspa de san Andres :* croix d'étoffe rouge, ayant la forme de la croix de Saint-André, dont l'Inquisition décorait le costume de cérémonie des victimes de ses *autos de fé*. Ce costume se composait déjà du *coroza*, ou mitre, dont j'ai parlé, et du *san benito*, ample robe en toile peinte, couverte de figures hideuses, de flammes et de démons.

6. Page 176 (alinéa, avant la dernière ligne). — N'ai-je pas dit que tout le monde se mêlait d'avoir des titres avec lettres d'or ? Voici Pablo issu, de sa propre autorité, *de casa y solar montañes* (*Voir* la note 2 du chapitre XII).

7. Page 177. — Voir, sur ce même sujet, l'appareil du châtiment, la note 2 du chapitre Ier.

CHAPITRE XVIII.

1. Page 178. — Lorsqu'on était superstitieux en France, on avait grand soin, si quelqu'un éternuait, de lui dire tout aussitôt : « Dieu vous bénisse. » Faute de ce souhait, le diable, qui en ce temps-là rôdait toujours autour des pauvres chrétiens, s'emparait incontinent de l'éternueur. Plus tard, les esprits devenant plus forts, la politesse remplaça la superstition, et on se contenta de saluer. Aujourd'hui, superstition et politesse, on est au-dessus de tous ces préjugés ; on entend si souvent éternuer qu'on ne s'en inquiète plus, on ne dit plus : « Dieu vous bénisse. »

En Espagne, on en est resté aux préjugés ; celui qui nous occupe est de vieille date, et n'en est pas moins très répandu encore aujourd'hui. Les vieilles femmes de la Manche disent que, lorsque le diable transporta Jésus-Christ sur la montagne, le Fils de Dieu bâilla. Le diable fit un mouvement pour s'introduire par l'ouverture, et c'en était fini du Sauveur, s'il n'eût fait précipitamment, en travers de sa bouche, un signe de croix, et ce signe de croix mit en fuite le tentateur.

2. Page 181. — Il fallait, en effet, que ce pain fût bien dur ; mais e médisant, d'ordinaire, ne s'arrête pas pour si peu. Si, comme le

serpent de La Fontaine, il rencontre une lime, il n'est point assez sot pour y user ses dents; un peu d'eau suffit.

Si le pain du Catalan est trop dur, le médisant se gardera d'y mordre, et le Catalan est bien niais si, plutôt que de se rompre les dents, il n'emploie pas le petit moyen du serpent contre la lime.

CHAPITRE XIX.

1. Page 184. — Greffier se dit en espagnol *escriban* et *escribano*, scribe se traduit par *escriba* ; de là, un jeu de mots que je n'ai pu rendre complètement.

Le mot *scribe* se disait primitivement, chez les Juifs et chez les Romains, des docteurs chargés de l'interprétation de la loi. Plus tard, il est devenu le synonyme d'écrivain, de greffier, de secrétaire, de praticien. Il s'applique aujourd'hui à tout ce qui tient la plume et surtout à ce qui la tient mal.

2. Page 190. — Les trois pages qu'on vient de lire ne font point partie de l'original ; mais elles appartiennent à Quevedo. Elles sont traduites d'une lettre adressée, sous le titre de *Carta de las calidades de un matrimonio*, à dona Antonia de Silva y Mendoza, duchesse de Lerma, qui voulait marier notre auteur. On retrouve dans cette lettre, comme dans presque tous les écrits de Quevedo, cette verve plaisante et originale qui le déborde, même lorsqu'il veut être sérieux, même lorsqu'il affecte des pensées philosophiques, même lorsque la haute position de la personne à laquelle il s'adresse exige le respect et impose une extrême réserve.

En traduisant le chapitre du *Buscon* auquel se rapporte cette note, je n'ai pu résister au désir d'y placer la lettre à la duchesse de Lerma; elle est tout à fait dans le caractère du livre et dans celui du héros.

3. Page 193. — *La Casa del campo*, maison des champs, est un joli palais dépendant des biens de la couronne d'Espagne, et situé au pied du palais royal de Madrid, sur l'autre rive du Manzanarès Il est entouré de magnifiques jardins, de bosquets, de cabinets de verdure ouverts aux habitants de la capitale, qui en font le but de leurs parties de plaisir. En avant du palais est une belle statue de Philippe III, en bronze, qui fut envoyée de Florence, et pour laquelle Quevedo fit un sonnet célèbre entre ses célèbres poésies.

CHAPITRE XX.

1. Page 194. — Les Espagnols parlent toujours à la troisième

personne. *Vous* se traduit par *usted* au singulier, et *ustedes* au pluriel, contractions de *vuestra merced, vuestras mercedes,* votre grâce, vos grâces. *Usted* s'emploie dans toutes les formes du langage, il est devenu une espèce d'idiotisme, une formule à laquelle on ne donne plus sa valeur réelle ; un grand seigneur le dira à son bottier, et deux portefaix se diront : *usted*, votre grâce.

Le *vos*, deuxième personne du pluriel, ne s'emploie aujourd'hui que dans deux positions extrêmes et fort opposées ; on le dit comme signe de profond respect en parlant à de hauts personnages, ou comme signe de supériorité en s'adressant à des personnes fort au-dessous de nous. Entre égaux, c'est un terme de mépris. L'usage ne permet plus de l'employer comme expression familière, ainsi que du temps de Pablo.

CHAPITRE XXI.

1. Page 207. — *Y en lo que ella era mas estremada, era en remendar virgos, y adobar doncellas.....*

2. Page 208. — *De la coupe à la bouche mille malheurs peuvent arriver : vin versé n'est pas avalé.* Ces proverbes, venus du grec, tirent leur origine de la fable d'Ancée, fils de Neptune et d'Astypalée. Il faisait planter des vignes, et l'un de ses esclaves qu'il maltraitait lui dit avec humeur qu'il n'en boirait jamais le vin. Lorsque ces vignes eurent produit, Ancée les fit vendanger et se fit apporter par ce même esclave la première coupe de vin nouveau qui sortit de la cuve. En l'approchant de ses lèvres, il se rappela la prédiction qui lui avait été faite : « Eh bien ! lui dit-il, penses-tu maintenant que je ne boirai pas de ce vin ? — Seigneur, répondit l'esclave, *de la coupe à la bouche mille malheurs peuvent arriver.* » L'événement justifia tout aussitôt ces paroles ; au moment où Ancée allait avaler la liqueur nouvelle, on vint l'avertir qu'un énorme sanglier ravageait ses domaines : il pose aussitôt sa coupe, s'arme et court au-devant de la bête, qui l'éventre et le tue.

La morale est qu'il ne faut pas perdre son temps en paroles inutiles. Ancée devait boire d'abord et parler ensuite, il y eût gagné le double avantage de goûter son vin, et de donner un démenti à son esclave.

3. Page 208. — Voir la *Célestine,* le type classique de ces vieilles femmes à allures douteuses, des duègnes complaisantes, des messagères d'amour, des séductrices et des proxénètes. Elle a fait tous les

plus vilains métiers, y compris la magie blanche et la sorcellerie. Célestine est l'héroïne populaire de l'un des livres les plus remarquables de l'ancienne littérature espagnole (1492). Drame et roman tout à la fois, ce livre est considéré comme le point de départ et le modèle de tout ce que l'Espagne a produit dans l'art dramatique. Le portrait de l'hôtesse de don Pablo est évidemment calqué sur ce type célèbre, et sur le récit original et hardi que fait le page Parmeno à son maître Calixte, au premier acte de la tragi-comédie de la *Célestine*.

4. Page 209. — *Maquerelle*. Mercure était le favori de Jupiter; pour le compte des dieux, il portait des billets doux, des dépêches à domicile, et transmettait des messages de vive voix. Lorsque sur terre quelques humains essayèrent du métier fort lucratif du messager galant de l'Olympe, ils se placèrent sous son invocation et prirent son nom pour titre générique de leur corporation; par respect toutefois, ils y mirent un diminutif, et de Mercure firent *mercureau*. Peu à peu, par corruption, *mercureau* devint *maquereau*, dont le féminin indique la profession de l'hôtesse de Pablo.

Cette étymologie est donnée par l'annotateur de Rabelais (édition d'Amsterdam, 1711). Voici maintenant celle qui a été recueillie par Delamare (*Traité de la police*, 1705):

« Il y a des auteurs qui croient que ce mot vient de l'hébreu *machar*, qui signifie vendre, parce que c'est le métier de ces malheureux de séduire et de vendre des filles. » D'autres le font dériver d'*aquarius* ou d'*aquariolus*, parce que chez les Romains les porteurs d'eau se mêlaient ordinairement à ces intrigues de débauche, et en étaient les messagers suspects, par l'entrée qu'ils avaient tous les jours dans les maisons et dans les bains publics. Ainsi, ceux qui sont pour cette étymologie prétendent que d'*aquariolus*, en y ajoutant un *m*, nous avons fait *maquariolus*, et que de là s'est formé le nom de *maquereau*. Il y en a enfin qui le tirent du latin *macalarellus*, parce que, dans les anciennes comédies, les proxénètes d'intrigues d'amour étaient toujours vêtus d'habits de diverses couleurs. Ils ajoutent, pour confirmer cette opinion, que ce nom n'a été donné à l'un de nos poissons de mer que parce qu'il est bigarré de couleurs différentes sur le dos. »

5. Page 209. — Allusion au châtiment réservé à la vieille et à celles de son métier; voir nos premières notes sur le *coroza*, la mitre et l'emplumage.

CHAPITRE XXII.

1. Page 215. — *Autor*, ce mot ne vient pas du latin *auctor*, mais de l'espagnol *auto*, acte, représentation; il signifie seulement directeur d'une troupe ambulante. On désignait par le terme générique de *poètes* ceux qui composaient les actes sacramentels, les comédies divines ou les farces populaires exécutées par les comédiens. Ceux-ci étaient nommés *representantes* ou *farsantes*. Les directeurs (*autores*) composaient assez ordinairement les pièces de leurs répertoires. C'est ainsi que Lope de Rueda, qui créa le théâtre populaire espagnol, et qui le premier introduisit sur la scène des sujets profanes et des tableaux de mœurs, fut d'abord *representante*, puis *autor* et enfin *poète*.

2. Page 216. — Ce mot a été bien souvent cité, employé ou commenté par nos écrivains modernes sans qu'ils en connussent la véritable origine. On l'a attribué à Alfred de Musset, qui l'a mis à la fin de quelques-unes de ses poésies; à M. Mérimée, l'ingénieux inventeur du théâtre de Clara Gazul; à un feuilletoniste qui terminait toutes ses nouvelles *moyen âge* par le : *Pardonnez les fautes*.

C'était la formule invariable adoptée par les poètes espagnols, aux seizième et dix-septième siècles; Calderon, entre tous, n'a pas fait représenter une pièce sans qu'un des interlocuteurs, venant annoncer au public qu'elle était finie, ne lui demandât pardon des fautes de l'auteur. En même temps que cette formule, l'usage s'était introduit de faire répéter le titre parmi les dernières répliques de la pièce, ce qui se faisait même quelquefois à la fin de chaque journée ou acte.

Voyez pour exemple la charmante comédie de Calderon : *Il ne faut pas toujours caver au pire*. Dernière scène : « Quoi qu'en dise l'expérience, il ne faut pas toujours caver au pire; pardonnez nos fautes nombreuses. » L'*Alcade de Zalamea* : « Ici finit cette comédie; pardonnez les fautes de l'auteur. »

3. Page 216. — « Il n'y avait dans le principe, dit Pablo, a autre comédies que celle du bon *Lope de Vega* et de *Ramon*. »

Fr. Alonso Ramon était un homme de grand savoir, fort estimé parmi les écrivains et les poètes contemporains de Quevedo. Antonio Navarro le nomme *maestro Ramon el sacerdote*; Cervantès e qualifie *el doctor Ramon*, et affirme que ses écrits étaient les plus nombreux après ceux de Lope de Vega. On cite de lui la comédie du *Siège de Mons par le duc d'Albe*, et *Trois femmes en une*. (F. Guerra.)

4. Page 217. — *Alonsete*, diminutif familier et affectueux d'Alonso.

5. Page 217. — Pinedo, Sanchez et Moralès étaient des acteurs célèbres de ce temps-là. On a dit et on dit le divin Moralès.

6. Page 218. — Voir la note du chapitre IX, n. 3, sur les comédies divines.

7. Page 220. — Il semble que Quevedo, en approchant de la fin de son livre, ait voulu faire, non plus un récit, mais un recueil de portraits. Nous retrouvons ainsi à la file, rattachés entre eux par une action qui marche à petits pas, *les types* du chevalier d'industrie, du mendiant, de l'escroc, du comédien, de la nonne, du sacripant, du poète dramatique, etc. C'était par là surtout qu'excellait Quevedo : il peignait et décrivait à ravir ; et, lassé de raconter toujours, il s'est livré souvent à son genre favori. Ces portraits sont autant de curieux tableaux des mœurs et des usages du temps ; ils sont traités avec cette verve, cette finesse, cette originalité sans pareille, qui font de Quevedo un écrivain inimitable. Il est fâcheux seulement que le passage de l'un à l'autre soit traité aussi légèrement. Ici, l'action languit ; ailleurs, elle va trop vite ; et, dans ce chapitre surtout, à peine Pablo a-t-il quitté ses comédiens, qu'il est en correspondance suivie avec une nonne, sans que l'auteur ait daigné nous apprendre l'origine et les premiers pas de cette intrigue. En osant ici critiquer la manière de l'auteur, et lui reprocher peut-être un peu d'abandon, je n'ai pas le droit de le corriger et de mettre à la place de ce qui est ce qui me semble devoir être. L'imagination du lecteur peut suppléer à ce qui manque.

8. Page 222. — Certain proverbe prouve que les intrigues du genre de celle de Pablo sont fort communes en Espagne, et que l'opinion de la jeunesse galante est formée depuis longtemps à l'endroit de la constance des nonnains. Je transcris le proverbe dans toute sa naïveté ; mais le respect que j'ai pour la décence me fait un devoir de ne pas le traduire en entier.

Amor de monja, y fuego de estopa y viento de culo, todo es uno.

Amour de nonne, feu d'étoupe et vent de...... c'est tout un.

CHAPITRE XXIII.

1. Page 227. — Textuellement, *irataba en vidas y era tendero de cuchilladas*. Matorral était un de ces assassins brevetés et patentés, dont le bras était à la disposition du premier venu, et l'instrument occulte de toutes les haines et de toutes les vengeances. Ce portrait complète une note précédente (4, chap. VIII) sur la passion de Quevedo pour les spadassins. Matorral est le modèle de la forfanterie et de l'impudence ; il est le digne pendant du Centurion de *la Célestine*.

2. Page 228. — Il n'y a pas, dit un vieux *refrain* espagnol, de meilleur chirurgien que celui qui est bien balafré : *No hay mejor cirujano que el bien acuchillado*.

3. Page 228. — *Demi-mesure, meáia aʒumbre*, la valeur d'un litre.

4. Page 228. — « Je vous le donne en dix, a dit madame de Sévigné, je vous le donne en cent, je vous le donne en mille. — Vous ne devinez pas ?... Jetez-vous votre langue aux chiens ? » Des souliers de goutteux pour visage ou mieux un visage en forme de soulier de goutteux, c'est un visage *acuchillado*, c'est-à-dire criblé dans tous les sens de coups de couteau, découpé, balafré, déchiqueté, haché. Un semblable visage pour un spadassin est l'application complète du proverbe que je citais tout à l'heure : *No hay mejor cirujano que el bien acuchillado*.

5. Page 228. — « Seiteur, seur compère, » traduction très euphonique de *Seidor, só compadre*, abréviation de : *Servidor, señor compadre*, ce qui signifie en bon français : Serviteur, seigneur compère. On ne me reprochera pas de n'être pas complètement littéral.

6. Page 229. — Nous avons vu dans un des premiers chapitres une expression semblable, *manger avec soif* : c'est-à-dire manger salé et de manière à exciter la soif ; le texte dit ici : *carne y pescado con apetitos de sed*, viande et poisson avec des appétits de soif, c'est-à-dire épicés et salés à outrance.

7. Page 229. — *Asistente*. On nomme ainsi le principal magistrat de Séville ; sa charge répond à celle d'alcade.

8. Page 229. — Domingo Tiznado, Gayon, Escamilla, Alvarez, bandits célèbres dans l'histoire de Séville.

10. Page 231. — Quevedo interrompt ici, sans l'achever, l'histoire du *Buscon*. L'un de nos prédécesseurs, La Geneste, a ajouté de sa main et de son invention une terminaison en deux chapitres. J'ai fait comme La Geneste, mais en trois pages seulement, afin de relier la fin du roman à un épilogue emprunté, comme le prologue, à la célèbre fantaisie de Quevedo, *la Hora de Todos*. Ainsi, page 231, Pablo termine en quelques mots son récit; les Dieux délibèrent et remontent aux nuages. — Ces trois pages, introduites par le traducteur, sont accompagnées de guillemets à chaque alinéa.

ÉPILOGUE

11. Page 236. — Cet Épilogue est scrupuleusement traduit de la dernière séance tenue par les Dieux dans le vieil Olympe, à la fin de *la Hora de Todos*.

1. Page 238. — Texte : *Juno que vió Ganimedes al lado de su marido, que con los ojos bevia mas del copero que del licor, endragonada y enviperada dixo : O yo, ó este bardaxe hemos de quedar en el Olympo, ó he de pedir divorcio ante Hymeneo.....* Le Français dit *bardache*, l'Espagnol *bardaje*, l'Italien, *bagascione*, le Latin, *cinoedus puer meritorius*. C'est, dans cette famille d'expressions ignobles, la contre partie du « *bougre* »

2. Pages 239. — Texte : ... *Venus ahullando de dedos con castañetones de chasquido, se desgoverno en un rastreado* [1], *salpicando de cosquillas con sus bullicios los corazones de los Dioses. Tal zizaña derramó en todo el bayle, qui parecian azogados. Jupiter atendiendo à la travesura de la Diosa, se le caya la bava.....*

---

1. (*Rastreado*, pas de bal des plus lascifs.) Il est superflu d'en donner la traduction en langue vulgaire. « Cancan, » si l'on veut.

FIN DES NOTES.

TABLE DES MATIÈRES

	Pages.
Avertissement	I
Étude préliminaire	III
Lettre de Charles Nodier au traducteur	XXXI
Prologue	1
Chapitre Ier. Dans lequel Pablo raconte ce qu'il est et d'où il vient	15
II. Comment Pablo va à l'école et ce qui lui arrive	20
III. Comment Pablo entre dans un pensionnat en qualité de domestique de don Diégo Coronel	28
IV. De la convalescence de Pablo et de don Diego. Leur départ pour aller étudier à Alcala de Henarès	42
V. Pablo fait son entrée à l'université d'Alcala. Des tribulations qu'il subit comme nouveau	52
VI. D'une gouvernante qui fut méchante et des malices que Pablo lui fit	62
VII. Don Diego retourne à Ségovie ; Pablo apprend la mort de ses parents at se fait une règle de conduite pour l'avenir	78
VIII. Pablo se rend d'Alcala à Ségovie. Ce qui lui arrive vers Réjas où il passe la nuit	82
IX. Pablo rencontre un poète aux approches de Madrid	92
X. Pablo va de Madrid à Cerecedilla, où il couche, et de là à Ségovie, où il rencontre son oncle	98
XI. Pablo est parfaitement reçu par son oncle, qui le présente à ses amis. Il recueille son héritage et reprend le chemin de la capitale	112
XII. Fuite de Ségovie. Une belle rencontre et une belle connaissance	123
XIII. Pablo et le gentilhomme continuent leur chemin. L'histoire et les mœurs d'une bande d'hidalgos aventuriers	129
XIV. Ce qui advient à Pablo le jour de son arrivée à Madrid	137

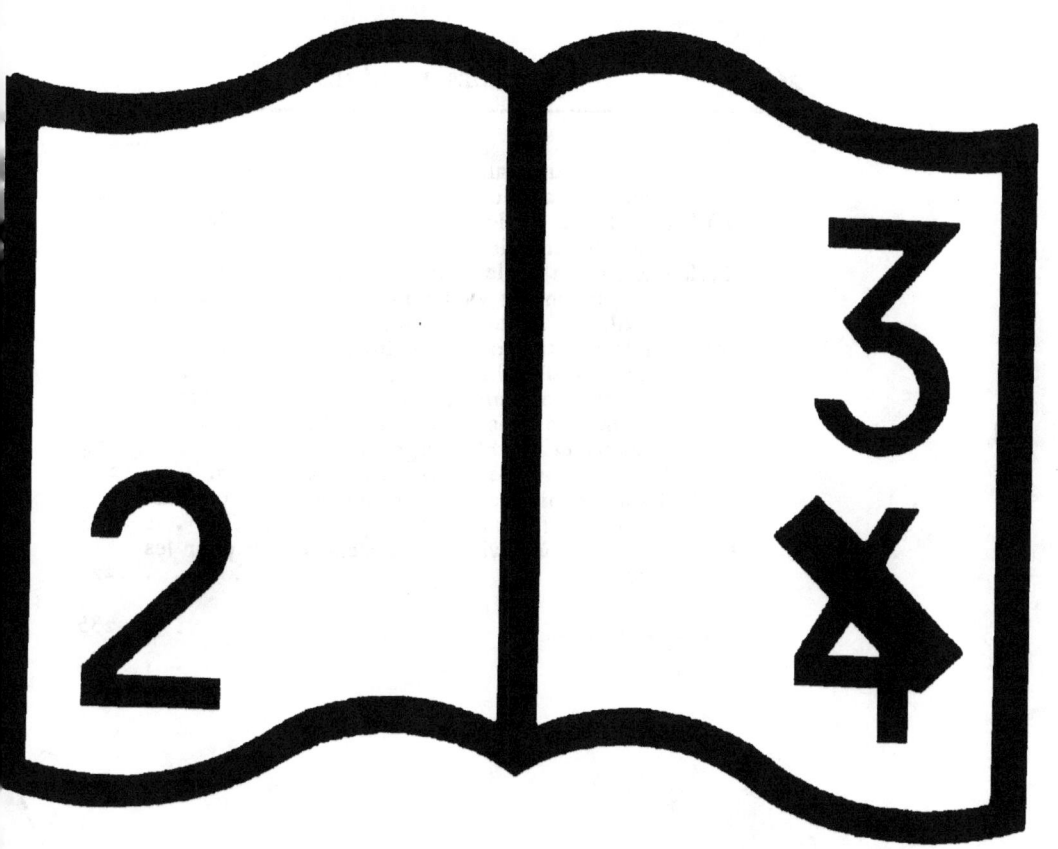

Pagination incorrecte — date incorrecte

NF Z 43-120-12

		Pages.
XV.	Qui fait suite au précédent, avec d'autres événements curieux..	144
XVI.	Dans lequel Pablo continue le même récit jusqu'à la mise en prison de toute la bande..	159
XVII.	Description de la prison. De quelle manière ils en sortent, la vieille fouettée, les aventuriers exilés et Pablo acquitté.	168
XVIII.	Pablo s'installe dans une hôtellerie; il lui arrive de nouvelles disgrâces..	178
XIX.	Où Pablo continue et raconte d'autres aventures.	184
XX.	Continuation des aventures de Pablo; nouveaux succès et notables disgrâces..	194
XXI.	Pablo se guérit et court d'autres aventures. . .	206
XXII.	Pablo se fait comédien, poète, galant de nonnes. — Des avantages de chaque profession	214
XXIII.	Pablo est à Séville et va s'embarquer pour les Indes	226

Épilogue. 235

Notes 239

FIN DE LA TABLE.

ACHEVÉ D'IMPRIMER,
POUR LE COMPTE DE M. LÉON BONHOURE, ÉDITEUR,
5, RUE DE FLEURUS, 5,
PAR CHARLES NOBLET, 13, RUE CUJAS, PARIS
LE 30 AVRIL M.DCCC.LXXXII

www.ingramcontent.com/pod-product-compliance
Lightning Source LLC
Chambersburg PA
CBHW071517160426
43196CB00010B/1548